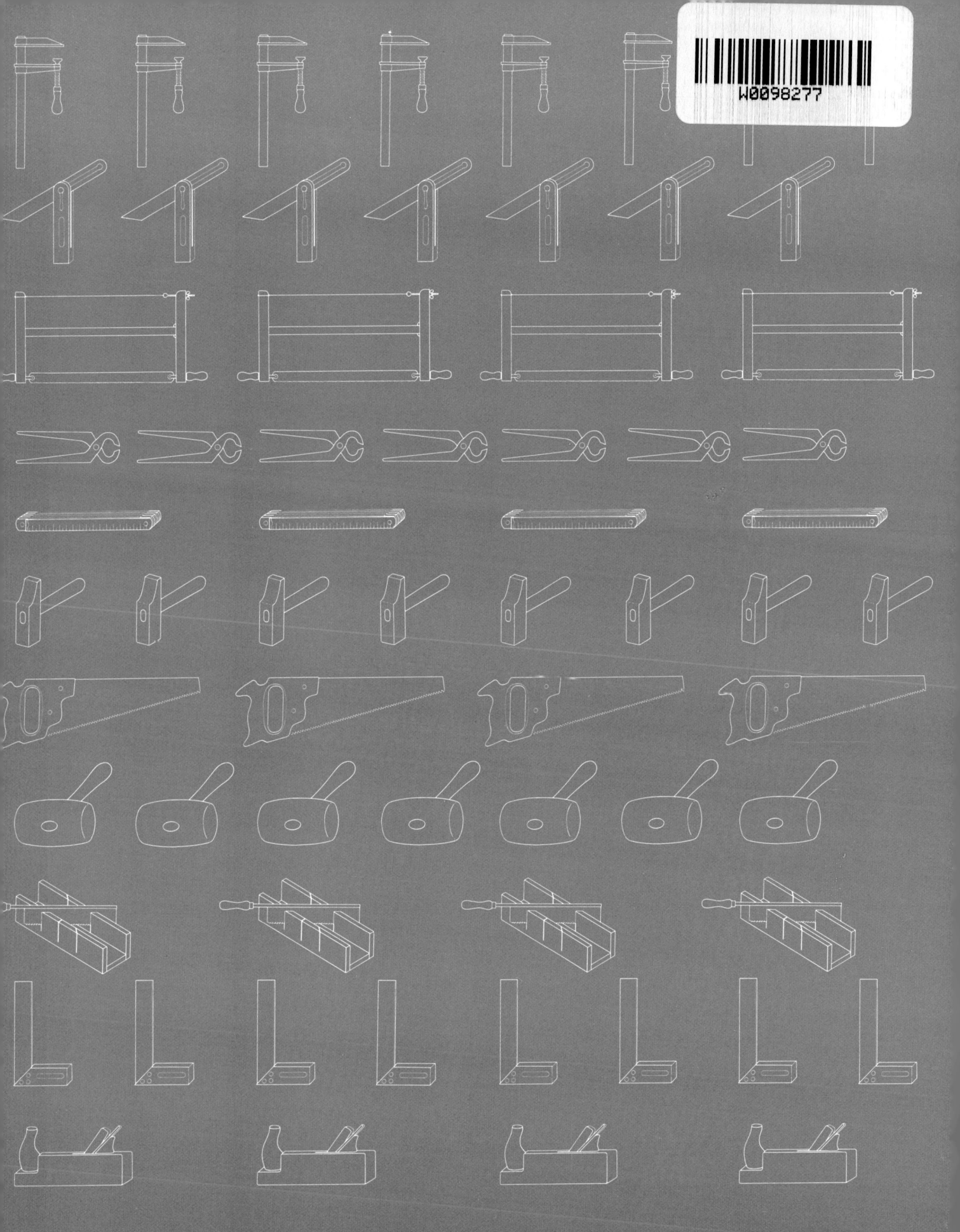

Restaurieren von Möbeln

Ellinor Schnaus-Lorey

Restaurieren von Möbeln

Stilkunde · Materialien · Techniken
Arbeitsanleitungen in Bildfolgen

FALKEN

Seite 2 und 3:
Tischlerwerkstatt. Lithographie nach einer Zeichnung von T. Streich, um 1850.

Im FALKEN Verlag sind weitere nützliche Titel für den Heimwerker erschienen. Hier eine Auswahl:
„Möbel aufarbeiten, reparieren und pflegen" (Nr. 386)
„Kleinmöbel aus Holz" (Nr. 905)
„Elektroarbeiten" (Nr. 975)
„Metall bearbeiten" (Nr. 1119)

ISBN 3 8068 4120 9

© 1991 by Falken-Verlag GmbH, 6272 Niedernhausen/Ts.
Die Verwertung der Texte und Bilder, auch auszugsweise, ist ohne Zustimmung
des Verlags urheberrechtswidrig und strafbar. Dies gilt auch für Vervielfältigungen,
Übersetzungen, Mikroverfilmung und für die Verarbeitung mit elektronischen Systemen.
Titelbildentwurf, grafische Gestaltung und Illustrationen:
Gerhard Wawra, Wiesbaden, und Gerhard Schnaus, Wiesbaden
Fotos: Ellinor Schnaus-Lorey, Wiesbaden; Peter Schumacher, Hofheim;
Archiv für Kunst und Geschichte, Berlin; Claus Hansmann, Stockdorf;
Foto Marburg, Stiftung Preußischer Kulturbesitz Berlin;
Verwaltung der staatlichen Schlösser und Gärten, Hessen, Bad Homburg v.d.H.
Die Ratschläge in diesem Buch sind von der Autorin und vom Verlag sorgfältig erwogen und
geprüft, dennoch kann eine Garantie nicht übernommen werden. Eine Haftung des Autors
bzw. des Verlags und seiner Beauftragten für Personen-, Sach- und Vermögensschäden
ist ausgeschlossen.
Satz: Main-Taunus-Satz Giebitz & Kleber GmbH, Eschborn
Druck: Zumbrink Druck GmbH, Bad Salzuflen

03412082X161 514 131 211 109

Inhalt

Möbel im Laufe der Jahrhunderte   7
Anfang und Weiterentwicklung der wichtigsten Möbeltypen   8

Vom Zimmermann zum Schreiner   13
Eine neue Zunft entsteht   13

Stilepochen   16
Vom Mittelalter bis zum Jugendstil   16

Romanik   17
Gotik   18
• Typische Ornamentik und Stilerkennungsmerkmale   19
• Bedeutende Schreiner bzw. Entwerfer   19
Renaissance   20
• Typische Ornamentik und Stilerkennungsmerkmale   21
• Bedeutende Schreiner bzw. Entwerfer   21
Barock   22
• Typische Ornamentik und Stilerkennungsmerkmale   23
• Bedeutende Schreiner bzw. Entwerfer   23
Rokoko   24
• Typische Ornamentik und Stilerkennungsmerkmale   25
• Bedeutende Ebenisten bzw. Entwerfer   25
Klassizismus   26
• Typische Ornamentik und Stilerkennungsmerkmale   27
• Bedeutende Schreiner bzw. Entwerfer   27
Biedermeier   28
• Typische Ornamentik und Stilerkennungsmerkmale   29
• Bedeutende Schreiner bzw. Entwerfer   29
Jugendstil   30

• Typische Ornamentik und Stilerkennungsmerkmale   31
• Bedeutende Entwerfer   31

Restaurieren   32
Was heißt Restaurieren?   32
Welche Punkte sind beim Restaurieren zu beachten?   34
• Das Alter des Möbels erkennen und erhalten   34
Leim, Wachs und Politur –
• lohnt es sich, diese selbst herzustellen?   35

Holz –
Unser ältester Werkstoff   37
Aufbau eines Baumstammes   38
Verarbeitung eines Baumstammes   38
Die bedeutendsten Holzsorten im Möbelbau   40
• Charakteristische Erkennungsmerkmale   40
• Laubholz (Hartholz)   40
• Nadelholz (Weichholz)   41
Erkennungsmerkmale – Verwendung – Oberflächenbehandlung   42
  Hartholz (einheimische und exotische Laubbäume)   42
  Weichholz (Nadelbäume)   45

Die Werkstatt   47
Welche Bedingungen soll eine Werkstatt erfüllen?   47
• Trockenheit   47
• Beleuchtung   47
• Stromanschluß   48
• Belüftung   48
• Wasseranschluß   48
• Trockenraum   48
• Stellflächen   48
Werkzeuge   48
Werkzeugpflege   52
Schärfen   52

• »Natürlicher« Sandstein   52
• »Künstlicher« Sandstein   52
• Ölstein   52
• Schleifstein oder Schleifscheibe   53
• Ziehklinge   53
• Stecheisen oder Hobelstahl   54
Grundbegriffe bei der Schreinerarbeit   54
Holz leimen   54
Unter Druck abbinden lassen   54
• Hobelbank   55
• Schraubzwinge   55
Messen und Anreißen   57
• Zollstock   57
• Bandmaß   57
• Winkelmaß   57
• Schmiege (Stellwinkel)   57
• Spitzbohrer   57
• Wasserwaage   57
Stemmen – Sägen – Hobeln   58
  Stemmen   58
• Ausstemmen eines Loches   58
  Sägen   59
• Die wichtigsten Arten von Sägen für die Hobbywerkstatt   60
• Spannsägen   60
• Ungespannte Sägen   60
  Hobeln   60
• Schlichthobel   61
• Putzhobel   61
• Profilhobel (auch Kehlhobel)   61
• Hobel mit schabender Wirkung   61
• Ziehklinge   61
Die wichtigsten Holzverbindungen   63

Wie verläuft die sorgfältige Restaurierung?   64
Vorarbeiten zum Restaurieren und Sanieren   64
Möbelstücke in einzelne Teile zerlegen   64
Alte Nägel entfernen   65
Alte Farbe entfernen   66
• Mechanisch: Manuell   66

• Mechanisch: Maschinell	68	
• Chemisch: Abbeizen, Ablaugen	68	
• Abbeizer	68	
• Ätznatron	70	
• Kaustisches Soda	70	
• Wasserstoffperoxyd	70	
• Salmiakgeist/Spiritus	70	
• Salmiakgeist/Aceton	70	
• Salmiaklösung	70	
• Holzseife	70	
Trocknen	71	
Holzwurm	72	
• Die Holzfäule	72	
• Bekämpfung des Holzwurmes und der Fäule	72	
Holzwurmschäden beseitigen	73	
• Anwendung der verschiedenen Füllmittel	74	
• Holzkitt	74	
• Kitt aus Kartoffelmehl und Gummiarabicum	75	
• Kitt aus Schlämmkreide	75	
• Wachskittstangen	75	
• Schellackkittstangen	76	
Druckstellen im Holz	76	
Passendes Holz zum Ausbessern	76	
Konstruktives Restaurieren	77	
Risse im Holz	78	
• Wo reißt Holz bevorzugt, und wie verläuft ein Riß?	78	
• Ausspanen eines Risses	80	
Löcher im Holz	86	
Innenliegende Verstärkungen	88	
• Verstärkungen durch Füllstücke bei Rissen im Holz	88	
• Verstärkung durch Winkel innerhalb der Stuhlzarge	89	
Fehlende Schnitzereien, Profilleisten	90	
Klemmende Schubladen	92	
• Feuchtigkeit und Temperaturschwankungen	94	
• Die Eckverbindungen haben sich gelockert und müssen neu verleimt werden	94	
• Die Laufleisten müssen erneuert werden	94	
Wackelnde Stuhlbeine	95	
• Zapfen neu verleimen	96	
• Zapfen »schwimmt«	97	
• Zapfen ist brüchig und muß erneuert werden	97	
• Die Polsterung läßt sich nicht lösen	101	
An- oder abgebrochene Beine	102	
• Gerades Ansetzen eines Ersatzstückes	103	
• Schräges Ansetzen des Ersatzstückes	105	
• Scharnieraussparungen nachstemmen	106	
• Lose Scharniere befestigen	106	
Ausgebrochene Schlüssellocheinfassungen	108	
• Einarbeiten der Blende	108	
Furnier	110	
• Furniert	110	
• Intarsie	110	
• Marketerie	110	
Verschiedene Arten der Furnierherstellung	111	
• Wie unterscheidet der Laie zwischen massivem und furniertem Holz?	112	
Ablösen von Furnier	113	
Furnier schneiden oder sägen	114	
Aufleimen von Furnier	114	
Blasen im Furnier	115	
• Beseitigung der Blasen	116	
Fehlstellen im Furnier mit Schellack ausbessern	119	
Risse im Furnier	119	
• Furnierrisse neu verleimen	120	
Ausgebrochene Stellen im Furnier	121	
• Zubereitung des Ersatzfurniers	122	
Oberflächenbehandlung	125	
Wässern und Feinschliff	125	
Beizen	125	
• Wasserbeizen	126	
• Spiritusbeizen	126	
• Wachsbeizen	127	
Ölen	127	
Wachsen	127	
Mattieren	128	
• Grundieren	128	
• Mattieren	128	
Lackieren	129	
Polieren	129	
• Beleuchtung und Temperatur im Arbeitsraum	130	
• Zubereitung des Polierballens	131	
• Handhabung des Polierballens	131	
Handpolieren	132	
• Erforderliche Arbeitsmittel zum Handpolieren	132	
• Anfeuern	133	
• Einlassen	133	
• Porenfüllen	134	
• Grundpolieren	134	
• Deckpolieren	134	
• Auspolieren	137	
• Mattpolieren	137	
Lackpolieren	138	
• Erforderliche Arbeitsmittel zum Lackpolieren	138	
• Porenfüllen	139	
• Grundpolieren	140	
• Schleifflüssigkeit	140	
• Verteilerpolitur	141	
• Deckpolieren	141	
• Auspolieren	141	
Aufpolieren	141	
Polstern	143	
• Erforderliche Arbeitsmittel für eine Schaumstoffpolsterung auf Gurtbespannung	143	
Rezepturen	146	
Chemische Materialien bei der Holzoberflächenbehandlung (bes. Flecken)	148	
Nützliche Adressen für den Möbelrestaurator	149	
Kleines Fachwörterverzeichnis	150	
Register	151	

Faltstuhl (lat. »Faldistorium«),
Bronze, 12. Jh. Leicht bewegliches Möbel,
schon aus der Antike bekannt.
Offizieller Sitz führender
Persönlichkeiten.

Möbel
im Laufe der Jahrhunderte

Durch Schriften, Wandteppiche, Gemälde und erhaltene Möbelstücke ist man ziemlich genau über die Wohn- und Lebensweise des Altertums informiert. Über die Zeit nach dem Zusammenbruch des »Römischen Reiches« dagegen, dem »Frühen Mittelalter« (500 n. Chr. – 1100 n. Chr.), sind die noch vorhandenen Angaben spärlich. Nur lückenhaft kann man sich aus einigen Darstellungen der Malerei und Plastik vorstellen, daß das Mobiliar der damaligen Zeit sehr sparsam und einfach in der Gestaltung war. Außer dem Stuhl und der Truhe gab es nur Bett, Schrank, Bank und Tisch, die fest mit dem Haus verbunden und noch nicht im späteren Sinne des Wortes Möbel »mobil« waren. Wenige Exemplare aus Kirchen und Klöstern sind erhalten: Schränke, Truhen oder Stühle, die für damalige Zeiten »prunkvoll« gestaltet waren. Man geht davon aus, daß das Mittelalter einige Möbelformen aus der gut entwickelten Wohnkultur der Antike übernommen hat. Speziell von den Griechen und Römern ist uns bekannt, daß diese bereits über verschiedene interessante Möbeltypen verfügten, z. B. den Faltstuhl und den Truhenschrank (Armarium).

Anfang und Weiterentwicklung der wichtigsten Möbeltypen:

Faltstuhl »Faldistorium« (lat.).
Leicht bewegliches Möbel aus der Antike.
Offizieller Sitz führender Persönlichkeiten
Feldklappstuhl bei Schlachten.

Schemel »Scamil« (lat.) – die kleine Bank.
Niedriges Bänkchen ohne Rückenlehne für
die Füße auch zum Besteigen der sehr
hohen Bettkasten. Wer es als Sitzmöbel
benutzte, war niedrigeren Ranges als die,
die auf Stühlen saßen.

Stuhl (germ.) – Herrensitz.
Aus dem frühen Mittelalter ist kein Beispiel erhalten.

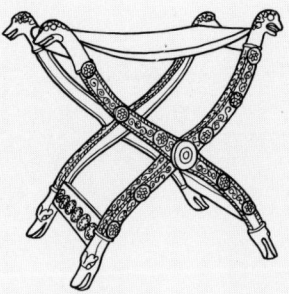

**Faltstuhl mit Löwenkopfknäufen, Anfang
13. Jahrhundert.**

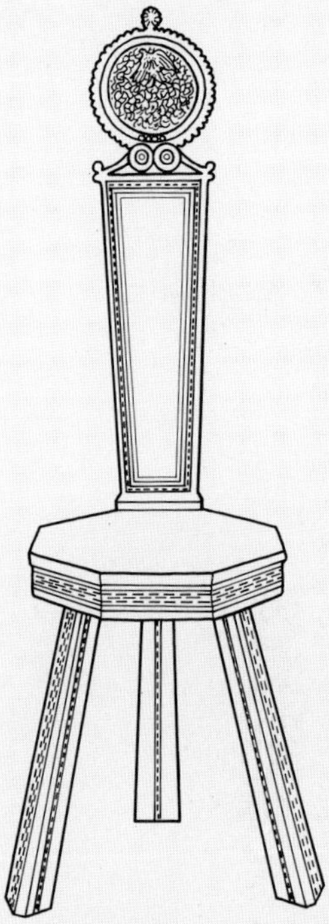

**Schemel
mit Wappen,
Italien,
um 1490.**

Lehnsessel, Frankreich, Ende 17. Jahrhundert.

**Thronstuhl, 15. Jahrhundert, Frankreich. Reichgeschnitzte Rük-
kenlehne und Seitenlehnen mit Spitzbögen, Ranken und Faltwerk.
Die Sitzfläche ist gleichzeitig eine verschließbare Truhe (Holzstich
aus »Mobilier Français«).**

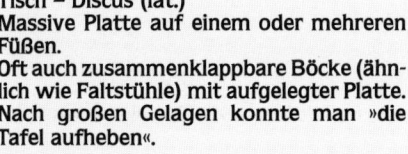

Eßtisch mit thronartigem Sitz, fest verbunden, 15. Jahrhundert, Frankreich (Holzstich aus »Mobilier Français«).

Tisch – Discus (lat.)
Massive Platte auf einem oder mehreren Füßen.
Oft auch zusammenklappbare Böcke (ähnlich wie Faltstühle) mit aufgelegter Platte.
Nach großen Gelagen konnte man »die Tafel aufheben«.

Tischplatte auf zusammenklappbarem Untergestell, 14.–15. Jahrhundert, Frankreich (Holzstich aus »Mobilier Français«).

Geschnitzter Tisch, Platte mit Einlegearbeit, Frankreich, um 1720.

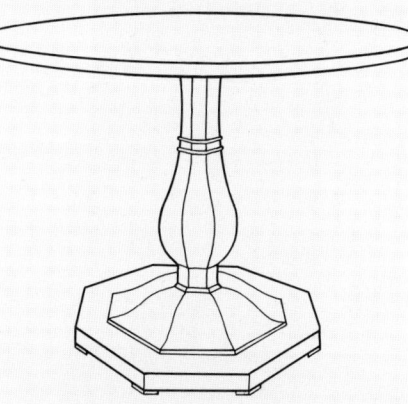

Tisch mit balusterförmigem Mittelteil, Österreich, um 1830.

Bank »Banc« (ahd.) – Erhöhung.
In einfachster Form eigentlich ein Reihen-
stuhl für mehrere Personen.
Aus der Bank entwickelt sich später das
Kanapée oder das Sofa.

Truhe – Truha (ahd.)
Elementares Möbel und erster beweg-
licher (mobiler) Einrichtungsgegenstand.
Aufbewahrungsort für Hab und Gut wie
Kleider, Wäsche. Manchmal befand sich an
der Rückwand eine Leiste mit kleiner
Schublade für Schmucksachen (besonders
bei Hochzeitstruhen).
Die Form der Truhe könnte aus der antiken
Hausform mit seitlichem Dreiecksgiebel
entstanden sein.
Bedeutung hatte die Truhe auch als Bank
oder Truhenbank. Aus der Truhe ent-
wickelt sich später die Kredenz, danach der
Schrank. Überhöhte Truhen konnten auch
als Tische benutzt werden.

Kommode – Commodus (lat.) – zweck-
mäßig, angenehm.
Ein Schubladenschrank, der bereits im
Altertum als »Armarium« bekannt ist. Es
ist allerdings nicht genau bekannt, ob die
Kommode vom Schrank oder von der
Truhe abgeleitet wurde.
Erst im 17. Jahrhundert wird die Kommode zum wichtigsten Kastenmöbel und
verdrängt die Truhe.
Verschiedene Typen sind bekannt: Vitrine
(Kommode mit Aufsatz), Schreibkommode, Eckkommode, Bureau (Schreibpult
mit Schublade und Klappdeckel), Side-
board (Anrichte oder Buffet im Speise-
zimmer).

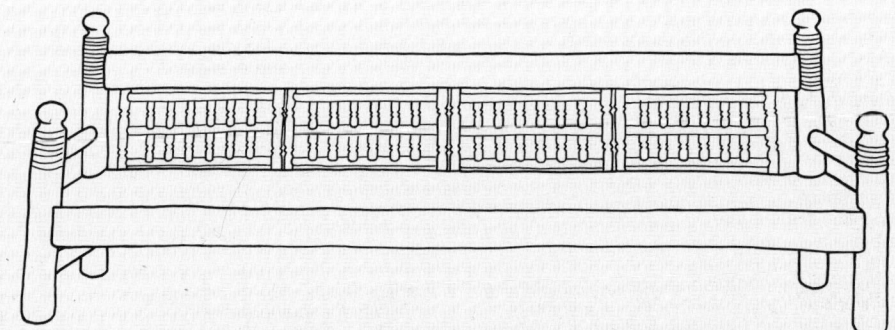

Bank mit gedrechselter Rückenlehne, Berlin, 13. Jahrhundert.

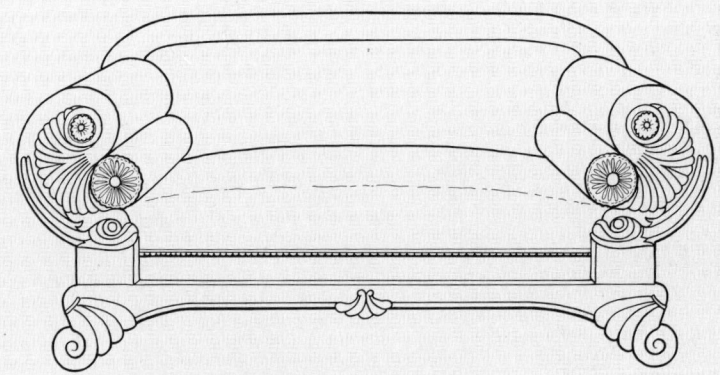

Sofa mit geschnitzten Wangen, Lübeck, um 1830.

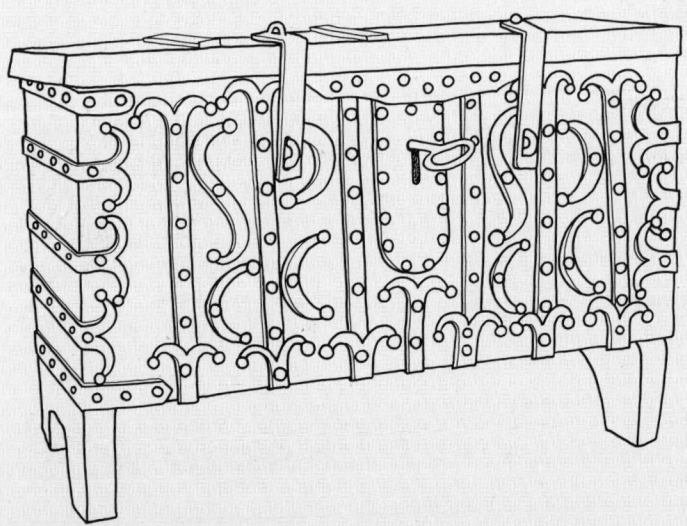

Truhe mit reichem Eisenbeschlag aus der Kirche in Laubach (Ober-
hessen), 13./14. Jahrhundert.

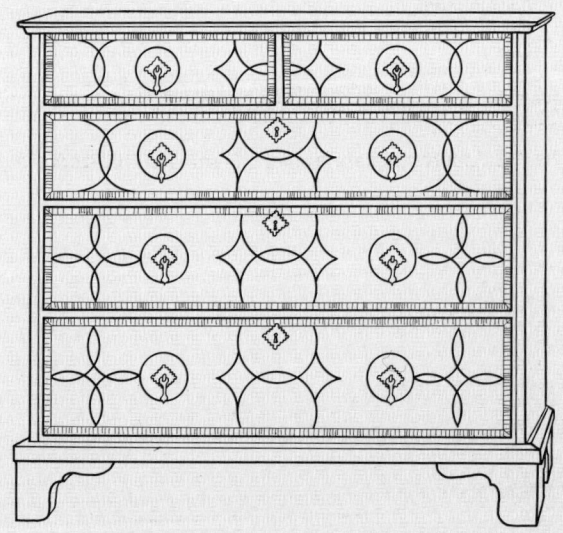

Kommode mit Bandintarsie, England, um 1710.

Bett »Betti« (ahd.) – etwa »in die Erde ein-
gewühlte Lagerstatt«.
Kastenartig abgeschlossenes Pfosten-
möbel. Bildet ein eigenes Gemach im
Raum. Später wird es als Baldachinbett
zum prunkvollen Mittelpunkt und findet
erst wieder im Biedermeier zu seiner einfachen Pfostenkonstruktion.

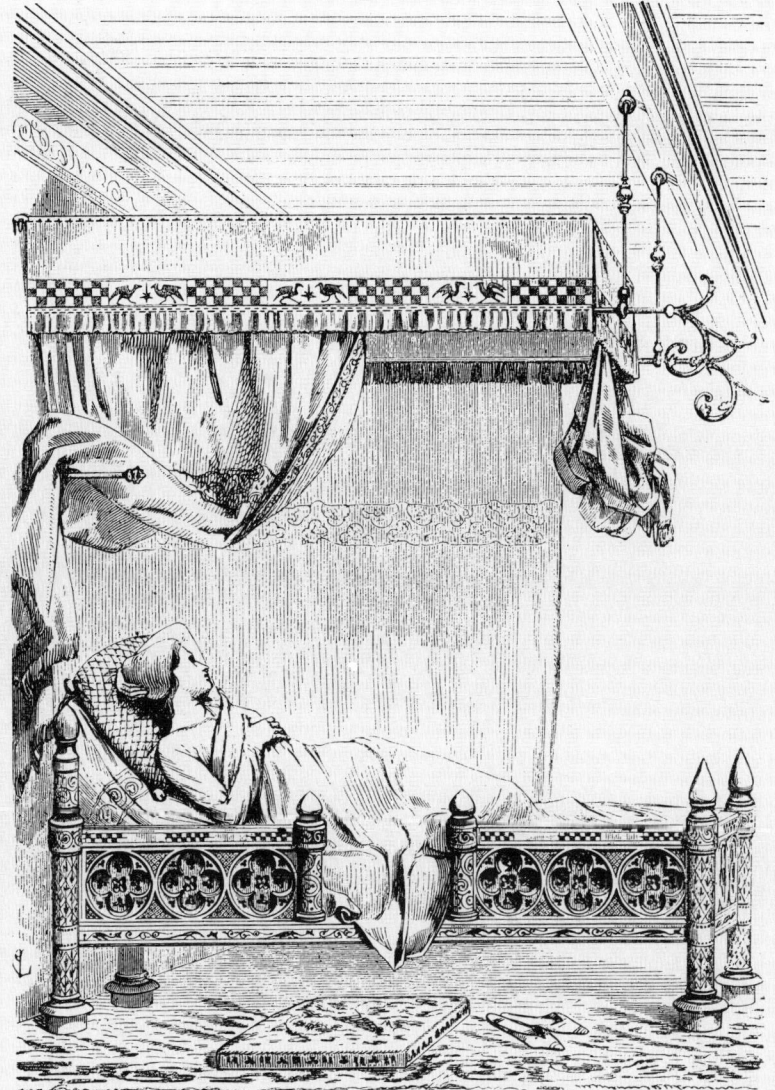

Baldachinbett, 13. Jahrhundert, Frankreich (Holzstich aus »Mobilier Français«).

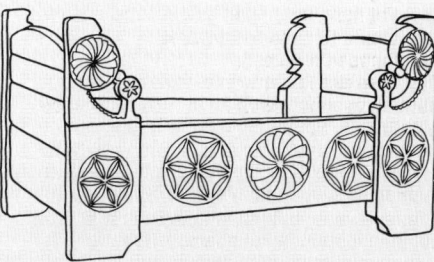

Bett mit Keilschnitzerei nach mittelalterli-
chen Motiven, Schweden, um 1730.

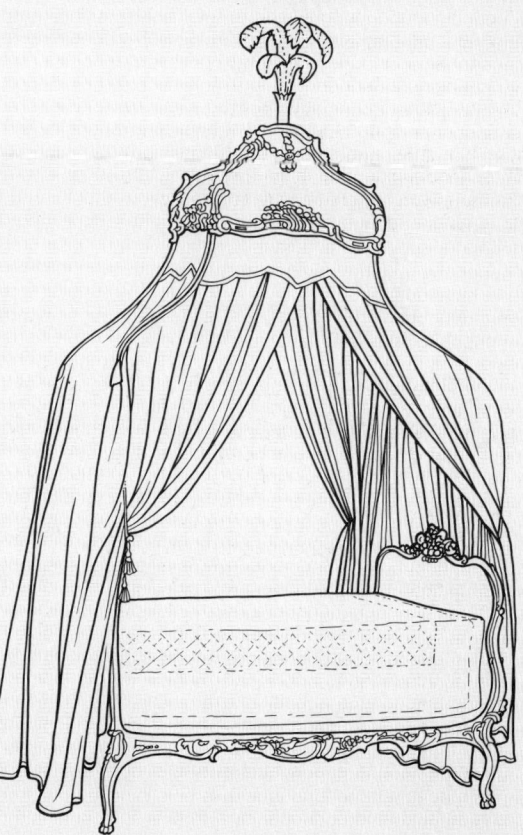

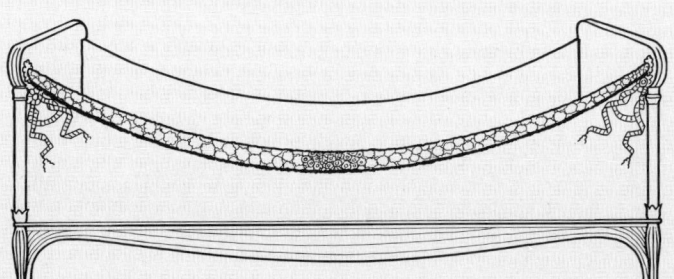

Bett der Königin Luise von Preußen (Entwurf F. Schinkel), Berlin, 1810.

Bett mit Baldachin, Deutschland, um 1741.

11

Schrank – Schranc (mhd.) – Abgeschlossener Raum, »einschränken«.

Im Mittelalter kommt er als fest mit dem Haus verbundenes Element vor, z. B. als Wandnische oder Eckschrank.

In der romanischen Zeit spielt der Schrank – neben der Truhe – eine wichtige Rolle als Aufbewahrungsort für Requisiten und Kleider, allerdings nur in Kirchen und Klöstern. Erst im 16./17. Jahrhundert verdrängt der Schrank die Truhe als Aufbewahrungsort für die immer üppiger werdenden Kleider, die nun hängend im Schrank Platz finden müssen.

Mit zunehmendem Wohlstand entwickelt sich der Schrank aus aufeinandergestellten Truhen in die verschiedensten Formen (z. B. Buffet, Kabinettschrank, Waschschrank) und nimmt den wichtigsten Platz im Hause ein.

Zeitweise, z. B. im Rokoko, verliert der Schrank an Bedeutung, da die überaus reiche und verzierte Wandvertäfelung für ihn wenig Stellfläche läßt.

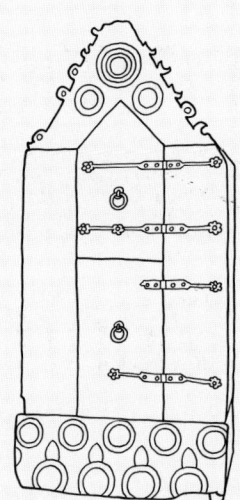

Sakristeischrank, Deutschland, 13. Jahrhundert.

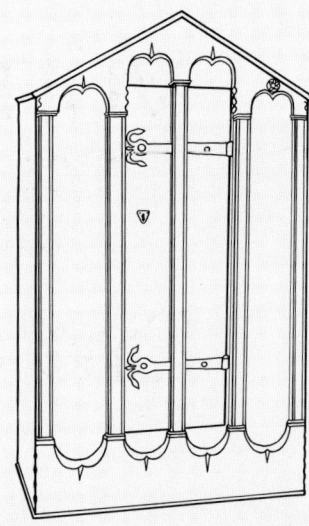

Giebelschrank, Südtirol, 14. Jahrhundert.

Schreibkommode mit Aufsatz, Deutschland, um 1730.

Danziger Schrank, Anfang 18. Jahrhundert.

Vom Zimmermann zum Schreiner
Eine neue Zunft entsteht

Möbel kommt von »mobil« und bedeutet bewegliches Hab und Gut.

Im frühen Mittelalter kannte man, zumindest von der eigentlichen Bedeutung her, noch keine Möbel, man umgab sich eher mit »immobiler« Einrichtung. Schlafnischen, Wandschränke, Klapptische, Regale und Nischenschränke sind mit dem Haus festverbundene Elemente. Gleichzeitig mit dem Hausbau sind sie, in erster Linie nützlich, schlicht und wenig kunstvoll, das Werk von Zimmermannsleuten.

Einzige Ausnahme ist der Stuhl und die Truhe, in der Kleider und Wertgegenstände aufbewahrt und transportiert wurden. So ist es auch die Truhe, aus der sich die halbhohe Kredenz mit Tür und dann der Schrank entwickelt.

Werkstatt eines Kunsttischlers 1783 (Kupferstichblatt aus der »Encyclopédie« von Diderot).

Erst im 15. Jahrhundert entsteht aus dem Zimmermannsgewerbe eine neue handwerkliche Richtung: die Tischler, Kästner, Kistler oder Schreiner.

Bedingt durch eine seßhaftere Lebensweise nach Jahren der Völkerwanderungen beschäftigen sie sich fortan ausschließlich mit der Herstellung von Möbeln. Man kann diese Zeit als die Geburtsstunde des Möbels als Kunstgegenstand bezeichnen.

Es vergeht allerdings wieder einige Zeit, bis die Schreiner sich als selbständige Zunft mit Maßstäben für ein neues Handwerk durchsetzen können. So soll fortan genau differenziert werden, daß Holzarbeiten, die mit Nägeln zusammengeschlagen werden, Zimmermannsarbeit sind, Leim und Holzpflöcke (Dübel) als Verbindungsmittel dagegen in den Arbeitsbereich des Schreiners fallen.

Im Gegensatz zur früheren Zeit, als ausschließlich Nützlichkeit im Vordergrund stand, wird nun die Bedeutung des Wohnkomforts und somit Entwurf und Stil des Möbels immer klarer erkennbar. Der Entwerfer entsteht (Designer oder Stillisten würde man heute sagen), Entwerfer, die deutlich über den Handwerkern oder Werkstattbesitzern stehen und den neuen Stil bestimmen. In den meisten Fällen ist denn auch der Entwerfer berühmter als der ausführende Handwerker. In einigen Fällen steigen Schreiner zu bekannten Möbelentwerfern auf (Rietveld). Verschiedene handwerkliche Richtungen entwickeln sich im Möbelbau, die alle dem Entwerfer oder Baumeister unterstellt sind:

Schreiner, Vergolder, Drechsler, Schnitzer, Polsterer.

Vermehrte Handelsbeziehungen, rege geistige und soziale Umschichtung sorgen in den folgenden Jahrhunderten für rasche Verbreitung der großen Stilrichtungen.

»Und wenn wir gestehen müssen, daß wir den halben Teil unseres flüchtigen Lebens in wohlausgebauten Häusern mit Essen und Schlafen hinbringen, wird zugleich die Unentbehrlichkeit und steter Gebrauch dieses Handwerkes bemercket, sintemal solche Commodität ohne Tisch und Bettstätten nicht füglich kann genossen werden« ... (aus einem alten Schreiner-Zunftbuch).

Zunftschild der Schreiner mit Reißzeug und Hobel; gerahmte Intarsienarbeit (Süddeutschland, Anfang 19. Jahrhundert).

Tischlerwerkstatt mit Werkzeug um 1830 (aus »Belehrende Grafik für die Jugend«).

Stilepochen

Vom Mittelalter bis zum Jugendstil

Das Mittelalter umfaßt mehr als vier Jahrhunderte –
vom Untergang des Römischen Reiches rd. 500 n. Chr.
bis zur Entdeckung Amerikas 1492. In diese Epoche
fällt die Romanik, auch das »Frühe Mittelalter« genannt, und die Gotik.

Schloßzimmer aus dem 12. Jahrhundert (Holzstich aus »Mobilier Français«).

Romanik

»Frühes Mittelalter«
von 1000 – 1100 n. Chr.

Da so gut wie keine Möbelstücke dieser Zeit die Jahrhunderte überdauert haben, sind unsere Vorstellungen nur sehr spärlich. Allerdings kann man davon ausgehen, daß damalige Einrichtungsgegenstände ihre Form nur den praktischen Bedürfnissen verdanken und jegliche, über den einfachen Gebrauchszweck hinausgehende Schmuckzutaten fehlen. Von einer kunstvollen Stilrichtung – wie in späteren Jahrhunderten – kann noch keine Rede sein.

Die wenigen erhaltenen Möbel aus dieser Zeit stammen aus Kirchen und Klöstern, entsprechen aber keineswegs dem Gebrauchsmobiliar. Dieses waren einfache, wuchtige, aus einem Stamm mit Axt und Beil gehauene Stücke. Sitzmöbel wurden aus massiven Holzblöcken geschlagen. Die Liegestatt war eine derbe Pfostenkonstruktion, mit Querbrettern verbunden. Schnitzerei erschöpfte sich in naiven Keilkerbmotiven. Figürliche Darstellungen sind noch nicht zu finden. Zwar ist die Drechselbank vom Altertum her schon bekannt, man handhabt sie aber noch nicht so kunstvoll wie in der Antike. Manchmal wird Stoff oder Leder als schmückende Bespannung verwendet.

Eisenbeschlag einer Truhe aus dem 13. Jahrhundert.

Kerbschnitzerei.

Schloßzimmer aus dem 13. Jahrhundert (Holzstich aus »Mobilier Français«).

Gotik

12. – 15. Jahrhundert

Man spricht vom ersten »Laienstil« des Mittelalters, allerdings mehr auf architektonischem Gebiet.

Der kirchliche wie höfische Einfluß bleibt nach wie vor tonangebend. Er kommt vorwiegend aus Frankreich und beeinflußt hauptsächlich die Länder nördlich der Alpen. Erst gegen Ende des 15. Jahrhunderts, der Spätgotik, wird das Wohnen lichter und geräumiger.

Durch neue Kenntnisse und Möglichkeiten in der Holzverarbeitung – die Sägemühle wird erfunden – bearbeitet man Holz zunehmend gemäß seinen Eigenschaften. Immer deutlicher kann man bei der Verarbeitung konstruktiv tragende von füllenden Elementen unterscheiden. Die Festigkeit des Möbels bleibt dabei trotz leichterer und dünnwandiger Bauweise erhalten. Zugleich erlaubt man damit dem Holz auf seine Weise zu arbeiten, d. h. zu »schwinden« und »sich auszudehnen«.

Verschiedene Holzverbindungen, die bis heute gebräuchlich sind, setzen sich mehr und mehr durch und kommen gleichzeitig auch der künstlerischen Gestaltung der Möbel entgegen.

So entwickeln sich nach und nach und mit steigenden Ansprüchen des Bürgertums aus den groben, nach Zimmermannsart gehauenen Einrichtungsgegenständen des frühen Mittelalters abwechslungsreich gestaltete und verzierte Möbel, die nun mehr und mehr dem eigentlichen Sinne des Wortes »mobil« entsprechen.

Holzvertäfelungen an Wänden und Decken werden beliebt, man reiht die Möbel der Wand entlang auf, die Raummitte bleibt frei und wirkt hell und »geräumig«.

War bisher ein ziemlich einheitlicher Möbeltyp Truhe, Stuhl, Bett, Tisch bekannt, machen sich jetzt regional deutlich verschiedene Entwicklungen bemerkbar. Die vorwiegend in den einzelnen Gegenden bekannten Holzsorten verlangen individuelle Bearbeitung und Gestaltung.

Aus der Truhe entwickelt sich ein halbhoher Schrank, je nach Breite mit einer oder zwei Türen. Oft erkennt man noch den zwei- oder dreigeschossigen Aufbau der übereinandergestellten Truhen.

Bevorzugtes Holz in nördlichen Gegenden ist die Eiche, im Süden das Weichholz.

Typische Ornamentik und Stilerkennungsmerkmale:

Faltwerkornamentik, Schnitzereien in Ranken, Spitzbögen, Eselsrücken- und Krabbenform. Selten figürliche Darstellungen.

Bedeutende Schreiner bzw. Entwerfer:

Lediglich ein Schreiner, gleichzeitig auch als Bildhauer namentlich bekannt: Jörg Syrlin d. Ältere.

Schnitzerei in Ranken.

Maßwerkverzierung.

Holzschnitzwerk.

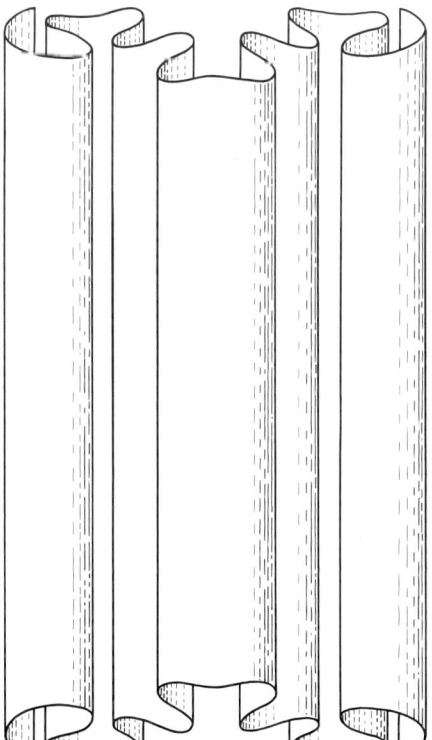

Faltwerkornamentik.

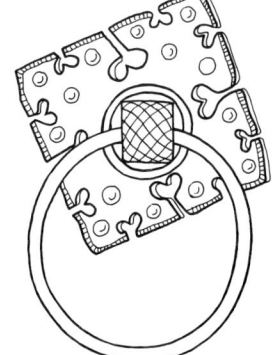

Beschläge, Eisen, 13. Jahrhundert.

Schloßzimmer aus dem 15. Jahrhundert (Holzstich aus »Mobilier Français«).

Renaissance

15. – 16. Jahrhundert

»Wiedergeburt der Antike«.
Eine das Mittelalter überwindende Stilstufe der europäischen Kunst, die in Italien etwa 1420 als Frührenaissance beginnt, um 1500 in das Stadium Hochrenaissance eintritt und bis 1530 andauert. Außerhalb Italiens setzt sich diese Bewegung erst um 1500 durch.

Die von 1530 – 1600 herrschende Spätrenaissance wird heute meist als Manierismus bezeichnet.
War die Gotik hauptsächlich ein französischer Impuls, so kommt der neue Stil aus Italien. Renaissance: »Erweckung der weltbewußten Persönlichkeit« und »die symbolische Form der Perspektive macht den Menschen zur Mitte und zum Maß des Raumes«. Diese neue Maxime, hauptsächlich von der Architektur ausgehend, ist aber auch bestimmend für den Möbelbau. So bleibt bei aller Liebe zu Schnitzwerk und Verzierung das Tektonische stets vorrangig.
Die Schreinertechniken bleiben an sich unverändert und werden wie in der

Gotik fortgeführt. Lediglich die Formen werden verfeinert. Schmückender Zierat wie Säulchen und Profilchen sind jetzt oft aufgeleimt und nicht mehr aus dem Massiven geschnitzt. Man erkennt die Schönheit einer verfeinerten Oberflächenbehandlung und bringt das sehr beliebte Nußholz voll zur Wirkung. Intarsienarbeiten (»Tarsia certosina«) werden immer beliebter und farbiger. Aus den Werkstätten der Möbelmacher kommen Kupferstiche in größeren Auflagen und sorgen für rasche Verbreitung der typischen Formen.
Nach wie vor sind die aus dem Mittelalter bekannten Möbeltypen vorherrschend: Bett, Truhe, Tisch, Stuhl.

Der Schrank gewinnt immer mehr an Bedeutung, auch in kleinerer Form als Kredenz, Kabinett (kleiner Schrank auf hohen Füßen mit reicher Fächereinteilung), Klappschreibtische.

Stuhlformen werden vielfältiger. Neben den bekannten Formen wie Faltstuhl, Klappstuhl und Scherenstuhl spielt eine große Rolle der Stuhl mit geraden, vierkantigen Stollen und einer hohen Rückenlehne mit Querverbindung, oft reich geschnitzt. Die Sitzfläche ist meist aus Holz oder Leder, also noch nicht gepolstert. Es wurden bestenfalls lose Kissen aufgelegt.

Die ausgeprägte Vorliebe für Säulen läßt das Baldachinbett in den Mittelpunkt rücken.

Die Auffassung der Renaissance fällt in den einzelnen Ländern sehr verschieden aus. In Deutschland wird sie in erster Linie durch das Ornament bestimmt und erlangt nicht die Bedeutung wie in Frankreich oder Italien.

Nußbaum ist das beliebteste Holz dieser Zeit. In Deutschland dagegen bleibt die Eiche vorherrschend.

Typische Ornamentik und Stilerkennungsmerkmale:

Gedrechselte Säulen und Pilaster.

Plastische Schnitzerei und Profilleisten (Zahnschnitt, Eierstab, Rosetten, Akanthusstreifen), Schachbrettmuster oder Schuppenbänder.

Motive der Antike wie Masken, Hermen, Dreieckgiebel, Harpyien (Ungeheuer der griechischen Sage), Löwenköpfe.

Kugelfüße, figurale und ornamentale Füllungen. Vorherrschend bleibt die streng architektonische Richtung mit Säulen und Pilastern.

Bedeutende Schreiner bzw. Entwerfer:

Heinrich Ringelink, Flensburg
Peter Flötner, Nürnberg

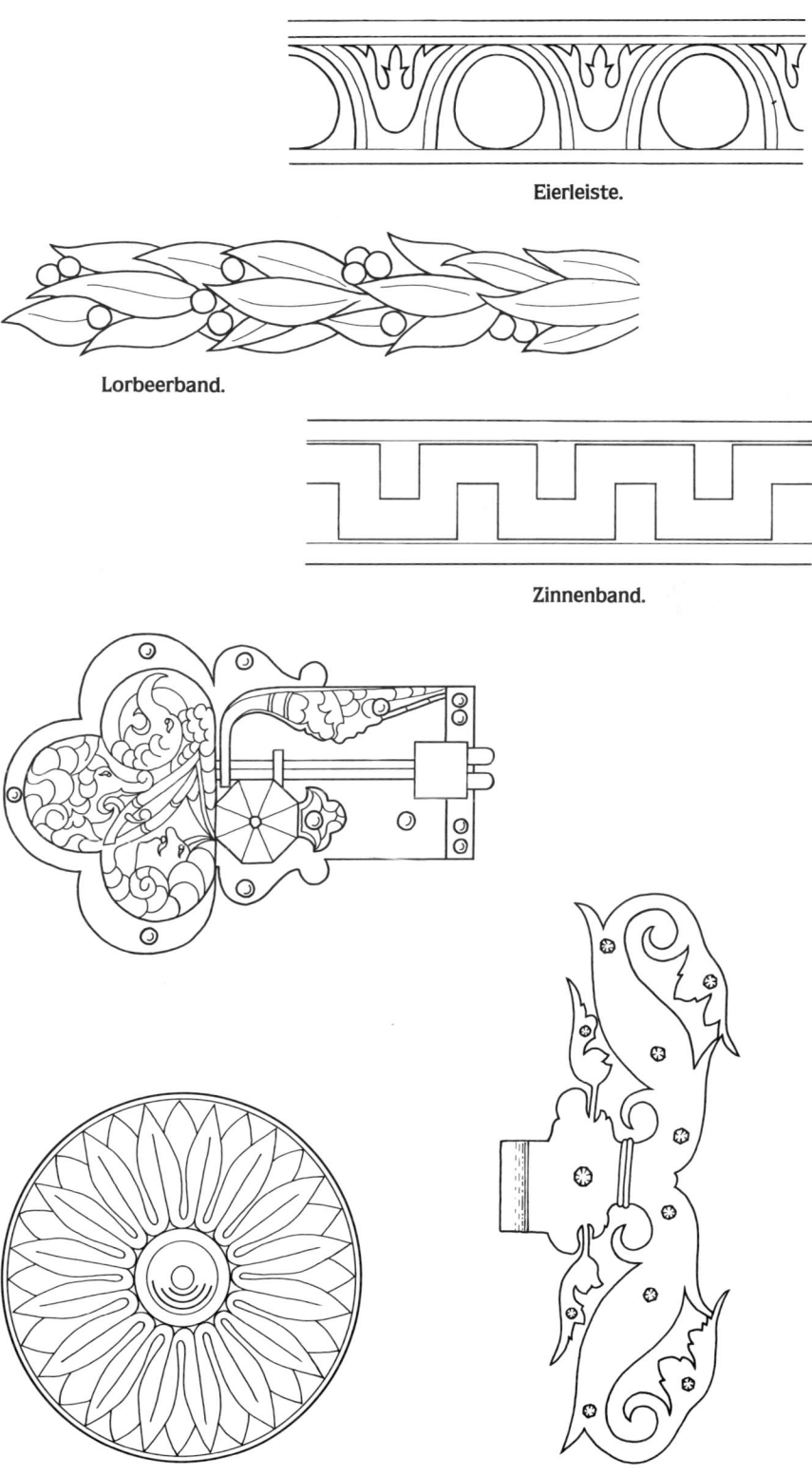

Eierleiste.

Lorbeerband.

Zinnenband.

Rosette.

Türangel, Eisen, 17. Jahrhundert.

Schloßzimmer aus dem 17. Jahrhundert (Barock-Spielzimmer, Löwenburg/Kassel).

Barock

17. Jahrhundert

»Die Freude am Vollen, Wuchtigen, Üppigen.«

In Frankreich als Louis-XIV.-Stil bekannt.

Es ist schwer, eine klare zeitliche Begrenzung der Epoche Barock zu geben. Wieder von Italien ausgehend wird die architektonische Strenge der Renaissance in reiche, effektvolle, manchmal irrationelle Formen aufgelöst. Die Ruhe und Ausgeglichenheit der Renaissance wird zu einem et-

was vordergründig repräsentativen Schaustück.

Neue gesellschaftliche Umgangsformen prägen neue Möbeltypen: Stühle für Empfangszimmer, Konsolentische, Kommoden. Die Truhe – wichtiges Möbel des Mittelalters – verliert nun weitgehend an Bedeutung, Schrank und Kommode nehmen ihren Platz ein. Aus dem Kabinettschrank macht Frankreich den Schreibtisch, das »bureau«. 1667 gründet Louis XIV. die »Manufacture Royale des meubles de la couronne«, eine Einigung der künstlerischen Bewegung und Bestrebung. Kunsthandwerkliches Schaffen wird unter die Leitung eines Meisters gestellt, um den einheitlichen Stil zu fördern. Kunstschreiner heißen Ebenisten (sie verarbeiten vorzugsweise Ebenholz).

André Boulle als Meister der „Manufacture Royale" geht in die Kunstgeschichte ein und wird einer der bedeutendsten Meister auf diesem Gebiet. Besonders bekannt sind seine Intarsienarbeiten (kunstvoll auf Holzgrund ausgeführte Einlegearbeiten aus Messing, Zinn, Elfenbein und Schildpatt) sowie reiches Dekor des Möbels aus vergoldeter Bronze.

Der Stuhl oder Sessel (fauteuil) präsentiert sich in vielfältiger Form. Die Füße sind durch Stege untereinander verbunden, im Kreuzpunkt ein geschnitztes Emblem, geschwungene Armlehnen. Prunkvolle Bezugsstoffe aus Samt, Seide, Gobelin oder Straminstickerei, manchmal auch Leder. Die Sitze sind jetzt fast immer gepolstert und an den Rändern mit Messingpolsternägeln abgesetzt.

Wuchtige Schränke (massiv oder furniert) mit Schubladen im Sockel, großzügige Füllungen eingefaßt mit reichhaltigen Profilleisten. Große Ausziehtische mit Balusterbeinen und üppigem Schnitzwerk. Doppelkommoden mit »ausgebauchtem« Unterteil.

Vereinzelt kommen – bedingt durch den Handel mit dem Fernen Osten – Möbel mit östlichem Flair in Mode.

Das »Holländische Barock« findet – trotz aller Vorliebe für Überschwengliches – in seiner einfachen und ruhigen Auffassung besonderen Anklang.

Typische Ornamentik und Stilerkennungsmerkmale

Teilweise bekannt aus der Renaissance, aber oft verfremdet in verschlungene, verwegene Motive, sogenanntes Knorpelwerk oder »Ohrmuschelornament« (das übergeht ins Rokoko als »Rocaille«).

Akanthusblätter, Voluten, figurales Schnitzwerk, Baluster, Pilaster.

Wieder gibt es deutliche Unterschiede der Stilauffassung der einzelnen Länder. So sind allein in Deutschland aus dieser Zeit die verschiedensten Schranktypen bekannt: »Frankfurter«, »Hamburger«, »Lübecker«, »Danziger«.

Bedeutende Schreiner bzw: Entwerfer:

André Charles Boulle
Abraham Roentgen
Charles Cressent

Schnitzwerk mit Voluten.

Schlüsselschild aus Bronze, feuervergoldet, Deutschland, um 1730.

Schlüsselschild mit Muschelornament und Bandlwerk, Bronze, Frankreich, um 1700.

Schloßzimmer aus dem 18. Jahrhundert, um 1750 (Rokoko-Speisesaal, Schloß Wilhelmsthal/Calden).

Rokoko

1730 – 1780

In Frankreich als »Louis XV.«-Stil bekannt.
Rokoko kommt von Rocaille (roc – Fels) und bedeutet »felsenartiges Gebilde«.

Muschelmotive, pflanzenhaft eingelegte Blütenranken bestimmen diesen Stil.
Von Frankreich her kommend findet die Auflösung der großen, wuchtigen Geste des Barock in eine leichte, unpathetische Bewegtheit statt. Stärkere Betonung der Fläche durch ornamentale Gliederung, hauptsächlich in der Innenraumgestaltung. Mobiliar und Raum sind aufeinander abgestimmt, üppige Wand- und Deckenmalerei wird immer beliebter. Die von

Boulle im Barock angeregten vergoldeten Bronzebeschläge werden nun immer vielfältiger und verschlungener angeordnet.
Die gebogenen und gerundeten Möbel sind nicht großflächig furniert (die Spannung wäre zu stark), sondern kleinteilig in hauptsächlich geometrischen Mustern aus einzelnen Furnierteilchen geschmückt (franz.: Marqueterie). Es werden dabei die wertvollsten und farbigsten exotischen Hölzer verwendet.

Die Bequemlichkeit des Möbels rückt in den Vordergrund. Sessel mit gepolsterter Rückenlehne und Armpolsterung »Bergère«, Ohrenbackensessel »Bergère en confessional«, das »Chaiselongue«, der verlängerte Stuhl, das Tagessofa, auf dem man sich ausruht oder Gespräche führt. Dazu kleine Tischchen mit vielen Schubladen, versenkbaren Fächern, Spieltischchen, Toilettentischchen »Poudreuse«, Zylinder-Schreibtisch oder »Bureau plat«, Sänften, Ofenschirme.

Neben farbig intarsierten und hochglanzpolierten Oberflächen sind viele Möbel auch lackiert – teils weiß, teils farbig in hellen, heiteren Tönen, mit aufgeklebten Kupferstichen, Lackmalerei (oft in Blau-/Grün-Tönen), Vögeln, Blumen und Landschaften.

In Frankreich geht der Louis-XV.-Stil bereits in den Louis-XVI.-Stil über, während in Deutschland das Rokoko noch einige Jahre tonangebend bleibt. Die unterschiedlichen Stilauffassungen der einzelnen Länder sind nun nicht mehr so verschieden wie in den vergangenen Epochen. Frankreichs Auffassung bleibt aber jeweils vorherrschend. München, Dresden, Berlin, Würzburg und Wien (Hauptstadt des Heiligen Römischen Reiches Deutscher Nation) sind die Hochburgen deutscher Kunst.

War Englands Gotik und Renaissance verhältnismäßig unbedeutend, so erlebt das Land jetzt seine große Zeit mit Möbelentwerfern wie Thomas Chippendale, George Hepplewhite und Thomas Sheraton. Die englische Stilauffassung des 18. Jahrhunderts ist zurückhaltender als in Frankreich und hat – wie Goethe sagt: ... »immer die Basis des Nützlichen«.

Bevorzugte Hölzer sind immer noch Eiche, Walnuß, Mahagoni, Satinholz und die verschiedensten exotischen Hölzer für Furnier- und Intarsienoberflächen.

Typische Ornamentik und Stilerkennungsmerkmale:

Blumengirlanden, Blattranken, Medaillons mit Motiven wie Lyra, Vase, Fächer.

Scharfe Kanten und Ecken fehlen. Alles ist geschweift und gewölbt und wird mit vergoldeten Bronzebeschlägen verziert.

Beine, Füße enden im Schwung »Geißfuß«.

Bedeutende Ebenisten bzw. Entwerfer:

Jean Henri Riesener, Jean François Oeben, Jean Guillaume Benemann, Johann Ferdinand Schwerdfeger, Adam Weisweiler, Joseph Effner.
In England: Thomas Chippendale, George Hepplewhite, Thomas Sheraton.

Schnitzerei mit Muschelmedaillon, Blattranken zum Teil mit Voluten verschlungen, Frankreich, um 1750.

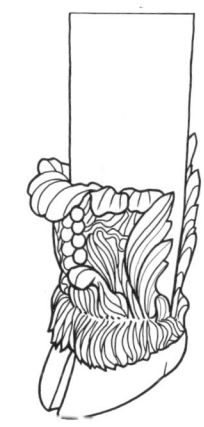

Möbelbein, das im »Geißfuß« endet.

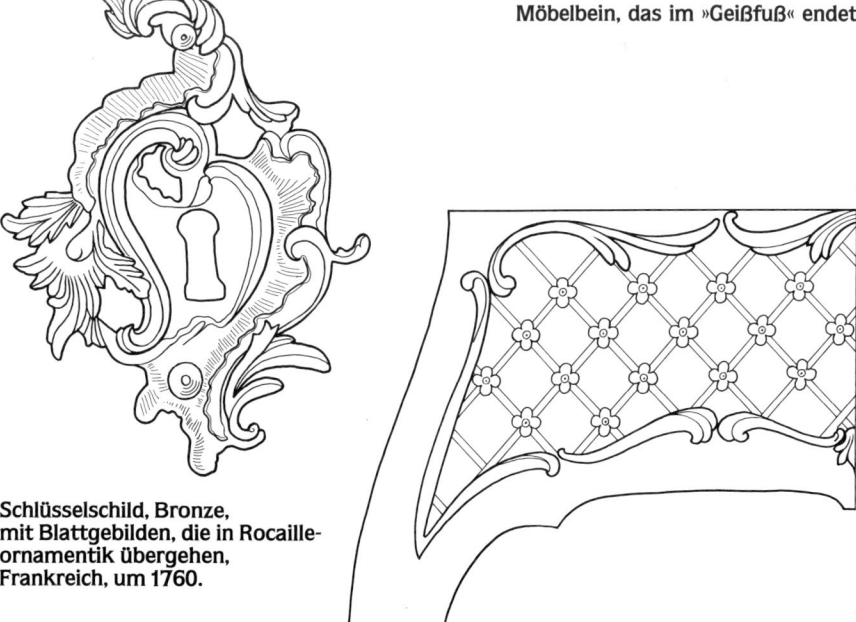

Schlüsselschild, Bronze, mit Blattgebilden, die in Rocaille-ornamentik übergehen, Frankreich, um 1760.

Streublümchen mit Rauten. Einlegearbeit von Bronze-Ranken umgeben.

Schloßzimmer aus dem 18. Jahrhundert, um 1790 (Klassizismus, »Gelber Salon«, Schloß Wilhelmshöhe/Kassel).

Klassizismus

1789 – 1815
In Frankreich als »Empire« bekannt.

Mit der Französischen Revolution 1789 kommt das Ende der Louis-XVI.-Herrschaft. Verfall der Kirche, Aufklärung und neue bürgerliche Rechte prägen die kurze Phase des neuen Stils Klassizismus, wegen seiner Steifheit auch Zopfstil genannt.

Die phantasievollen Ausschweifungen des Rokoko werden als verwerflich abgetan. »Ernste Klarheit«, nüchtern und vernünftig ist die Devise. Mit Rückgriffen auf klassische Elemente der Antike wird eine mißverstandene Nachahmung der Gotik und Renais-

sance heraufbeschworen. Abgeschwächt gilt diese Auffassung auch noch für das nachfolgende Biedermeier.

Betten von überdimensionaler Wucht, die Sitzmöbel gradlinig, eher steif mit fester Polsterung und hoher Rückenlehne. Leicht zugespitzte, kannelierte Beinformen, durch Würfelklotz am unteren Ende des Beines optisch vergrößert. Die Maserung des Holzes bzw. Furniers wird in figürlichem Verlauf verarbeitet und beinahe zur Ornamentik.

Mäanderband.

Zierbeschlag, Messing, Lorbeerkranz, um 1790.

Schlüsselschild, Messing, Sonne, Mond und Sterne symbolisiert, um 1790.

Schlüsselbeschlag, Kupfer, um 1790.

Kanephore (weibl. Figur als Träger) an einem Tischbein, Bronze, vergoldet, um 1790.

Kupferplatte mit Griff an einer Schublade, um 1790.

Typische Ornamentik und Stilerkennungsmerkmale:

Perlstäbe, kleine Girlanden, à-la-gre-que-Borten, Delphine, Vasen, Lyren, Niken, Greifen, Löwen, Sphinx, vergoldete Bronze, Holz oder Alabaster.

Bedeutende Schreiner bzw. Entwerfer:

David Roentgen, Neuwied (bereits sein Vater Abraham arbeitete als bekannter Schreiner und Entwerfer für Louis XVI.).

Biedermeierzimmer um 1840 (Historisches Museum, Frankfurt/Main)

Biedermeier

1815–1830.
1830–1848 (Spätphase)
(auch Spätbiedermeier)
In Frankreich als Louis-Philippe-Stil bekannt.

Viel ist inzwischen über die verhältnismäßig kurze Phase des Biedermeier geschrieben worden. Ein Stil, der lange unbeachtet blieb, der in erster Linie das brave, kleine Bürgertum ansprechen wollte und damit ganz im Gegensatz zu vorausgegangenen Entwicklungen stand.

Lange belächelt, wurde das behaglich-hausbackene Biedermeier erst in der Gründerzeit (ab 1871) wiederentdeckt und anerkannt.

In den »Fliegenden Blättern« wurden die zwar ernst gemeinten, aber eher komisch wirkenden Gedichte eines Dorfschullehrers, der unter dem Pseudonym Gottlieb Biedermaier schrieb, publiziert und fanden nun großen Anklang.

Wichtigstes Anliegen des Biedermeier ist die Gemütlichkeit. Beliebt sind Holzkontraste in hell/dunkel, die aber nur in den wenigsten Fällen in Ebenholz ausgeführt werden, sondern durch Schwarzfärbung einfacher Holzsorten.

Formen des »Sheraton«-Stils (England), des Louis XVI. und des Empire

(Frankreich) werden übernommen, allerdings nur andeutungsweise, was die prunkvolle antikische Ornamentik des Empire angeht. So ist das Biedermeier ein schlichter Ausläufer des Empire, das hauptsächlich in Deutschland und Österreich Verbreitung findet.

Helles Holz wie Kirsche, Birke, Birne, Pappel und Eibe sind sehr beliebt. Stellenweise, besonders in Norddeutschland, wird Mahagoni und Walnuß (begehrtes Holz des Empire) verarbeitet. Intarsierte Oberflächen werden seltener. Es dominiert die glatte, polierte Oberfläche, auf der – funiert oder massiv – eine schöne Holzmaserung zur Geltung kommt.

Mittelpunkt und Gemütlichkeit verkörpert das wuchtige, tief gepolsterte Sofa mit dem runden Tisch davor. Meist hat der Tisch eine balusterförmig ausgebauchte oder kräftige, eckige Mittelstütze. Oft steht er auch auf vier konisch verlaufenden Beinen mit einer runden, im Durchmesser zu klappenden Platte (»Demi-Lune«). Die Stühle haben durchbrochene, mit schwarz abgesetzte, geschnitzte Rük-

kenlehnen. Die Sitzfläche ist hoch gepolstert. Die Hinterbeine sind leicht nach außen geschwungen, gerade oder konisch. Gedrechselte Beine lassen auf spätere Jahre schließen.

Wichtigstes Möbel des Biedermeier wird der Schreibschrank oder Sekretär. Im unteren Bereich Kommode mit 2-3 Schubladen oder 2 Türen, im oberen Teil – hinter einer Schreibklappe verborgen – befindet sich eine Fülle von kleinen Schubladen und Fächern, oft auch ein Geheimfach. Der Vitrinenschrank (auch als Eckschrank) ist beliebter Ausstellungsplatz für die hübschen Glas- und Porzellanstücke dieser Zeit.

Kommoden mit 2-3 Schubladen. Schlüssellocheinfassungen aus Messing oder Holz wirken durch schöne Maserung und polierte Oberfläche. Die schon aus dem Louis XVI. bekannte Pfeilerkommode ist noch anzutreffen. Das Nähtischchen, der in Petit-Point bestickte Ofenschirm. Stoffe und Tapeten mit Blümchen tragen zur »Gemütlichkeit« bei.

Ab 1830 verliert das Biedermeier zunehmend an Schlichtheit; Ansätze des

folgenden Historismus sind bereits erkennbar.

Typische Ornamentik und Stilerkennungsmerkmale:
Auf Ornamentik wird weitgehend verzichtet. Manchmal findet man Zahnschnitt unter einem Gesims, Säulen mit geschnitztem Kapitell, einfache Schnitzereien in den Rückenlehnen der Stühle, kleine Intarsienarbeiten im Inneren eines Möbels, Messing- und Bronzebeschläge.

Bedeutende Schreiner bzw. Entwerfer:
B. Holl, Wien, Josef Danhauser, Wien, K.-G. Wanschaff, Berlin.

Die einsetzende Industrialisierung macht sich bereits deutlich bemerkbar. Zwar sind – besonders in Wien und Berlin – eine große Anzahl Kunsttischler beschäftigt, doch ist kaum einer namentlich bekannt. Signierte Biedermeier-Möbel sind sehr selten.

Schlüsselbeschlag, Bronze, vergoldet, um 1820.

Schnitzerei in Lyraform.

Bronzebeschlag mit Griff, um 1820.

Lorbeerkranz.

Wohnzimmer im Jugendstil um 1900 (Privathaus)

Jugendstil

Um 1900.
Nach einer Zeitschrift »Jugend« benannt, die seit 1896 in München erscheint.

Der Jugendstil ist in erster Linie ein Protest gegen die Geistlosigkeit und Unsicherheit der Stilimitationen, die sich ab Mitte des 19. Jahrhunderts ausbreiten. Zwar suchen auch seine »Erfinder« (meist Architekten) ihre Vorbilder in bereits dagewesenen Formen – vornehmlich die Klarheit und handwerkliche Einfachheit des Mittelalters –, doch wurde versucht, in selbständiger Denkweise und reiner Abstimmung von Material und Zweck

diesen neuen Stil zu kreieren. Vorkämpfer dieser Idee war bereits im ausgehenden Biedermeier der Engländer William Morris und etwas später der Belgier Henry van der Velde.

Obwohl ursprünglich als Stil des Konstruktiven und Sachlichen gedacht, entwickeln sich doch bald überreiche, verschlungene, beinahe willkürliche Formen und Ornamentik. Manchmal geht der Jugendstil so weit, daß er das ganze Möbelstück in das Ornament mit einbezieht. Eine Funktion ist dann kaum noch zu erkennen, Symmetrie und klare Linien fehlen.

Bevorzugte Hölzer sind: Mahagoni (Brasilien), Eiche, Nußbaum, Birne. Serienherstellung erfolgt meist in minderwertigen Holzsorten (Nadelholz). Es wird nicht im Naturton belassen sondern lackiert oder in holzfremden Farben gebeizt.

Die immer schneller fortschreitende Industrialisierung macht schließlich in abgeflachter Form den Jugendstil nach 1900 populär. Mit Ausbruch des 2. Weltkrieges werden seine letzten Ausläufer beendet.

Typische Ornamentik und Stilerkennungsmerkmale:

Beschläge aus Gußeisen, Bronze, Stahl in Form von Spiralen, Ranken, Schnecken, Lianen, Blumen (besonders Lilien, Seerosen), Elfen. Fließende, verschlungene Linien

Bedeutende Entwerfer:

William Morris, England, Henry van der Velde, Belgien, Michael Thonet, Deutschland.

Tür eines Vertikos, mit Messinggußbeschlägen, um 1900.

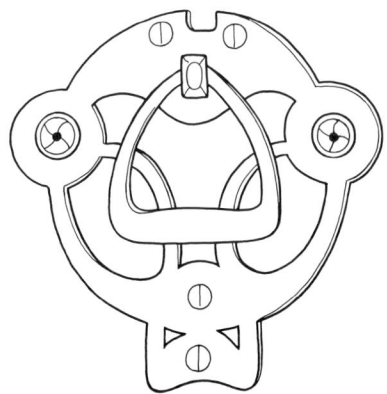

Beschlag mit Griff, Messing, um 1900.

Beschlag mit Griff, Kupfer, um 1900.

Restaurieren

Was heißt Restaurieren?

»Restaurieren« bedeutet: Wiederherstellen in einen früheren, d.h. ursprünglichen Zustand. Es soll beim Sanieren eines alten Möbels der Stil nicht verändert und verfremdet werden, es sollen ästhetische und konstruktive Details, der alten Konzeption getreu, wieder hergestellt werden. Ein guter Restaurator muß beim Sanieren eines alten Möbels also genau den Stil des Möbelstückes erkennen, um beim Aufarbeiten die Form nicht zu verfremden oder gar zu verändern. Er sollte beim Restaurieren das Alter eher respektieren und erkennbar lassen, als daß er aus Unkenntnis das Möbel »zerrestauriert«.

Beim Einsetzen der ausgebrochenen Zierteile kann man sich genau nach dem noch vorhandenen Pendant richten.

Wie aus alten Schriften bekannt ist, wurde vereinzelt schon im 17./18. Jahrhundert restauriert, doch kaum in der uns heute bekannten Bedeutung des Wortes.

Man erneuerte, funktionierte um, setzte ganze Teile dazu oder gab das Möbel auf, wenn es der Mode und den Bedürfnissen überhaupt nicht mehr entsprach.

Kaum jemand empfand zu jener Zeit nostalgisch oder hing gar dem Seltenheitswert eines alten Möbelstückes nach. Man richtete sich nach dem jeweiligen Stil ein und war sich der schöpferischen, künstlerischen und handwerklichen Schaffenskraft der

Werkstätten sehr sicher.

Das änderte sich mit beginnender Industrialisierung Anfang des 19. Jahrhunderts. Zudem herrschte – ausgelöst durch die Französische Revolution – weitverbreitete Unsicherheit, was eine neue Stilrichtung anging. So besannen sich viele Handwerker und Entwerfer wieder auf vorangegangene Epochen. Man fertigte Kopien an oder restaurierte die noch erhaltenen Möbel vorangegangener Zeiten.

Die ersten Sammler interessierten sich für die wenigen noch vorhandenen Möbel aus der Renaissance und der Gotik. Kunsthändler entdeckten

ein neues Gewerbe. Aber immer noch wurde mit viel Unverstand ergänzt, entfernt und verfremdet.

So hatte z. B. Louis Phillip für das Schloß von Pau (Frankreich) Möbel des späten Mittelalters und der Renaissance aufkaufen und diese den seiner Zeit entsprechenden Bedürfnissen umbauen lassen. Kredenzen und Truhen wurden zu Schubladenschränken und Kommoden. Aber – so hieß es –: »Immerhin bestätigen wir gerne, daß im allgemeinen die Reparaturen mit hinlänglichem Respekt, wenn nicht für die alten Formen, so doch für die Schnitzereien und allgemeine Ornamentik vorgenommen wurden ...«

Wiege, 1810, aus Niederdeutschland (Vierlande), Eiche massiv mit floralen Einlagen aus Ahorn, Nußbaum und Mahagoni.

Um 1808 hat ein Pariser Kunsttischler 12 Gesellen beschäftigt, »... die täglich in den Häusern, für die wir zu arbeiten pflegen, mit aller Art Instandhaltung beschäftigt sind«.

Gut erhaltene Teile werden mit denen eines anderen Möbels zu einem neuen Stück ergänzt. Praktiken, die sich bis heute erhalten haben und den Käufer und Sammler auf der Hut sein lassen müssen.

Kunstkenner um die letzte Jahrhundertwende behaupten sogar resignierend, daß es bis auf wenige Ausnahmen keine Originalmöbel früher Jahrhunderte mehr gibt. »Alles was verkauft wird ist falsch oder scheußlich repariert ...«

Das Aufarbeiten oder Wiederherstellen alter Möbel ist in jedem Falle – auch für den Fachmann – eine heikle und mühevolle Arbeit. Gute Restauratoren sind denn auch selten und die wenigen völlig überlastet.

Es ist daher nicht verwunderlich, wenn sich im Zuge der großen »Nostalgiewelle« heutzutage immer mehr Laien mit dem Thema »Sammeln alter Möbel« beschäftigen. Kann der Laie sich auch an die Restaurierung alter Möbel wagen? In den meisten Antiquitätenbüchern wird dringend davon abgeraten. Ist es aber nicht gerade der Besitzer selbst, der sich mit allergrößter Sorgfalt und Mühe um die Erhaltung und Aufarbeitung seines alten Möbelstückes bemühen wird? Umfassende Stil- und Materialkenntnis, Geduld und Einfühlungsvermögen sind allerdings Voraussetzung, um nach einigen Übungsjahren selbst wertvolle Objekte früherer Epochen erfolgreich zu restaurieren.

Welche Punkte sind beim Restaurieren zu beachten?

Auch bei starker Beschädigung des Möbels soll man versuchen, so viel Substanz wie möglich zu erhalten, also zu sanieren und nicht – was manchmal sogar einfacher ist – radikal zu erneuern. Es ist z. B. davon abzuraten, das alte Holz so gründlich zu schleifen (z. B. maschinell mit einer Bandschleife), daß von der eigentlichen »Patina« nichts mehr bleibt, und das Holz eher wie neu aussieht.

Der Ehrgeiz so manchen Restaurators ist es, ein möglichst neu aussehendes Möbel abzuliefern nach dem Motto »aus alt mach neu«...

Er »zerrestauriert« dabei eher, als daß er das Alter des Möbels respektiert und sichtbar läßt.

Ausbesserungen oder Erneuerungen müssen keineswegs unsichtbar bleiben (was nicht bedeutet, daß oberflächlich gearbeitet wird). Ersatzteile muß man mit größter Sorgfalt aussuchen und einarbeiten, aber unsichtbar werden diese Reparaturen nie werden. Durch unaufdringliches Anfärben oder Retuschieren kann man Farbunterschiede im Holz allerdings anpassen oder ausgleichen.

Wer sich schon länger mit dem Restaurieren beschäftigt, hat im Laufe der Zeit ein umfangreiches Reservoir an Ersatzteilen gesammelt. Dies ist besonders bei Holzergänzungen (massiv oder Furnier) unerläßlich, denn natürlich patiniertes Holz kann nur mit entsprechend altem Holz befriedigend ausgebessert werden.

Das Alter des Möbels erkennen und erhalten

Von radikalem Zerlegen eines Möbelstückes ist ebenso abzuraten wie von nur kosmetischer Behandlung. Man muß lernen abzuschätzen, wann man Teile und Verbindungen zwecks sorgfältiger Reinigung, Ausbesserung oder Neuverleimung auseinandernimmt, um ordentlich sanieren zu können, oder ob dadurch (z. B. bei starkem Holzwurmbefall) weitere Teile brechen oder beschädigt werden, und der Schaden noch größer wird.

Beim Ergänzen verlorengegangener Beschläge, Zierleisten, Beine, Schubladen usw. soll man sich streng an den Stil und die eventuell noch vorhandenen Teile halten. Dies gilt natürlich besonders für sehr alte und wertvolle Möbel. Eine willkürliche Ergänzung wäre der Form und dem Wert dieser Möbel abträglich. Bei einem Möbel neueren Datums ist eine stilistische Improvisation schon eher möglich. So sind die z. Z. sehr beliebten rustikalen Weichholzmöbel (Jahrhundertwende und danach) abgebeizt, hell, ohne Lackierung und ohne (vielleicht verlorengegangene) Verzierung mehr geschätzt, als die dunklen »auf Maserung gestrichenen« Möbel es ehemals waren. Es handelt sich hier meist um eher liebenswerte als stilistisch und handwerklich wertvolle Möbel.

Unverzeihlich aber ist es, wenn so manches schöne Biedermeierholz unter einer deckenden Lackschicht verschwindet.

Grundsätzlich sollten Stil und Alter des Möbels respektiert werden, auch wenn das eine oder andere Detail nicht den persönlichen Vorstellungen entspricht. So wurde schon so mancher Stil belächelt und zu einem späteren Zeitpunkt gelobt und hoch gehandelt. Siehe Jugendstil ...

Sollten sich Etiketten, Stempel oder Initialen auf dem Möbel befinden, so sind diese selbstverständlich zu belassen. Sie können Aufschluß geben über Alter und Herkunft des Möbels.

Restaurieren bedeutet oft auch improvisieren, d. h. eigenständig eine Lösung zur Schadensbehebung finden.

Ursache und Ausweitung der Beschädigung kann so vielfältig sein, daß eigene Erfahrung oder Beispiele aus Büchern nicht dem jeweiligen Fall entsprechen. Dies gilt auch für die Anwendung von Chemikalien und Polituren bei der Oberflächenbehandlung.

Darüber beklagen sich schon die alten Schreinermeister und Kunsttischler, daß »ihresgleichen Arbeitsmethoden und Rezepte für Polituren und dergleichen als strenge Zunftgeheimnisse verwahren«. . .

Leim, Wachs und Politur – lohnt es sich, diese selbst herzustellen?

Arbeitsmaterialien wie Leim, Politur, Wachs, Porenfüller, wurden früher grundsätzlich in den Schreiner- oder Restauratorenwerkstätten aus Naturprodukten selbst hergestellt.

Hohe Stundenlöhne und ein reichhaltiges Angebot an industriell hergestellten Produkten dieser Art lassen den gewerblich arbeitenden Schreiner oder Restaurator keinen Augenblick zögern, fast ausschließlich mit Fertigartikeln zu arbeiten. Für den Liebhaber und Hobby-Restaurator dagegen kann ein gut Teil Freude beim Restaurieren darin liegen, mit selbst zubereiteten Mitteln zu arbeiten. Aber auch dann ist ein sachliches Abwägen zwischen Nostalgie und Fortschritt angebracht. Oft sind die bei Eigenherstellung notwendigen Ingredenzien nicht mehr so gut wie früher, mühselig oder überhaupt nicht mehr zu

Ausschnitt aus »Tischlerwerkstatt«; Lithographie nach einer Zeichnung von T. Streich, um 1850 .

finden und die entsprechenden Fertig-produkte durchaus genauso effektiv.

Dies gilt besonders für <u>Leim</u>:
In jeder Schreinerwerkstatt stand früher ein Ofen, auf dem Leim zube-reitet oder im Wasserbad ständig aufgewärmt wurde.
Tischlerleim (Glutinleim) gewinnt man aus tierischen Knochen-, Haut- und Nervenabfällen, die in den Schlacht-häusern abfallen. Eine daraus zu Tafeln, Perlen oder Würfeln gepreßte Konsistenz wird je nach Bedarf im Wasser wieder eingeweicht, danach auf dem Ofen im Wasserbad ganz ein-geschmolzen und in noch warmem Zustand verarbeitet. (Spezielle Leim-töpfe mit eingebautem Wasserbad kann man auch heute noch kaufen.) Große Hitze oder zu häufiges Erwär-men verderben den Leim. Wird er gar schwarz und riecht penetrant, ist er nicht mehr zu gebrauchen (s. Kapitel »Holz leimen«).
Tischlerleim besitzt den großen Vor-teil, daß die mit ihm verleimten Teile auch nach dem Abbinden noch Kor-rekturen erlauben, ohne das Holz zu beschädigen. Ist z. B. eine Holzverbin-dung oder ein Furnier mangelhaft verleimt worden, besteht die Möglich-keit, durch Erwärmen (Bügeleisen, Furniereisen, Lötlampe) die betreffen-de Stelle wieder zu lösen.
Anders ein Kunstharzleim, der soge-nannte Kalt- oder Weißleim (z. B. Po-nal). Zwar kann man sich beim Verlei-men etwas mehr Zeit lassen – Warm-leim muß sofort gepreßt werden –, hat er aber erst einmal abgebunden, ist die Verbindung nur noch mit Ge-walt zu lösen. Mit Beschädigung des Holzes muß dabei immer gerechnet werden.
Kaltleime haben dafür den Vorteil, daß sie ohne Vorbereitung direkt aus der Dose zu verwenden sind und nicht die etwas zeitaufwendige Zuberei-tung des traditionellen Tischlerleims erfordern.

<u>Wachs</u> und <u>Politur</u>:
Bevor Kunstharz- und Nitrolacke auf dem Markt erschienen (etwa 1920) wurde Holz meist gewachst, mit Schellack mattiert oder poliert. Wachs und Polituren wurden von den Schrei-nern, Polierern oder Restauratoren selbst nach streng gehüteten Rezep-ten hergestellt. Besonders dann, wenn das sogenannte »French Polish« angewendet wurde – eine Handpoli-tur in vielen Arbeitsgängen mit eben-so vielen verschiedenen Ingredenzien. Hat man es häufig mit Holzober-flächenbehandlung zu tun, wird man rasch feststellen, daß es durchaus ren-tabel ist, sich seine eigene Mischung herzustellen. Ein gutes Bienenwachs, eine Schellackpolitur, selbst eine Möbel pflegende Politur, sind ohne allzu großen Aufwand gut selbst anzufertigen. Andererseits bietet der Fachhandel auch hierin eine Fülle von Fertigprodukten an. Auf beste Quali-tät ist beim Kauf aber unbedingt zu achten.
(Siehe Kapitel »Rezepturen«.)

Leimtopf mit Wasserbad zum Erhitzen von Knochenleim.

Holz

Unser ältester Werkstoff

Sorgfältige Restaurierung und Holzoberflächenbehandlung am alten Möbel setzt genaue Kenntnis der Eigenschaften der verschiedenen Holzsorten voraus. **Nur eine der jeweiligen Holzart angemessene Behandlung bringt charakteristische Eigenschaften voll zur Geltung. Denn gerade weil Holz soviel Charakter hat, will es individuell behandelt sein.**

Alle Eigenarten des Holzes resultieren aus dem organischen Wachstum seines Zellgewebes, das dem Rythmus der einzelnen Jahreszeiten angepaßt ist. Je ausgeprägter der Jahresablauf während des Wachstums eines Baumes verläuft, um so deutlicher erkennbar wird der Wuchs (also die Jahresringe) eines Baumstammes verlaufen. Von allgemeinen Erkennungsmerkmalen abgesehen, ist Holz ein Material mit höchst individualistischen Merkmalen. Es ist unendlich vielfältig in Farbe, Wuchs, Zeichnung, Struktur und Festigkeit.

Bereits innerhalb eines Stammes unterscheidet man zwischen verschiedenen Schichten und Strukturen.

Aufbau eines Baumstammes

Ein Baumstamm setzt sich aus verschiedenen Teilen zusammen: aus Hohlräumen, Zellwänden, Markstrahlen.

Er weist drei Wachstumsrichtungen auf: Längenwuchs, Markstrahlen (Dickenwuchs), Jahresringe.

Beim Querschnitt eines Stammes erkennt man deutlich die übereinanderliegenden Jahresringe, die ihrer Funktion gemäß auch unterschiedliche Merkmale aufweisen.

Hölzer aus heißen Zonen, d. h. ohne Winterpause, wachsen gleichmäßiger. Die Jahresringe sind nicht so deutlich sichtbar.

Rinde und Bast sind für den Möbelbau unbrauchbar.

Die außenliegenden, jungen Jahresringe dienen zur Wasserweiterleitung und Nahrungsaufnahme. Sie heißen Splint. Diese Schicht ist weich und anfällig für Holzwürmer. In der Oberfläche zeigt sich Splint groß- und offenporig. Für den Möbelbau ist dieses Holz minderwertig und je nach Zuschnitt nur bedingt verwertbar. Zeigt sich also auffälliger Holzwurmbefall an einem Möbelstück, kann man davon ausgehen, daß es sich um Splintholz handelt. Splintholz ist bei den meisten Holzsorten deutlich heller als das tieferliegende Kernholz.

Der innenliegende Teil eines Stammes, der Kern, liefert das wertvollste Holz, das Kernholz. Die Kernholz-Zellen sind weitgehend abgestorben, der Saftgehalt ist geringer als bei außenliegenden Zellen. Der Kern wird dadurch dunkler. Er ist widerstandsfähiger gegen Pilz- und Insektenbefall. Beim Aufschnitt zeigt sich die Holzoberfläche fein- und dichtporig.

Bei der Nahrungsaufnahme bleibt eine Verbindung zwischen den wasserführenden außenliegenden Zellen und dem innenliegenden Mark bestehen: die Markstrahlen. Man erkennt sie deutlich als (helle) Strahlen im Hirnschnitt (besonders deutlich bei der Eiche).

Bei einigen Holzarten setzt sich der Splint vom Kern ganz scharfkantig ab, bei anderen Arten verläuft der Übergang ganz allmählich. Auch gibt es Holzsorten, bei denen überhaupt kein Farbunterschied erkennbar ist, der Kern sich aber durch geringeren Saftgehalt vom Splint unterscheidet. Bei Birke und Ahorn weisen Kern und Splint gleiche Farbe und Saftgehalt auf.

Verarbeitung eines Baumstammes

Nach dem Schlagen wird ein Baumstamm möglichst schnell aufgesägt, da der Splint rasch das gespeicherte Wasser verliert und dann durch Pilz- und Insektenbefall gefährdet ist.

Kaum ein Baum wird ohne Wuchsfehler groß, die sich aber erst beim Aufschneiden deutlich zeigen. Es gibt verschiedene Gründe für Abweichungen vom idealen »Senkrechtwuchs«. Plötzliche Veränderungen der unmittelbaren Umgebung eines Baumes ergeben andere Licht- und Nahrungsbedingungen. Z. B. ist der Baum durch Roden anderer Stämme neuen Witte-

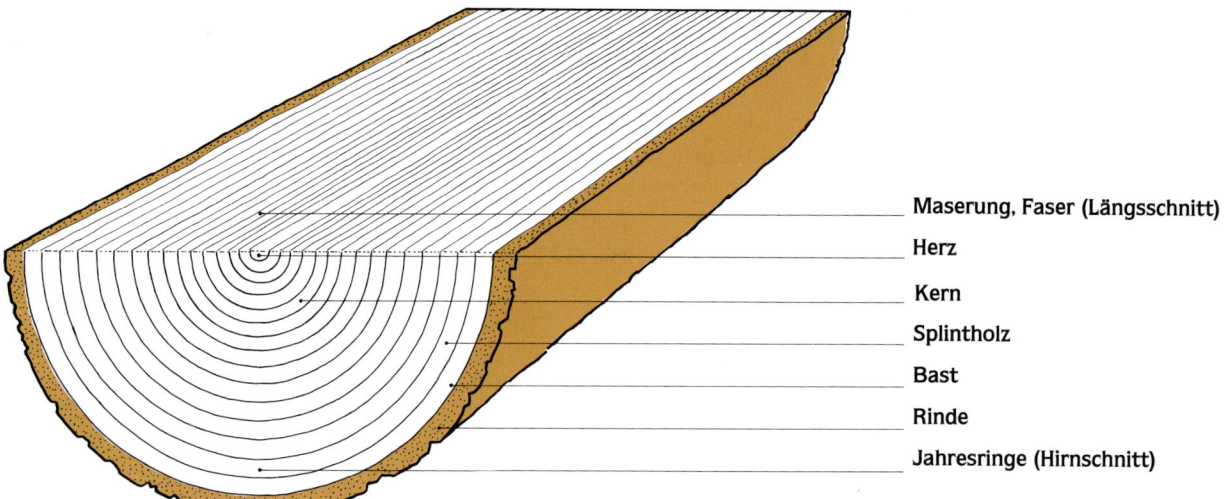

Maserung, Faser (Längsschnitt)

Herz

Kern

Splintholz

Bast

Rinde

Jahresringe (Hirnschnitt)

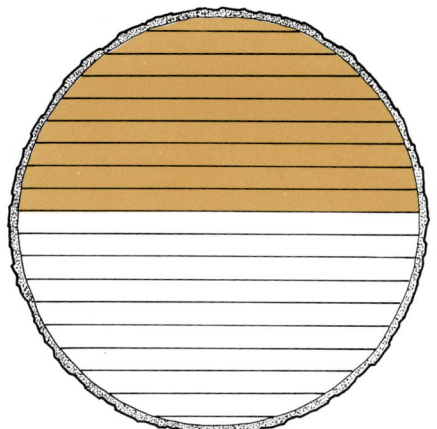

Baumstamm im Längsschnitt aufgesägt.

Verschiedene Möglichkeiten eines Radialschnittes.

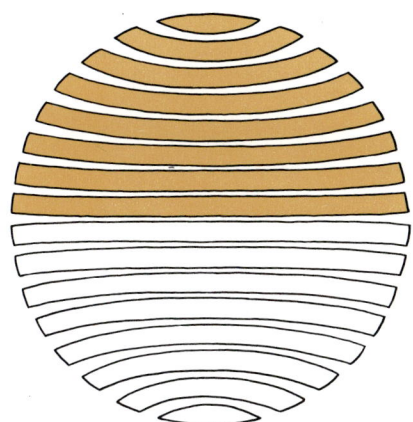

Natürliche Krümmung des längs aufgeschnittenen Stammes.

rungsverhältnissen ausgesetzt, reichhaltigere oder andere Nährstoffe stehen ihm zur Verfügung. Verletzungen der Rinde (durch Nägel oder Schnitzereien) können über Jahre in das Innere des Stammes fortwuchern. Übermäßiger Astwuchs hinterläßt ebenfalls deutliche Spuren. Diese sind erst nach dem Aufsägen voll erkennbar. Astholz ist dichter, schwindet stärker als das Stammholz und fällt aus den aufgeschnittenen Brettern heraus. Vor der endgültigen Verarbeitung sticht der Schreiner mit entsprechenden Eisen diese Fehlstellen kreisrund aus und leimt neues entsprechendes Ersatzholz ein.

Im Sägewerk wird der Stamm aufgesägt. Man unterscheidet zwischen Längsschnitt und Querschnitt (auch Hirnschnitt genannt). Im Längsschnitt zeigen sich die Jahresringe als längslaufende, mehr oder weniger gradlinig laufende Streifen. Man nennt das die Holzfaser oder Maserung. Je länger und gleichmäßiger der Faserverlauf, um so fester, elastischer und wertbeständiger das Holz. Derart aufgeschnittenes Holz heißt Langholz.

Im Querschnitt gesägtes Holz (man nennt es auch Hirnholz) zeigt deutlich

die Anzahl der Jahresringe und damit das Alter des Baumes.

Frisch aufgesägtes Holz enthält 40–60% Wasser und muß vor weiterer Verarbeitung getrocknet werden. Während früher das in Bretter aufgeschnittene Holz langsam an der Luft trocknen konnte, wird heute in speziellen Trockenräumen künstlich getrocknet. Im Verlaufe des Trockenprozesses schrumpft das Holz durch den Feuchtigkeitsverlust, es schwindet. Seine stark hygroskopischen Eigenschaften wird das Holz allerdings nie ganz verlieren, d. h. es arbeitet je nach Feuchtigkeitsschwankungen immer wieder.

Zudem wirft sich massiv aufgeschnittenes Holz. Die Tendenz, sich wieder in die Rundung des Stammes zu krümmen, muß bei der Verarbeitung immer sorgfältig beachtet werden. Allerdings verkrümmt sich das massive, in Faserrichtung geschnittene Brett immer entgegengesetzt zu den Jahresringen, also der ursprünglichen Stammrundung.

Ein Baumstamm kann zu massiven Brettern oder zu Furnier aufgesägt werden. Die immer seltener und daher teurer werdenden Edelhölzer

verarbeitet man heute meistens zu Furnier. Früher wurde Furnier von Hand aus dem Stamm gesägt und hatte pro Blatt eine durchschnittliche Stärke von etwa 3–4 mm. Steigender Bedarf und der knapper werdende Vorrat zwangen auch hier zu sparsamerer Verarbeitung. Durch maschinelle Verarbeitung ist man heute auf Furnierstärken von nur noch 0,6 mm und weniger gekommen. Man unterscheidet zwischen »gemessertem« und »geschältem« Furnier (s. Kapitel »Furnier«). Beide Verfahrensweisen verlangen ein Dämpfen und Abbrühen des Holzes zur besseren Verarbeitung. Dabei verändert sich der ursprüngliche Farbton des Holzes. Auch verhält es sich bei späterem Beizen anders als gesägtes Furnier. Es ist daher zum Ausbessern alter Furnierflächen nicht oder nur bedingt geeignet. Der gute Restaurator versucht, nur mit altem, passendem Furnier auszubessern. Bei kleinteiligeren Ausbesserungsarbeiten sägt sich der Restaurator – kann er nicht auf einen entsprechenden Fundus zurückgreifen – per Hand oder mit der Band- oder Kreissäge selbst Furnier entsprechender Stärke zu.

Die bedeutendsten Holzsorten im Möbelbau

Charakteristische Erkennungsmerkmale:

Grundsätzlich wird Holz in zwei Gruppen aufgeteilt, in Hartholz und in Weichholz.

Zu den Harthölzern gehört das Holz der Laubbäume, zu den Weichhölzern das aller Nadelbäume. Bei beiden Sorten differenziert man weiterhin zwischen einheimischen und tropischen Arten.

Laubholz (Hartholz)

Laubhölzer stammen aus einer verhältnismäßig späten Epoche der Erdgeschichte. Sie sind besser entwickelt als die Nadelbäume, ihr Holz ist schwerer, dichter in der Struktur und widerstandsfähiger.

Die Zahl der Laubholzarten ist ungleich größer (man kennt ca. 30000 Arten) als die der Nadelhölzer (ca. 700 Arten). Wegen seiner besseren Qualität wurde Laubholz im

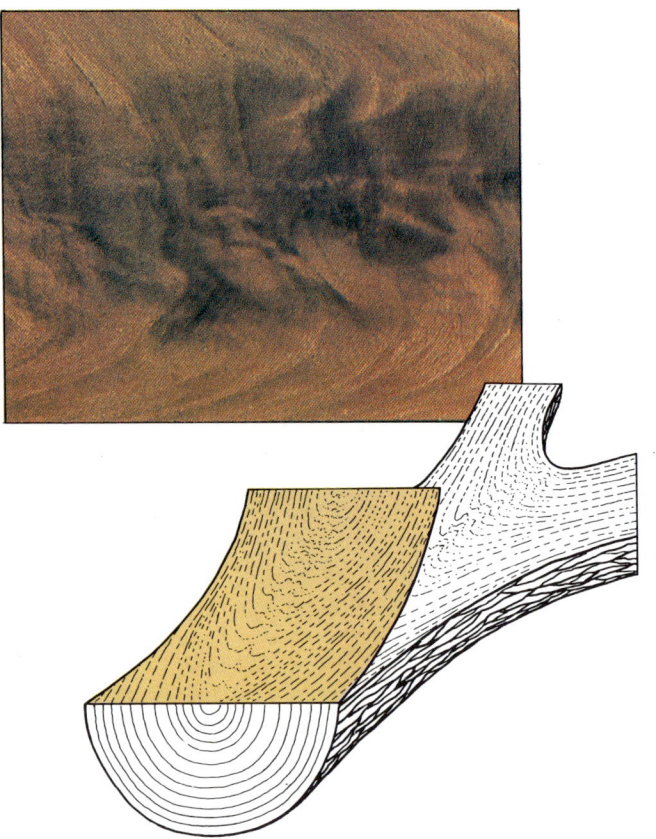

Mahagonifurnier »Pyramidenform«, zwirbelige Wachstumsstruktur an Stamm- und Astgabel (besonders bei Nußbaum und Mahagoni).

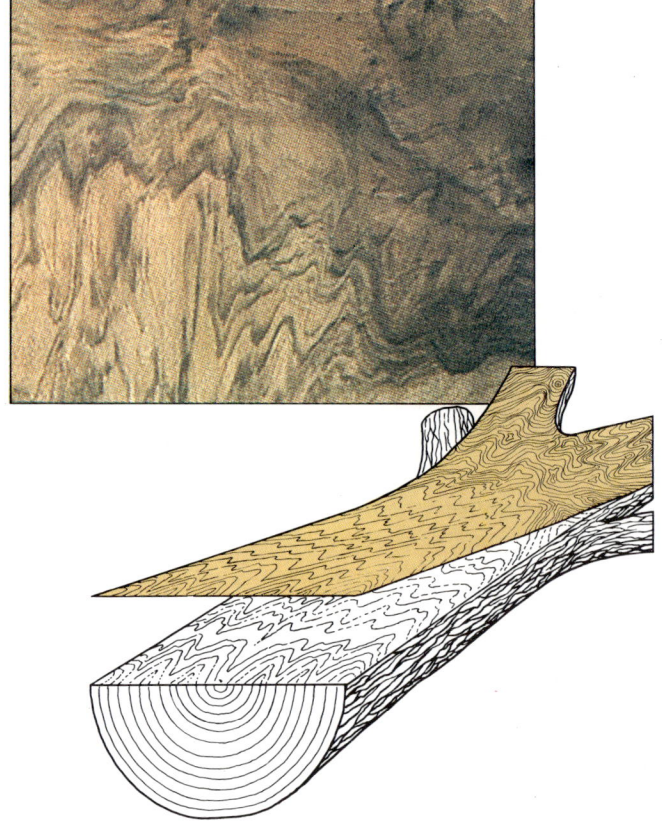

Nußbaum-Wurzelfurnier (Wurzelkopf), unregelmäßig wellige Maserung aus dem Wurzelbereich des Baumes.

Möbelbau – natürlich auch im Hausbau – schon immer bevorzugt verarbeitet. Bedingt durch den geringer werdenden Vorrat (Laubhölzer wachsen langsamer als Weichhölzer) und die dadurch steigenden Kosten, wird heute im Massivbau kaum noch Hartholz verwendet.

Wie schon erwähnt, hatte fast jede Stilepoche ihre bevorzugten Holzsorten. Meist waren es Hölzer heimischer Gegenden. So findet man z. B. vorwiegend Eiche in Norddeutschland, Nadelhölzer in Süddeutschland, Österreich und der Schweiz, Nußbaum in Italien, Frankreich und England.

Hartholz eignet sich aufgrund seiner Struktur sehr gut zum Polieren, ausgenommen Eiche, die wegen ihrer Grobporigkeit meist gewachst wird. In der Blütezeit des europäischen Möbelbaus unter Louis XV. und Louis XVI., als die intarsierte Oberfläche im Vordergrund stand, verarbeitete man wegen seiner ausdrucksvollen Farben fast nur exotisches Holz.

Nadelholz (Weichholz)

Nadelbäume wachsen schneller als Laubbäume. Sie können in weit höheren Lagen noch gedeihen, da sie geringe Bodenanforderungen stellen.

Das Zellgewebe des Nadelbaumes ist poröser, das Holz daher weicher und leichter als das des Laubbaumes. Weichholz »arbeitet« stärker als Hartholz und ist daher nicht so beständig. Die Jahresringe sind immer deutlich erkennbar. Weichholz ist aufgrund seiner minderwertigeren Qualität wesentlich preiswerter als Hartholz. Weichholz wurde vornehmlich im bäuerlichen Stil verarbeitet und vielfach bemalt. Auch als Unterkonstruktion, sogenanntes Blindholz für furnierte Möbel, fand und findet es Verwendung.

Im Querschnitt gewonnenes Furnier mit ringförmiger Maserung (z. B. bei Goldregen, Olivenholz).

Ringporiges »Augen«-Furnier (Nußbaum). Über den Stamm verteilte Knospen- und Ästchenbildung (besonders bei Ahorn, Nußbaum und Rüster).

Erkennungsmerkmale – Verwendung – Oberflächenbehandlung

Hartholz (einheimische und exotische Laubbäume)

Ahorn
- Farbe: weißlich-gelb. Kern vom Splint farblich kaum zu unterscheiden
- Maserung: gradlinig, Jahresringe erkennbar, oft auch »wellig« oder mit sogenannten »Vogelaugen«
- Struktur: feinporig, dicht, zäh, fest, beständig
- Verwendung: massiv, Furnier, Schnitzerei
- Vorkommen: Mittel- und Südeuropa
- Oberflächenbehandlung: polieren, mattieren, lackieren

Birke
- Farbe: weißlich-gelb, silbrig zum Kern hin etwas dunkler
- Maserung: gradlinige Streifen auf hellerem Grund
- Struktur: feinporig, fest, beständig
- Verwendung: massiv, Furnier, Schnitzerei
- Vorkommen: Europa
- Oberflächenbehandlung: polieren, mattieren, lackieren

Birne
- Farbe: rosa-rötlich bis gelblich, Kernholz dunkler
- Maserung: gradlinige Streifen auf hellerem Grund
- Struktur: feinporig, fest, beständig
- Verwendung: massiv, Furnier, Schnitzerei
- Vorkommen: Mitteleuropa
- Oberflächenbehandlung: polieren, mattieren, lackieren

Buche
- Farbe: hell-gelblich, Kern vom Splint kaum zu unterscheiden
- Maserung: gradlinig mit kleinen, braunen Strichen, Jahresringe kaum zu erkennen
- Struktur: feinporig, dicht, unter Dampf gut zu formen (Thonet)
- Verwendung: massiv, Furnier
- Vorkommen: Zentraleuropa
- Oberflächenbehandlung: lackieren

Eiche
- Farbe: blaßbraun bis braungelb
- Maserung: Poren deutlich markiert, gradlinig, Markstrahlen als helle Streifen sichtbar
- Struktur: gradfasrig, fest, hart
- Verwendung: massiv, Furnier
- Vorkommen: Europa
- Oberflächenbehandlung: wachsen

Esche
- Farbe: weiß bis gelblich
- Maserung: ausgeprägte, langfasrige Zeichnung
- Struktur: fest, hart, sehr zäh, elastisch, gut biegsam
- Verwendung: massiv, Furnier, Biegeholz
- Vorkommen: Europa
- Oberflächenbehandlung: polieren, wachsen, lackieren

Nuß
- Farbe: graubraun, gelblich-braun, rötlich-braun
- Maserung: dunkle Streifen, langfasrig, Poren deutlich erkennbar, im Wurzelbereich lebhaft, ringförmig
- Struktur: sehr dicht, großporig, fest, beständig (d. h. nach dem Trocknen arbeitet das Holz kaum noch)
- Verwendung: massiv, Furnier, Schnitzerei
- Vorkommen: Europa, Kleinasien, Afrika, Amerika
- Oberflächenbehandlung: polieren, wachsen, lackieren

Pflaume
- Farbe: rötlich-braun (kann mit Kirsche verwechselt werden), Kernholz deutlich dunkler als Splint
- Maserung: langfasrig, feinporig
- Struktur: fest, beständig
- Verwendung: massiv, Furnier, Schnitzerei
- Vorkommen: Europa
- Oberflächenbehandlung: polieren, wachsen, lackieren

Kirsche
- Farbe: rötlich-gelb bis rotbraun, Splint deutlich heller als Kern
- Maserung: langfasrig, Jahresringe deutlich sichtbar
- Struktur: gleichmäßig fein, fest, elastisch, beständig
- Verwendung: massiv, Furnier, Schnitzholz
- Vorkommen: Europa
- Oberflächenbehandlung: polieren, wachsen, lackieren

Linde
- Farbe: hell, gelblich
- Maserung: langfasrig
- Struktur: gleichmäßig, weich
- Verwendung: massiv, gutes Drechsel- und Schnitzholz
- Vorkommen: Europa
- Oberflächenbehandlung: lackieren, polieren, mattieren

Rüster (Ulme)
- Farbe: hell- bis dunkelbraun, Splint deutlich heller als Kernholz
- Maserung: Jahresringe deutlich sichtbar, langfasrig
- Struktur: zäh, fest, gleichmäßig
- Verwendung: massiv, Furnier
- Vorkommen: Japan, Amerika, Kanada, Europa
- Oberflächenbehandlung: polieren, wachsen, lackieren

Mahagoni (Acajou)
- Farbe: rötlich-braun, mit zunehmendem Alter leichter Goldglanz, Splint heller als Kern
- Maserung: sehr unterschiedlich von gefleckt, geflammt, gestreift bis geadert
- Struktur: dicht, fest, zäh, widerstandsfähig gegen Insekten und Feuchtigkeit (daher beliebt als Schiffsmöbel)
- Verwendung: massiv, Furnier
- Vorkommen: Mittelamerika, Afrika
- Oberflächenbehandlung: polieren, wachsen, lackieren

Palisander auch Rosenholz genannt, da ihm wie einigen anderen Exotenhölzern, ein zarter Rosenduft anhaftet.
- Farbe: rötlich bis schokoladenbraun
- Maserung: langfasrig
- Struktur: dicht, fest
- Verwendung: massiv, Furnier
- Vorkommen: Brasilien (Riopalisander), Südostasien
- Oberflächenbehandlung: polieren, wachsen, lackieren

Weichholz (Nadelbäume)

Eibe (auch Ebenholz)
- Farbe: rötlich bis dunkelbraun
- Maserung: lebhaft
- Struktur: dicht, hart
- Verwendung: massiv, Furnier
- Vorkommen: deutsches Ebenholz kommt von der Eibe, ansonsten versteht man unter Ebenholz sehr dunkles, beinahe schwarzes Kernholz exotischer Bäume (hauptsächlich Indien/Afrika)
- Oberflächenbehandlung: polieren, wachsen, lackieren

Fichte
- Farbe: weißlich bis strohgelb, manchmal rötlich
- Maserung: gleichmäßig, deutlich erkennbare Jahresringe
- Struktur: weich, leicht, zäh
- Verwendung: massiv, Furnier (weniger im Möbelbau, bevorzugt im Musikinstrumentenbau)
- Vorkommen: Europa
- Oberflächenbehandlung: wachsen, ölen, lackieren

Kiefer
- Farbe: weißlich-gelb bis rötlich
- Maserung: streifige dunkle Jahresringe auf hellem Grund
- Struktur: weich, mäßig schwer, gradfasrig
- Verwendung: massiv, Furnier
- Vorkommen: Europa
- Oberflächenbehandlung: wachsen, lackieren, ölen

Lärche
- Farbe: ziegelrot bis dunkelbraun, Splint deutlich heller als Kern
- Maserung: breite Jahresringe deutlich sichtbar, gleichmäßig
- Struktur: fest, zäh, das dauerhafteste unter den Weichhölzern
- Verwendung: massiv, Furnier
- Vorkommen: Europa

Schreinerwerkstatt mit Hobelbank und Regalen, in denen – offen hängend – die wichtigsten Werkzeuge untergebracht sind.

Die Werkstatt

Welche Bedingungen soll eine Werkstatt erfüllen?

Wer sich bereits mit Schreinerarbeiten und der Aufarbeitung alter Möbel befaßt hat oder dergleichen vorhat, wird rasch feststellen, daß es ohne geeigneten Raum kaum geht. Das Arbeiten in der Küche oder einem anderen bewohnten Raum bringt nur Verdruß und läßt sorgfältige Bearbeitung und entsprechende Wartezeiten kaum zu.

Abgesehen davon, daß verschiedene Arbeitsmittel, wie scharfe Werkzeuge und hochprozentige Lacke, unter Verschluß und für Kinder unerreichbar aufbewahrt werden sollen. Welcher eigene Raum (z. B. Garage, Keller) auch immer als Werkstatt hergerichtet werden kann, einige Bedingungen müssen unbedingt erfüllt werden:

Trockenheit
Schreinerarbeiten, Lackieren und Polieren sollen in einem trockenen Raum stattfinden. Was nützen sorgfältig angesetzte Trockenzeiten von Holz und alten Möbeln, wenn weitere Arbeiten anschließend wieder in einem feuchten Raum ausgeführt werden.

Die Qualität der verschiedenen Werkzeuge leidet ebenfalls bei fortdauernder Feuchtigkeit.

Die ideale Temperatur für Schreiner- und Polierarbeit liegt bei 18–20 Grad.

Beleuchtung
Da in den wenigsten Fällen bei geeignetem Tageslicht gearbeitet werden kann, ist für sehr gute künstliche Beleuchtung zu sorgen. An der Decke über dem Arbeitsplatz sollten entsprechend lange Leuchtstoffröhren

47

angebracht sein. Ein oder mehrere schwenkbare Punktstrahler sorgen für zusätzliche, direkte Beleuchtung bei Kleinstarbeiten.

Stromanschluß

Ein oder mehrere Strom-Anschlüsse – möglichst mit eigener Absicherung – für Arbeiten mit elektrischen Geräten sind erforderlich.

Belüftung

Beim Umgang mit hochprozentigen Lacken oder bei starker Staubentwicklung (Schleifarbeiten) muß unbedingt die Möglichkeit zu ausreichender Belüftung vorhanden sein.

Wasseranschluß

Wasseranschluß eventuell mit Ablaufrinne ist wünschenswert. Ansonsten müssen Abbeizarbeiten und sonstige Säuberungsarbeiten im Freien stattfinden.

Trockenraum

Günstig ist ein gleichmäßig trockener Platz (z. B. der Heizungskeller während der Heizperiode) als Abstellraum für alte Möbel. Bevor mit der Aufarbeitung, speziell Oberflächenbehandlung (Lackieren, Polieren) begonnen wird, soll das Holz trocknen, besonders wenn das Möbel von einem feuchten Dachboden oder aus einem Schuppen kommt oder gar längere Zeit im Freien gestanden hat. Die Temperatur des Trockenraumes sollte etwa der späteren Zimmertemperatur entsprechen.

Stellflächen

Übersichtliche Anordnung der Werkzeuge und Ablage sonstiger Arbeitsmittel in Wandregalen ist platzsparend und ebenfalls ein Beitrag zum rationellen Arbeitsablauf.

Werkzeuge

Es sind hier die wichtigsten Werkzeuge und Arbeitsmaterialien aufgeführt, die in einer gut eingerichteten Werkstatt vorhanden sein sollten.

Für Vorarbeiten	Sägen
Einspannen und festhalten: – Hobelbank (mit Bankhaken) oder entsprechende Arbeitsplatte – Einspannvorrichtung für Werkstücke – Bankknecht – Bankböcke – Schraubzwingen: aus Holz oder Stahl Spannbügel mit Zangenspannung Kantenzwingen	Fuchsschwanz Feinsäge Laubsäge Spannsäge Gehrungssäge Gehrungsschneidelade Stichsäge Furniersäge

Für Vorarbeiten	Hobeln (und Abziehen)
Schleifen: – Ziehklingenstahl – Schleifstein oder Schleifscheibe	Schlichthobel, Simshobel, Falzhobel, Putzhobel Profilhobel (mit verschiedenen Profilen) Ziehklingen (rechteckig, Schwanenhalsform)

Messen und Anreißen		
Zollstock (Gelenkmaßstab) Stahlbandmaß Schiebleere Winkelmaß Lineal (Kunststoff/Eisen) Schmiege oder Stellwinkel Wasserwaage		

Messen und Anreißen	Hammer	Zangen
	Tischlerhammer Holzhammer Furnierhammer Klauenhammer	Flachzange Kneifzange

Bearbeiten	Raspeln, Feilen
Bohrwinde Elektrische Bohrmaschine Nagelbohrer (auch Schneckenbohrer) Spitzbohrer (auch Dorn) Stech- oder Stemmeisen Furniermesser Kehl- oder Schnitzeisen Feile	verschiedene Feilen: rund, halbrund, flach, vierkant

Sonstige Hilfsmittel	
Spatel, Spachtel Roßhaarbürste, Bronzedrahtbürste, Drahtbürste Stahlwolle Sandpapier (Körnung 120-600) Schleifkork Injektionsspritze Pinsel, verschiedene Größen verschiedene Schwämme	alte Lappen, Leinen (grob, fein) Wolle, Watte (Baumwolle) Kordel verschließbare Büchsen und Gläser Bleistifte Blaupapier, Seidenpapier, Millimeterpapier Holzkeile

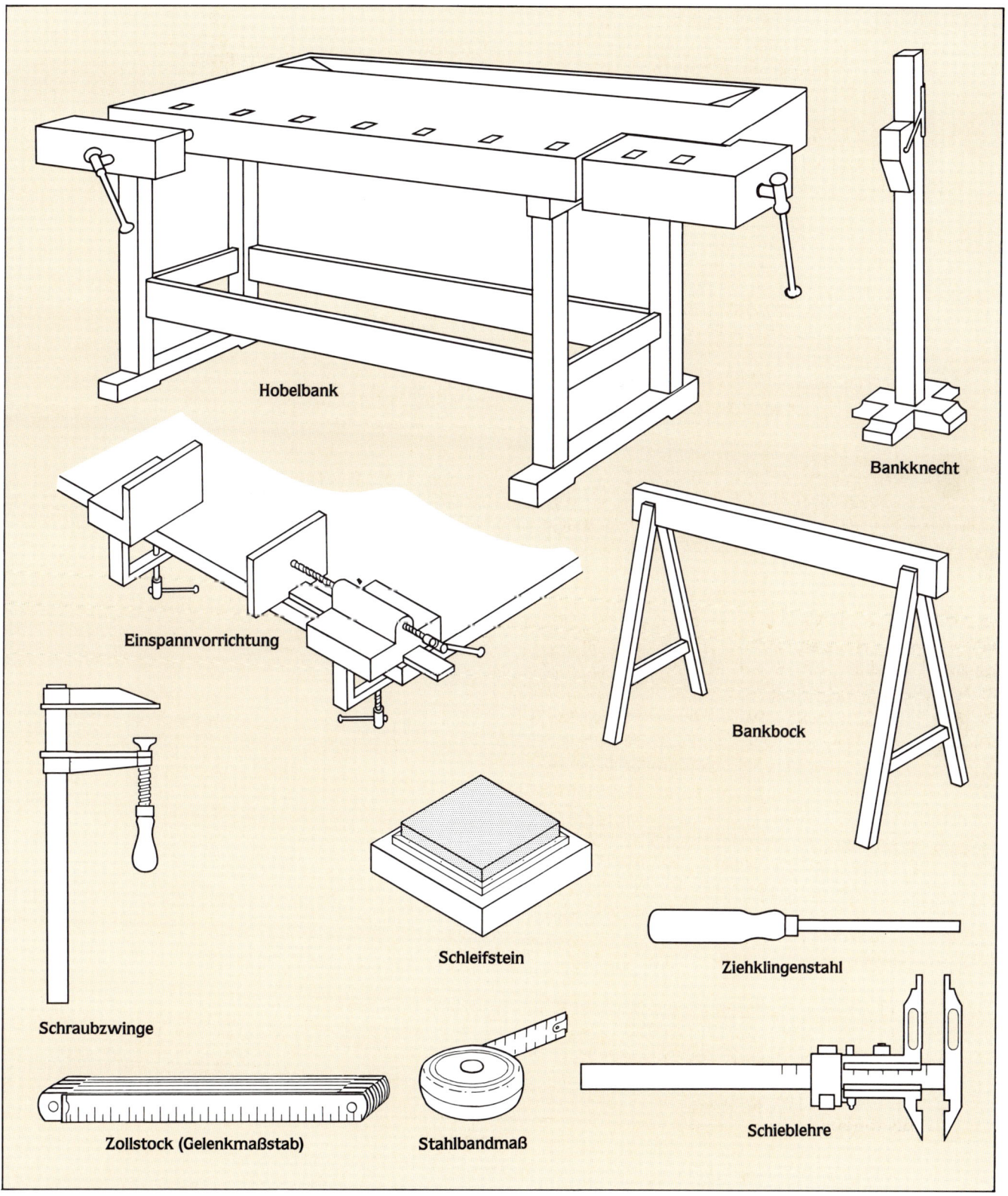

Hobelbank

Bankknecht

Einspannvorrichtung

Bankbock

Schleifstein

Ziehklingenstahl

Schraubzwinge

Zollstock (Gelenkmaßstab)

Stahlbandmaß

Schieblehre

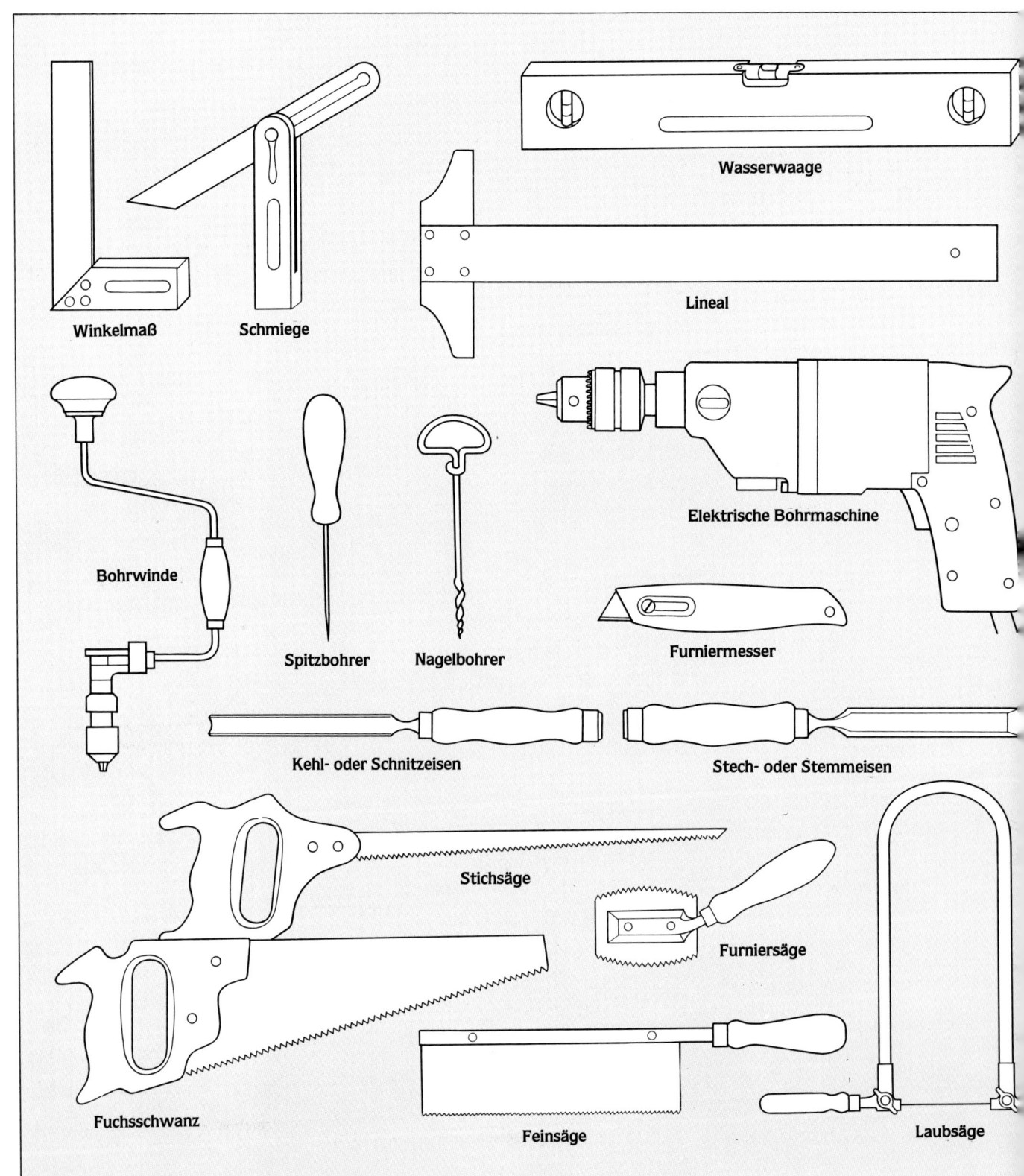

Winkelmaß

Schmiege

Wasserwaage

Lineal

Bohrwinde

Spitzbohrer

Nagelbohrer

Elektrische Bohrmaschine

Furniermesser

Kehl- oder Schnitzeisen

Stech- oder Stemmeisen

Stichsäge

Furniersäge

Fuchsschwanz

Feinsäge

Laubsäge

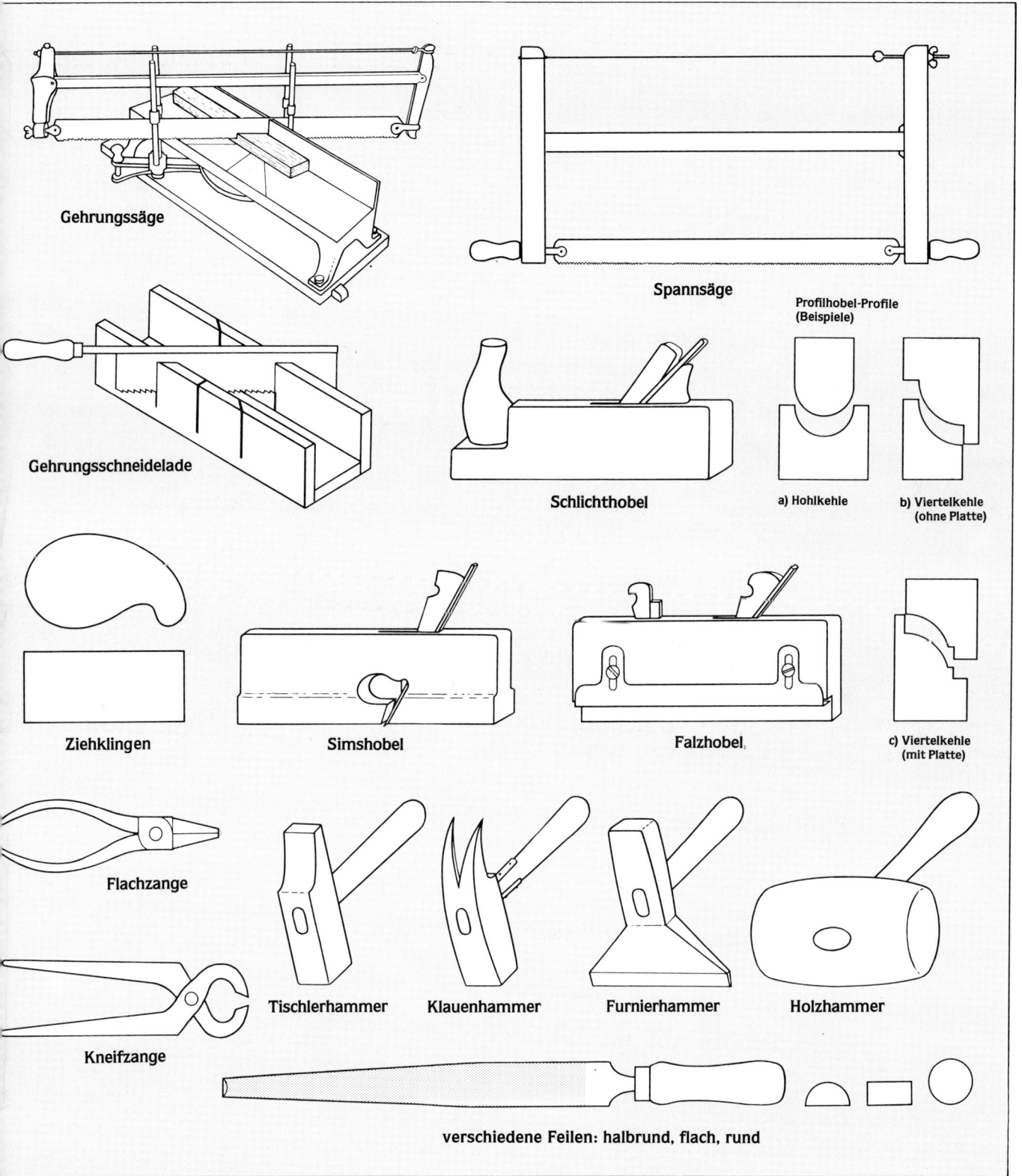

Gehrungssäge

Spannsäge

Gehrungsschneidelade

Schlichthobel

Profilhobel-Profile (Beispiele)

a) Hohlkehle

b) Viertelkehle (ohne Platte)

Ziehklingen

Simshobel

Falzhobel

c) Viertelkehle (mit Platte)

Flachzange

Tischlerhammer

Klauenhammer

Furnierhammer

Holzhammer

Kneifzange

verschiedene Feilen: halbrund, flach, rund

Werkzeugpflege

Werkzeuge sollen in einem trockenen Raum untergebracht sein, da sie bei Feuchtigkeit rosten und schnell Schärfe und Widerstandsfähigkeit einbüßen. Werkzeuge sollen auch nicht zweckentfremdet werden. Ein Stechbeitel ist kein Schraubenzieher oder Brecheisen. Werkzeug soll nach Gebrauch sofort gereinigt, und da wo angebracht, geölt werden. Geräte, die feucht geworden sind, werden gleich getrocknet und Ansätze von Rostspuren mit Petroleum behandelt. Am besten bewahrt man Werkzeug hängend in offenen Regalen auf. Eine übersichtliche Anordnung erleichtert den Arbeitsablauf. Ist das Werkzeug in Schubladen untergebracht, sollte man darauf achten, daß das Stemmeisen z. B. nicht neben der Raspel liegt.

Alle schneidenden Werkzeuge müssen regelmäßig geschärft werden. Das Schärfen eines Stecheisens oder einer Ziehklinge muß – bei ständiger Benützung – in kurzen Abständen erfolgen und gehört fast schon mit zum Gebrauch. Mit dem Schärfen und Schränken der Säge ist der Laie meist überfordert und nimmt dafür den Fachmann in Anspruch.

Schärfen

Die Leistungsfähigkeit von Stemmeisen, Ziehklinge oder Hobelmesser hängt in erster Linie von der Güte des Eisens ab, zum anderen aber vom sorgfältigen Schliff.

Geschliffen wird auf dem Schleifstein, per Hand oder elektrisch. Bei der Auswahl des Schleifsteins kommen verschiedene Qualitäten in Frage:

»Natürlicher« Sandstein:

z. B. »Arkansasstein«
Zum Schleifen feinster Schneiden geeignet. Beim Schleifen wird der Stein leicht eingeölt (daher auch Ölstein genannt). Nach jedem Gebrauch muß der Stein sorgfältig vom Schleifstaub gereinigt, leicht eingefettet und in einem Behälter staubdicht aufbewahrt werden.

»Künstlicher« Sandstein:

z. B. »Misarka«, bestehend aus Sandsteinstaub oder Edel-Korund. Diese Kunstsandsteine sind ein Ersatz für die teureren Natursteine. Für sehr feinen Schliff sollten nur Kunststeine mit feinster Körnung verwendet werden. Beim Schleifen wird – wie bei Naturstein – mit etwas Öl, eventuell auch Wasser gearbeitet. Billiger und unproblematischer ist ein Kunststein mit feiner und grober Körnung (z. B. Silicar).

Ölstein:

(z. B. »Arkansasstein«, »Thüringer Wetzschale« »Mississippistein«)
zum Schleifen feinster Schneiden geeignet. Zum Schleifen wird der Stein leicht eingeölt. Ölsteine bedürfen sorgsamer Pflege. Nach dem Gebrauch müssen sie mit Petroleum

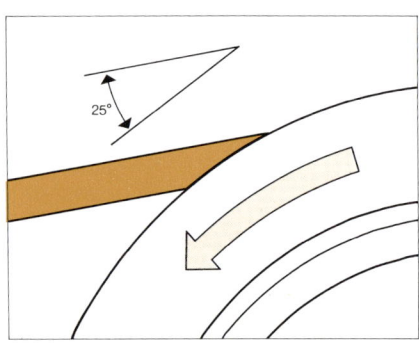

Drehrichtung der Schleifscheibe beim Schleifen.

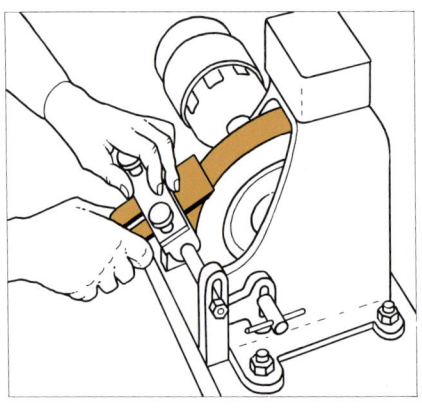

Schleifen eines Hobeleisens auf dem elektrischen Schleifstein.

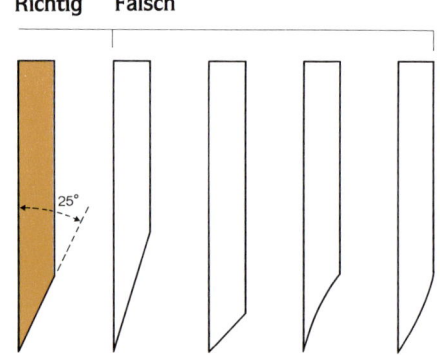

v.l.n.r.: Fase: richtige Form, zu schlank, zu stumpf, hohl geschliffen, rund geschliffen.

abgewaschen und leicht eingefettet in einem Behälter staubdicht aufbewahrt werden.

Schleifstein oder Schleifscheibe:
(mit Hand-, Fuß- oder Motorantrieb)

Der Schleifstein soll gut gelagerte Wellen und einen festen Stand haben. Hier ist ein Kunststein angebracht, da Natursandsteine meistens nicht gleichmäßig sind. Verwendet wird eine Schleifscheibe in keramischer Bin-

dung aus weißem Edel-Korund in weicher Bindung und feiner Körnung.
Es ist immer darauf zu achten, daß die Schleifscheibe gleichmäßig abgenutzt wird. Ist dies versäumt worden, wird mit einem Abrichtstein, der wesentlich härter ist als die Scheibe, wieder eine gleichmäßige Rundung erzielt.
Auch hier wird unter Zuhilfenahme von Wasser geschliffen (besonders bei elektrischen Maschinen).

Ziehklinge:
Die Ziehklinge ermöglicht allerfeinste Spanabnahme (eigentlich ein Hobeleisen, das direkt mit der Hand geführt wird).
Sie muß besonders gut geschliffen und abgezogen werden.
Eine Ziehklinge (besser mehrere zusammen) werden aufrecht eingespannt. Die Seitenkanten werden mit einer Flachfeile gerade und rechtwinklig gefeilt. Beim Feilen drückt man die Ecken der Ziehklinge etwas herab, d. h. man rundet sie leicht an, um zu verhindern, daß sich beim Abziehen gerader Flächen Kratzer abzeichnen.
Danach werden die Feilstriche auf den Seitenkanten und der entstandene Grat auf einem Schleifstein abgeschliffen. Dazu wird jeweils eine Ziehklinge eingespannt oder frei per Hand erst auf einem groben dann auf einem feinen Schleifstein so lange geschliffen, bis alle Feilstriche beseitigt sind, und die Kanten völlig glatt und poliert erscheinen.

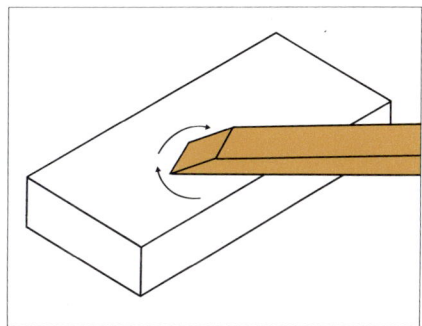

1 Die flach aufliegende Spiegelseite wird in kreisenden Bewegungen abgezogen.

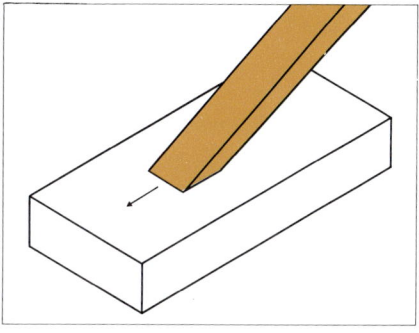

2 Sodann zieht man die Spiegel- und Fasenseite wechselseitig mit geradem Strich ab.

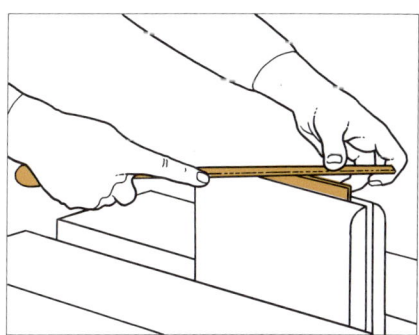

1 Die Seitenkanten der eingespannten Ziehklinge werden mit der Flachseite gerade und rechtwinklig gefeilt.

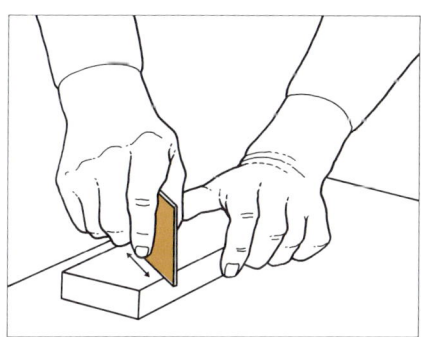

2 Die Feilstriche und der entstandene Grat müssen auf einem Schleifstein abgeschliffen werden. Dies geschieht entweder aus freier Hand . . .

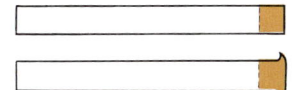

Ziehklinge vor und nach dem Anziehen des Grates.

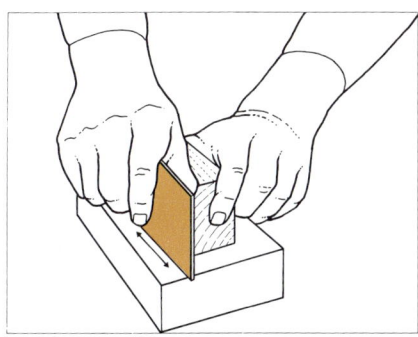

3 . . . oder man führt die Klinge dabei an einem rechtwinkligen Klotz entlang.

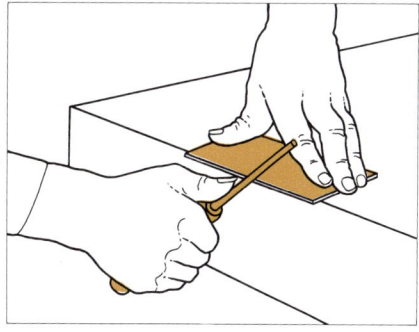

4 Mit einem Ziehklingenstahl wird der »Schneidegrat« angezogen.

Ziehklingenstahl.

Anschließend wird – flach aufgelegt – der Grat entfernt. Die Kanten sollen dabei rechtwinklig und scharf bleiben. Zum Schluß werden alle vier Kanten der Ziehklinge mit dem Ziehklingenstahl (oder Messerwetzstahl) abgezogen. Dadurch wird der Stahl an den Kanten dichter und fester und gewährleistet einen widerstandsfähigen, lückenlosen Grat, der die eigentliche Schärfe der Klinge ausmacht.

Man legt die Ziehklinge etwas überstehend flach auf die Arbeitsplatte und zieht alle vier Kanten mit dem Ziehklingenstahl unter kräftigem, gleichmäßigem Druck einmal ab. Man kann dabei den Ziehklingenstahl etwas mit Öl einfetten.

Während der Arbeit kann die Ziehklinge öfter auf einem feinen Schleifstein geglättet und der Grat nachgezogen werden.

Stecheisen oder Hobelstahl:

Stech- oder Hobeleisen haben einen Zuschärfwinkel von 25–30 Grad. Bei einem gut geschliffenen Eisen ist die Stirnseite (die Schneide) unsichtbar. Erscheint sie als feiner Strich, ist das Eisen stumpf und muß geschliffen werden. Geschliffen wird immer nur die Fasenseite, abgezogen werden wechselseitig die Spiegel- und die Fasenseite.

Auf dem Schleifstein, bzw. dem Drehstein erfolgt der Vorschliff. Die Drehrichtung des Steins verläuft gegen das Eisen. Es ist darauf zu achten, daß das Eisen im richtigen Winkel (d. h. 25–30 Grad) und rechtwinklig angelegt wird. Für weiches Holz wird ein flacher Winkel von 20, für hartes Holz ein steiler Winkel von 30° verwendet.

Die Schneide soll nicht rund geschliffen werden. Der Schleifvorgang ist beendet, wenn längs der Schneide auf der Spiegelseite des Eisens ein feiner Grat entsteht. Besonders bei Motorantrieb ohne Wasserkühlung ist darauf zu achten, daß nicht zu heiß geschliffen wird und das Eisen blau anläuft. Wird das Eisen zu fest bei laufendem Stein angedrückt, erhitzt der Stahl zu stark, wird weich und muß erst wieder in Wasser gekühlt, d. h. erhärtet werden. Ein durch zu große Erhitzung blau oder gelb angelaufener Stahl ist unbrauchbar geworden.

Auf einem angefeuchteten Abziehstein oder einem mit etwas Öl gefetteten Ölstein wird zunächst die flach aufliegende Spiegelseite in kreisenden Bewegungen abgezogen. Sodann zieht man mit geradem Strich in Richtung gegen das Eisen Spiegel- und Fasenseite wechselseitig ab.

Grundbegriffe bei der Schreinerarbeit

Holz leimen

Holz soll mit holzgerechten Leimen verbunden werden. Früher wurde nur mit dem sogenannten Tischlerleim gearbeitet. Er besteht aus organischen Stoffen und wird warm verleimt. Seine Zubereitung ist zwar etwas zeitaufwendig, dafür können mit diesem Leim verbundene Teile später wieder gelöst oder korrigiert werden, ohne das Holz zu beschädigen (s. Kapitel »Zerlegen«). Heute gibt es Kunstharzleime, die kalt und ohne Vorbereitung verarbeitet werden. Kunstharzleim (z. B. Ponal) ist weiß,

zähflüssig und trocknet farblos auf. Er fault und gärt nicht und ist unter Verschluß unbegrenzt haltbar. Sollte er etwas zu zähflüssig werden, kann man ihn mit 10 % Wasser verdünnen.

Die zu verleimenden Verbindungen müssen gut gesäubert, trocken und fettfrei sein. Das Verleimen von sogenannten fetten Hölzern, z. B. Palisander, kann mit Kaltleim unbefriedigend ausfallen.

Weißleim mit dem passenden Sägemehl/Holzmehl zu einem dicklichen Brei vermischt, leimt und füllt kleine Fehlstellen an der betreffenden Leimstelle holzfarben aus.

Schnell- und Alleskleber können nur für kleine Holzarbeiten – auch kleine Furnierteile – verwendet werden. Ansonsten sind sie zum Verleimen größerer Holzflächen ungeeignet.

Unter Druck abbinden lassen

Verleimte Teile müssen unter Druck abbinden, d. h. trocknen. Nur wenn dieser Bedingung genügend Aufmerksamkeit geschenkt wird, kann der Leim seinen Zweck erfüllen und eine straffe und haltbare Verbindung schaffen. Beim Einspannen wird das zu verleimende Holz immer durch eine Zulage (Brettchen, Preßklotz) geschützt. Zum einen hinterläßt die Einspannung dann keine Druckspuren auf dem Holz, zum anderen verteilt sich der Druck gleichmäßig.

Es gibt verschiedene Möglichkeiten diesen Druck auszuüben:

Hobelbank:

Bei geschickter Anwendung bietet die Hobelbank die verschiedensten Möglichkeiten, kleine und große Stücke zu bearbeiten und zu verspannen. Durch die Bankhakenlöcher und die dazugehörigen Bankhaken ist ein variables Arretieren möglich. Weiterhin kann man noch »Spitzbankhaken« am hinteren Plattenende oder »Seitenbankhaken« zum Anklemmen für Teile vor der Hobelbank anbringen. Zusätzliche Unterstützung für lange, über die Hobelbank hinausragende Teile, bringt der »Bankknecht« auch »Faulenzer« genannt.

Schraubzwinge

Häufigste Verwendung beim Verspannen finden die Schraubzwingen. Früher wurden Schraubzwingen aus Holz hergestellt. Sie hatten den Vorteil, daß Beschädigungen am zu verspannenden Holz seltener entstanden als mit den heutigen Zwingen aus Stahl. Dafür sind die Stahlzwingen schneller zu handhaben. Abdrücke auf dem Holz vermeidet man durch Unterlagen.

Schraubzwingen gibt es in verschiedenen Größen. Ein möglichst großer Vorrat erleichtert das Verspannen nach dem Verleimen.

Die Druckzwinge wird durch Zusammendrücken der Arme gespannt. Für empfindliche Werkstücke – z.B. po-

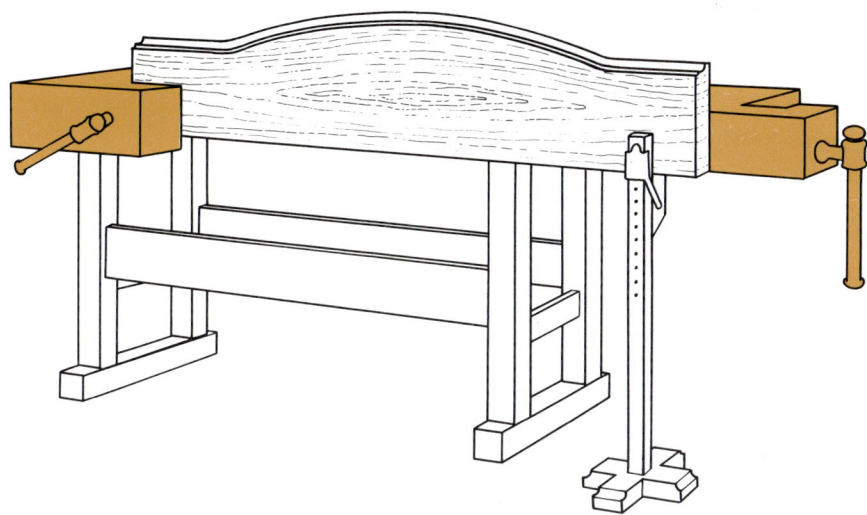

Hobelbank mit Bankknecht zur Unterstützung bei langen Stücken.

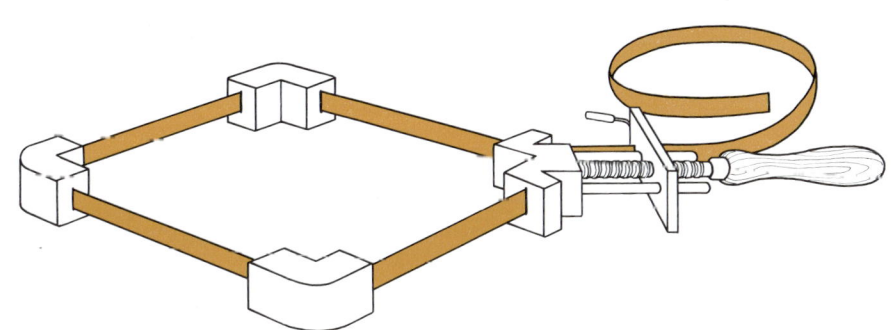

Metallene Preßriemen sind besonders bei Rundumverspannung geeignet.

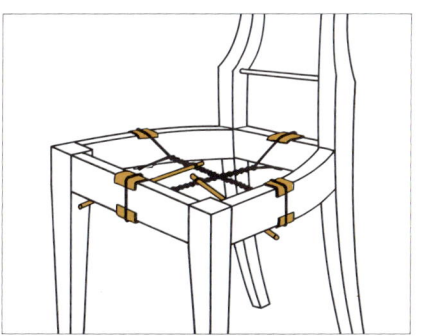

»Kordelpatent« über die Sitzfläche . . .

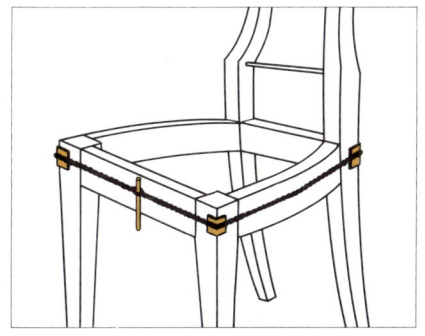

. . . oder rund um die Zarge gespannt und verdrillt.

55

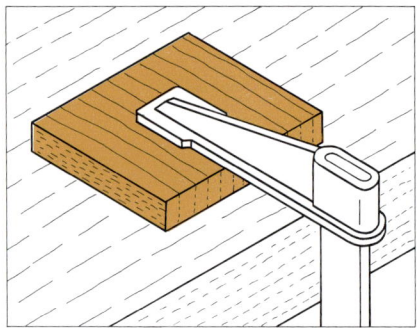

Beim Einspannen wird das zu verleimende Holz immer durch eine Zulage geschützt.

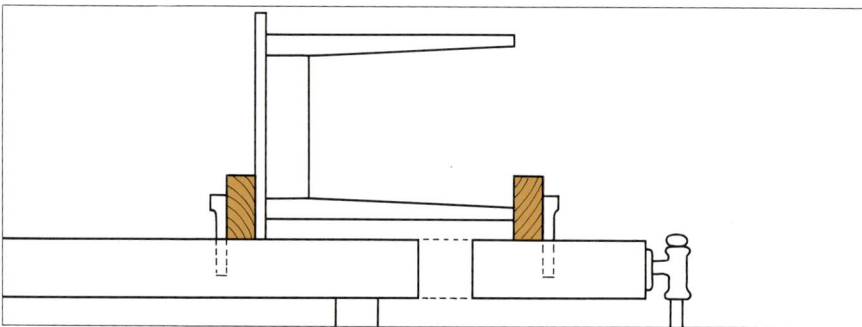

Hobelbank mit Bankhaken zur Arretierung des eingespannten Tischchens.

lierte Teile – tragen die Arme am vorderen Ende Korkplättchen.

Spannbügel, die per Hand, besser aber durch eine spezielle Zange gespannt werden, finden bei kleinen Arbeiten Verwendung, besonders aber bei Gehrungsecken.

Metallene Preßriemen sind besonders bei Rundumverspannung von Tisch- und Stuhlzargen geeignet. Auch das sogenannte »Kordelpatent« (s. Kapitel »Zapfen neu verleimen«) kann eine preiswerte Ersatzlösung sein.

Bücher oder sonstige Beschwerungsgegenstände sind nur ein schwacher Ersatz für Schraubzwingen.

Das Verleimen und Unter-Druck-Abbinden bei geschwungenen, gewölbten, gedrechselten Flächen – besonders, wenn diese furniert werden müssen – kann unbefriedigend ausfallen, wenn die Zwingen nicht fest aufgeschraubt werden können und immer wieder abrutschen.

Bei sehr starker Wölbung kann man sich einen entsprechenden Holzklotz anfertigen. Bei leicht geschwungener Form leimt man mehrere dünne Sperrholzplatten aufeinander, auf die punktweise Preßklötze genagelt werden.

Auch ein gefülltes Sandsäckchen, auf das ein Preßklotz gelegt wird, kann als Unterlage beim Verzwingen verstärkten Druck ausüben.

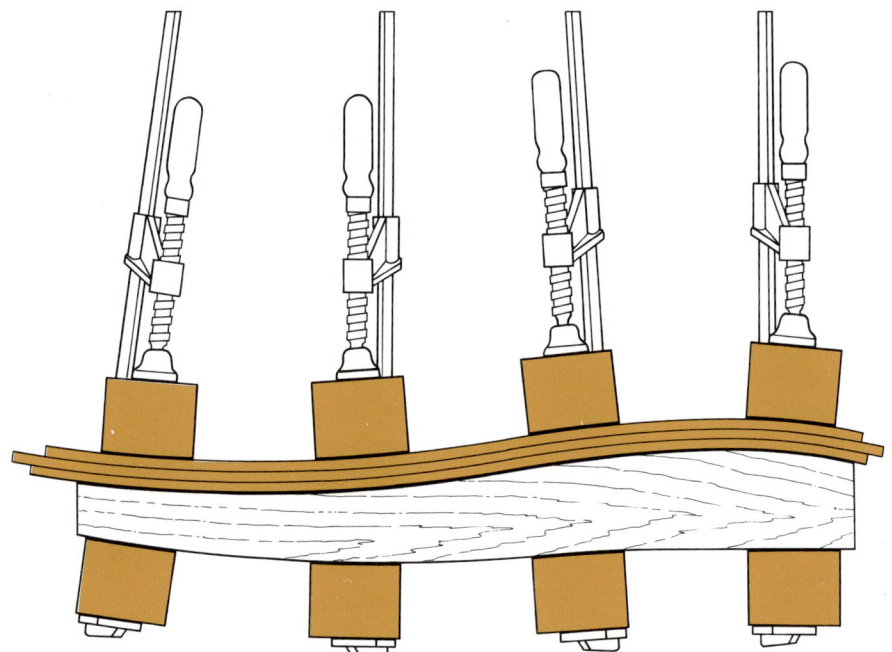

Bei leicht geschwungenen Formen leimt man mehrere dünne Sperrholzplatten aufeinander, auf die punktweise Preßklötze genagelt werden.

Stark geschwungene Teile lassen sich besser verzwingen, wenn man einen entsprechenden Preßklotz anfertigt.

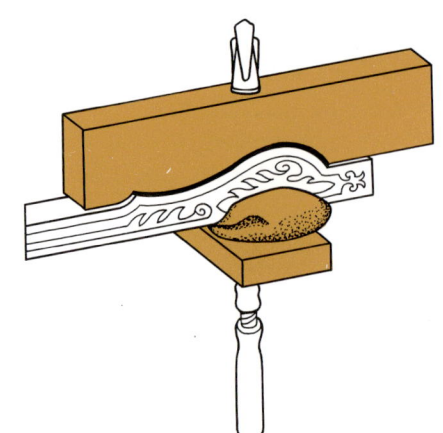

Beim Verleimen größerer Gegenstände sei noch auf das »Verkeilen« hingewiesen.

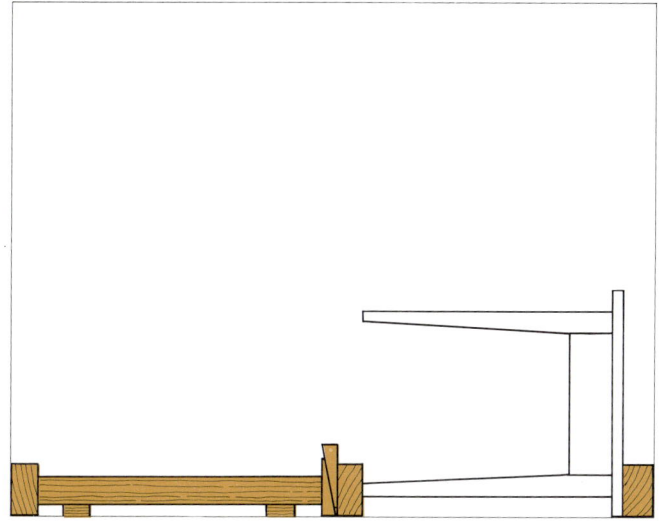

1 Beim Verleimen größerer Gegenstände kann auch das »Verkeilen« von Wand zu Wand oder . . .

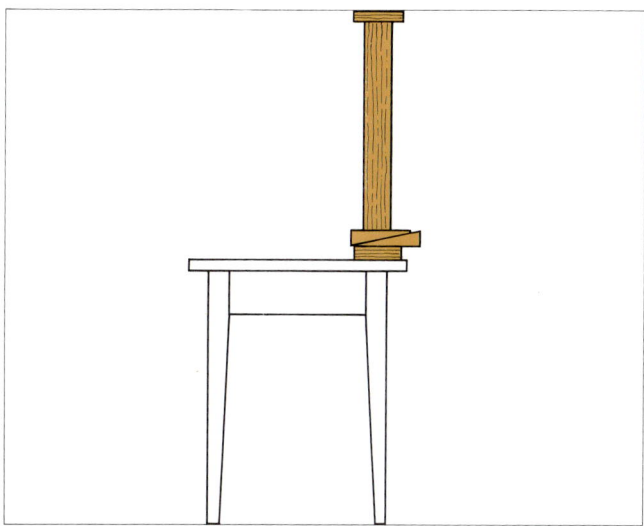

2 . . . gegen die Decke den erforderlichen Druck bringen.

Messen und Anreißen

Spielt das Messen und Anreißen hier auch nicht die Rolle wie bei der Neuanfertigung von Möbeln in einer Schreinerwerkstatt, so sollten einige dafür nützliche Geräte auch in der Hobbywerkstatt des Restaurators nicht fehlen:

Zollstock
Ein zusammenlegbares Metermaß aus Holz oder Metall; Länge: 2 Meter. Zollstock wird dieses Maß landläufig noch nach der alten Maßeinheit Fuß und Zoll genannt. Seit dem Jahre 1872 gilt in Deutschland das Meter als Maßeinheit.

Bandmaß
In einem Gehäuse mit einer Kurbel aufrollbares Bandmaß aus Stahl. Es ist in Längen von 5, 10, 25 m erhältlich.

Winkelmaß
Aus Holz (Weißbuche) oder Stahl dient es zur Festlegung des rechten Winkels. Es besteht aus einem dicken Teil (Anschlag), in den der etwas dünnere Schenkel eingeschlitzt ist.

Schmiege (Stellwinkel)
Das Übertragen oder Anreißen eines beliebigen Winkels wird mit der Schmiege ausgeführt. Zunge und Anschlag sind an einem Ende um einen Schraubenbolzen drehbar und können durch eine Flügelmutter in jeder gewünschten Lage festgehalten werden.

Spitzbohrer
Das Übertragen von Maßen auf Holz kann mit dem Bleistift, besser noch mit dem Spitzbohrer geschehen. Der Anriß ist gleichmäßig dick und scharf und ermöglicht eine genaue Bearbeitung des Holzes. Neben dem Spitzbohrer, der in einem Holzheft steckt, gibt es noch die Wiener Reißnadel. Sie ist ganz aus Stahl und trägt an einem Ende eine gerade, am anderen Ende

eine im rechten Winkel gebogene Spitze, die sich besonders gut zum Anreißen von Zinken eignet.
Beim Anreißen ist darauf zu achten, daß die Spitze des Reißwerkzeuges dicht an der Unterkante des Lineals oder der zu übertragenden Form ohne großen Druck entlang gezogen wird.
Der Querholzriß, der die Holzfaser etwas durchschneidet, bietet sicheren Ansatz für die weitere Bearbeitung des Holzes.

Wasserwaage
Das Überprüfen der senkrechten wie der waagerechten Richtung geschieht am genauesten mit der Wasserwaage. In einem Richtscheit (meist aus Eichenholz) ist zur Bestimmung der Waagerechten wie der Senkrechten ein leicht gebogenes, wassergefülltes Glasröhrchen eingebaut, die sogenannte Libelle. Ein in der Libelle eingeschlossenes Luftbläschen wird sich bei absolut waagrechter oder senkrechter Lage genau in der Mitte des Glasröhrchens zeigen.

Stemmen – Sägen – Hobeln

Über die Techniken des Stemmens, Sägens und Hobelns gibt es ausführliche Anleitungen in Fachbüchern, doch sei auch hier in groben Zügen auf die wichtigsten Punkte hingewiesen:

Stemmen

Wichtige Voraussetzung beim Ausbessern alter Möbel ist der sichere Umgang mit Stemm- oder Stechwerkzeugen.

Der Unterschied zwischen Stemm- oder Stecheisen (auch -beitel) liegt in der mehr oder weniger starken Ausführung der Klinge und des Handgriffes. Beim Stechen wird durch Druck mit dem Handballen gearbeitet. Das Stemmeisen wird durch den Hammerschlag mehr beansprucht und hat daher einen stärkeren Handgriff und eine stärkere Klinge als das Stecheisen. (Der Klarheit halber soll im weiteren Verlauf nur von Stemmen die Rede sein.)

Stemmeisen gibt es in Klingenbreiten von 4–50 mm. Der Werkzeugschrank eines Tischlers enthält meist einen Satz von sieben Stemmeisen in den Breiten von 4, 8, 12, 16, 20, 24, 26 mm. Bei der Anschaffung von Stemmeisen ist – wie übrigens bei allen Werkzeugen – auf beste Qualität zu achten.

Der sichere Umgang mit diesem

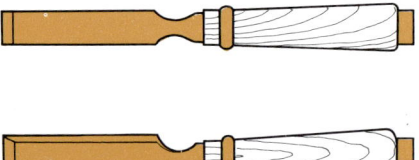

Stecheisen (unten), Stemmeisen (oben). Je nach Anwendungsgebiet wird das Eisen mit mehr oder weniger starkem Druck in das Holz getrieben. Bei kleinteiligen Arbeiten reicht der Druck des Handballens – man spricht hier von »Stechen«. Beim »Stemmen« wird der Druck durch Aufschlagen mit dem Handballen oder mit dem Holzhammer verursacht.

Beim Stemmen muß das Werkstück fest auf einer ebenen Unterlage eingespannt sein. Die Schläge mit dem Holzhammer werden aus dem Armgelenk geführt.

Werkzeug ist beim Restaurieren Bedingung, denn immer wieder sind Scharniere oder Schlüssellöcher ausgebrochen, muß die Schloßausnehmung vergrößert oder eine Beschädigung im Holz ausgebessert werden. All dies sind Arbeiten, die mit dem Stemmeisen ausgeführt werden müssen.

Das zu bearbeitende Werkstück muß eine einwandfreie Unterlage haben und fest eingespannt werden. Das Eisen muß gut geschärft sein (s. Kapitel »Werkzeugpflege«). Die Schläge mit dem Holzhammer auf den Schaft des Stemmeisens werden aus dem Armgelenk geführt (nicht aus dem Schultergelenk). Das Stemmeisen wird fest, aber nicht krampfhaft angefaßt.

Ausstemmen eines Loches

Die auszustemmende Vertiefung wird mit einem scharf gespitzten Bleistift oder dem Spitzbohrer angerissen. Beim Ausstemmen eines Loches fängt man von der Mitte an zu stemmen, damit die Kanten des Loches beim Herausstemmen der Späne geschont werden und scharfkantig bleiben. Den Rest nimmt man zum Schluß durch senkrechtes Herunterstemmen am Riß weg.

Um die Arbeitszeit beim Stemmen

Das Werkstück muß richtig eingespannt sein (Abb. v. l. n. r.): Hohl gespanntes Stück, d. h. der Druck ist zu stark, und das Holz liegt nicht eben auf. Das abzustemmende Stück ragt zu weit über die Unterlage hinaus. Richtige Einspannung mit Unterlage.

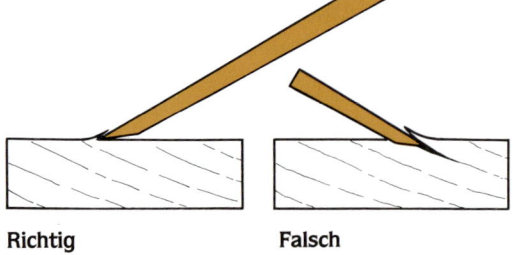

Richtig   Falsch

Es wird immer in Faserrichtung gestemmt.

58

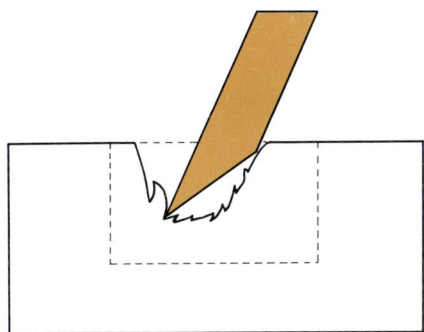

Beim Ausstemmen eines Loches fängt man von der Mitte an zu stemmen, um die Kanten des Loches beim Herausstemmen zu schonen.

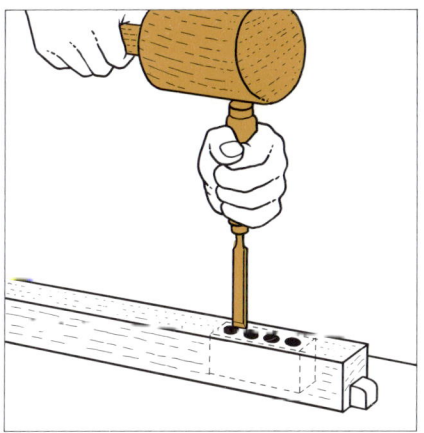

Um die Arbeitszeit beim Stemmen eines tiefen Loches zu verkürzen, werden mit dem Bohrer Löcher vorgebohrt.

eines tiefen Loches (z. B. Einsteckschloß) zu verkürzen, wird die Lochöffnung mit einem Bohrer – dessen Durchmesser kleiner ist als das angerissene Loch – durch direkt nebeneinander gesetzte Löcher vorgebohrt. Man stemmt die Wandungen zwischen den einzelnen Bohrungen weg und bringt das Loch in Längs- und Querriß mit senkrecht geführtem Stemmeisen auf Maß.
Bei ungünstigem Holzfaserverlauf ist von der entgegengesetzten Seite oder schräg zur Faser zu arbeiten.
Man beachte:
• Es wird in Faserrichtung gestemmt
• Beim Stemmen wird nur mit dem

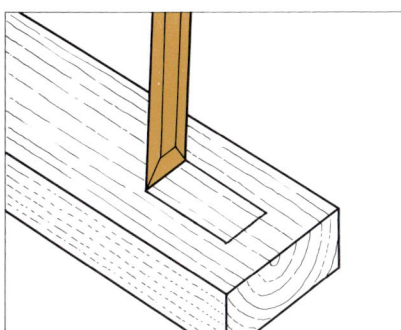

Aufsicht

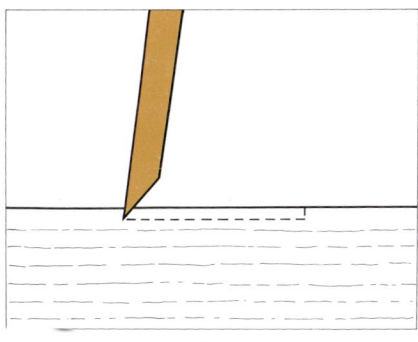

1 Seitenansicht. Beim Stemmen wird senkrecht am Riß angestemmt.

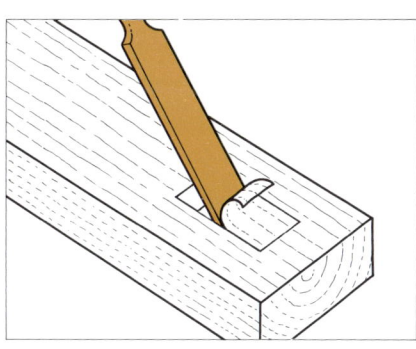

2 Durch schräges Gegenstemmen werden die Späne herausgenommen.

Holzhammer gearbeitet. Sein Schlag ist elastischer und schont das Stemmeisenheft
• Arbeiten an Weichholz (Nadelholz) können nur mit besonders gut geschärftem Stemmeisen ausgeführt werden.

Sägen

Beim Sägen von Hand unterscheidet man zwischen gespannten und ungespannten Sägen.
Wie bei allen schneidenden Werkzeugen bringt nur die regelmäßig geschärfte Säge einen guten Schnitt. Das Schärfen und Schränken eines Sägeblattes erfordert Spezialwerkzeug, viel Zeit und Erfahrung. Der Laie läßt dies besser vom Fachmann machen. Bei Spannsägen ist auf die richtige Spannung des Sägeblattes zu achten. Zu schwach gespannte Sägeblätter flattern, überspannte sind beim Sägen nicht elastisch genug. Das Blatt muß gleichmäßig ausgerichtet sein. Leichtes Einfetten vermindert die Reibung und verhindert Ansetzen von Harz.
Die Säge wird in ihrer ganzen Länge durch das Holz geführt – lange Schnitte ergeben eine höhere Schnittleistung und nutzen das Blatt gleichmäßig ab. Die Schwere der Säge beeinflußt nicht die Leistung. Die Säge muß leicht – wie ein Geigenbogen – geführt werden. Sie darf nicht in das Holz gedrückt werden, da sie dann verklemmt und verläuft.
Je flacher die Säge geführt wird, d. h. je mehr sich die Schnittrichtung der Holzebene nähert, um so sauberer wird der Schnitt und um so weniger reißt das Holz an der Unterseite aus.
Das Holz muß beim Sägen gut eingespannt oder festgehalten werden. Leisten, kleine Klötzchen und Gehrungen werden auf der Schneidelade zugesägt. Die Schneidelade aus Holz sollte in den Führungsschnitten metallverstärkt sein. Ist dies nicht der Fall, leiern diese mit der Zeit aus und ergeben ungenaue Schnitte. Der Schreiner arbeitet mit der Gehrungssäge – einer feinzahnigen, in einem Metallgestell arretierten Säge mit entsprechenden Führungsschlitzen.

59

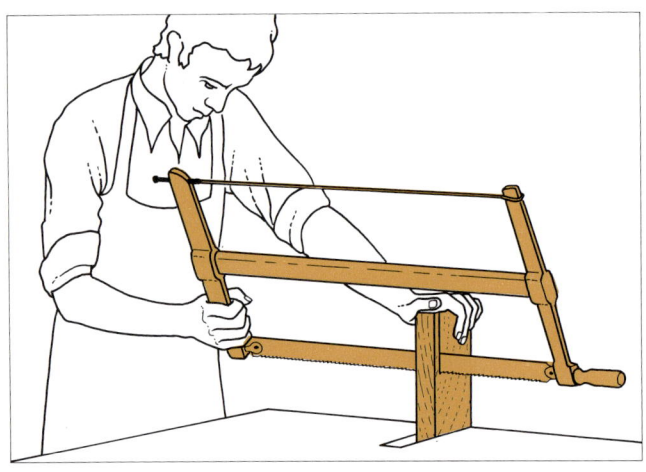

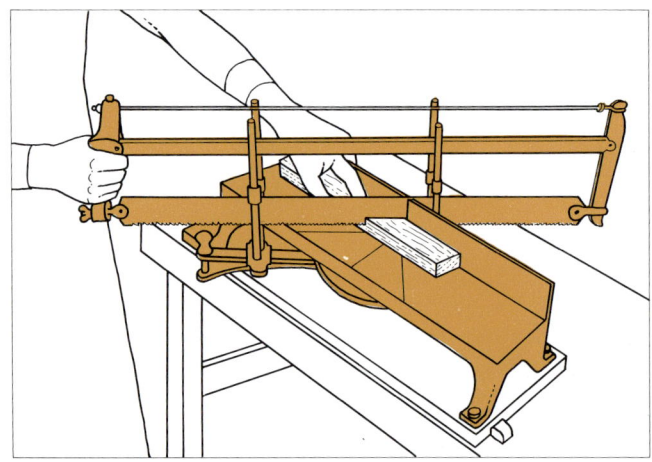

Sägen »vor Hand«. Das Holz muß gut eingespannt oder festgehalten werden. Die Säge muß leicht – wie ein Geigenbogen – geführt werden.

Sägen einer Gehrung auf der Gehrungssäge.

Die wichtigsten Arten von Sägen für die Hobbywerkstatt

Spannsägen

Handsäge
Eine Säge mittlerer Größe, die für alle kleineren Schnitte in der Längs- und Querrichtung eingesetzt wird und stets »zur Hand« ist.
Blattlänge 600–700 mm.

Laubsäge
Zum Zusägen kleinteiliger Flick- und Ersatzstücke.

Gehrungssäge
Eine in Führungsschlitzen laufende Säge mit sehr feiner Zahnung.

Ungespannte Sägen

Fuchsschwanz
Kurzes, verhältnismäßig breites, steifes Blatt, etwa 300 mm lang. Sauberer, mittelstarker Schnitt.

Feinsäge
Das Blatt ist etwa 200–250 mm lang, hat kleine Zähne für feinste Schnitte. Feiner als Fuchsschwanz.

Sägen »vor der Faust«.

Stichsäge (Lochsäge)
Verhältnismäßig dickes, aber schmales Blatt, etwa 300 mm lang. Zum Ausschneiden von Löchern und zur Durchführung von Arbeiten, die schwer zugänglich sind.

Furniersäge
Das auswechselbare Blatt ist kurz und flachgerundet. Die Zähne werden nicht geschränkt, sondern nur durch Schleifen dünn gehalten.

Hobeln

Um rohe Holzflächen zu glätten, Formveränderungen zu beseitigen, oder dem Holz bestimmte Formen zu geben, benützt man den Hobel.
Dem Schreiner stehen davon die verschiedensten Formen und Größen zur Verfügung. Für die Hobbywerkstatt ist der Schlichthobel, der Putzhobel und der Profilhobel zu erwähnen.
Das zu hobelnde Werkstück muß gut eingespannt sein. Durch das über die Hobelsohle hervorstehende Eisen wird mit dem Hobel Holz abgenommen. Je weiter das Eisen über die Sohle hinausragt, um so dicker wird der Span. Es ist also in erster Linie der richtig vorbereitete Hobel, der am besten über das Holz geführt werden kann.
Das Einwirken der Schneide ist abhängig vom Keilwinkel. Je kleiner er ist, um so leichter ist die Trennung der Holzfaser. (Wie beim Stemmeisen

liegt der Keilwinkel im allgemeinen bei 25–30 Grad.) Bei zu großem Keilwinkel ergibt sich mehr Widerstand zum Holz, und die Arbeit wird erschwert. Ebenso muß auf den Schnittwinkel geachtet werden, der bei 45–50 Grad liegt.

Aus der richtigen Wahl des Schnitt- und Keilwinkels ergibt sich der Anstellwinkel.

Durch den Druck beim Hobeln dringt die Schneide des Eisens etwas tiefer als die Arbeitsfläche in das Holz ein.

Der entstehende Gegendruck der elastischen Holzfaser ist um so geringer, je kleiner der Anstellwinkel ist. Sinkt der Anstellwinkel auf Null, so liegt die Fase auf der Holzfläche, die Schneidwirkung wird aufgehoben.

Der Hobel wird mit beiden Händen über die Holzoberfläche bewegt, wobei die linke Hand den Druck ausübt und die rechte Hand die Führung.

Am Ende des Brettes oder einer jeden Hobelbewegung führt die linke Hand durch leichtes Abheben. Beim Zurückziehen wird der Hobel leicht angehoben und gekantet.

Der Druck beim Hobeln kommt kräftig – aber nicht verkrampft – und beweglich aus dem Handgelenk.

Das Hobelmesser muß regelmäßig geschärft werden, um einwandfrei zu arbeiten (s. Kapitel »Schärfen«).

Schlichthobel

Er wird zum Schlichten, also Glätten, der rauhen oder gerillten Holzoberfläche benutzt. Das Eisen ist nur schwach gewölbt und steht etwa 1 mm über der Hobelsohle vor.

Das Eisen ist 45, 48 oder 51 mm breit, die Länge des Hobels 240 mm, der Schnittwinkel etwa 45 Grad.

Putzhobel

Er dient zur sauberen, glatten Nachbearbeitung abgerichteter Flächen. Die Schneide steht ebenfalls bis auf 1 mm über der Hobelsohle vor. Die Breite des Eisens beträgt 45, 48 oder 51 mm. Die Länge 180 mm, der Schnittwinkel liegt bei 48–50 Grad. Um beim Abputzen eine einwandfreie, ebene Fläche zu erzielen, ist die Schneide des Eisens fast gerade, die Ecken nur schwach gebrochen.

Profilhobel (auch Kehlhobel)

Die Hobelsohle zeigt eine dem Profil entgegengesetzte Form. Beim Schärfen muß hier größte Sorgfalt auf die Beibehaltung der ursprünglichen Form gelegt werden, da sich das Profil sonst verändert. Die gängigsten Grundformen sind Rundstab, Hohlkehle, Karnies.

Hobel mit schabender Wirkung

Hier handelt es sich eigentlich um eine Ziehklinge, die in einer Hobelform fest eingespannt ist.

Ziehklinge

Eine Klinge, die direkt mit der Hand geführt wird. Als Schneide wirkt die zum Grat umgebogene Kante der Klinge. Sie zieht hauchdünn ab und liefert eine feine Oberfläche.

1 Der Hobel wird mit beiden Händen über die Holzoberfläche bewegt. Die linke Hand übt den Druck aus, die rechte die Führung.

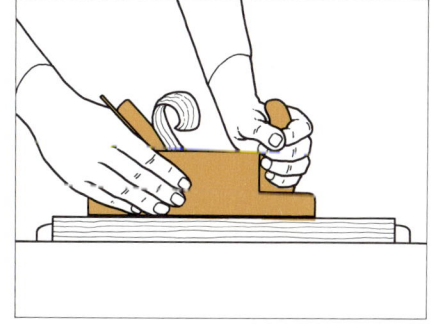

2 Der Hobel wird kräftig »durchgestoßen«.

3 Am Ende des Brettes – beim »Ausstoßen« – führt die linke Hand durch leichtes Abheben.

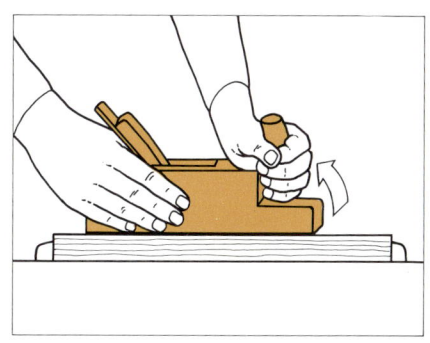

4 Beim Zurückführen des Hobels wird dieser leicht angehoben und gekantet. Der Druck beim Hobeln kommt kräftig – unverkrampft – und beweglich aus dem Handgelenk.

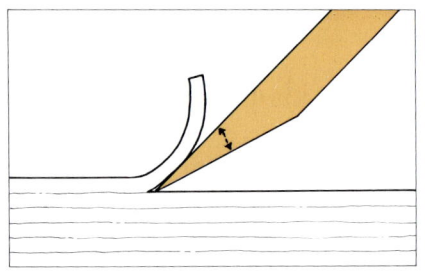

Richtiger Keilwinkel (25 Grad).

Zu großer Keilwinkel.

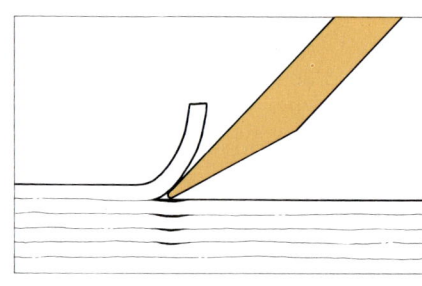

Die Schneide ist stumpf.

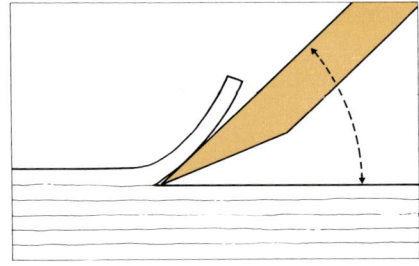

Richtiger Schnittwinkel.

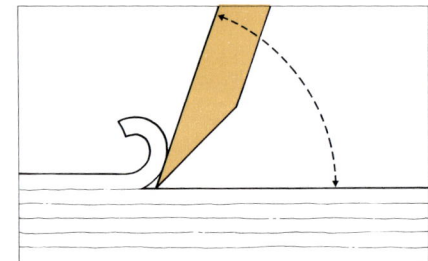

Zu großer Schnittwinkel.

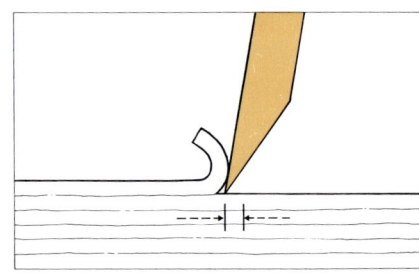

Aus der richtigen Wahl des »Schnitt-« und »Keilwinkels« ergibt sich der »Anstellwinkel«.
Großer Anstellwinkel.

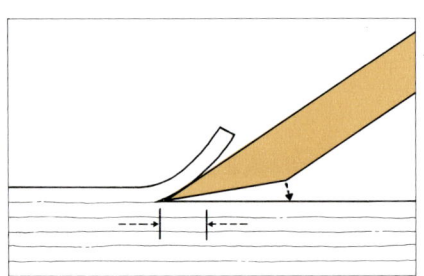

Kleiner Anstellwinkel.

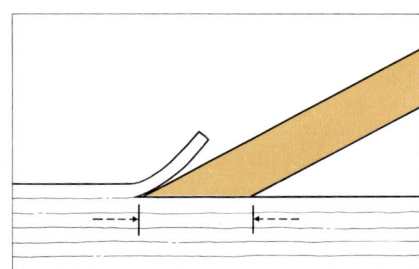

Anstellwinkel = 0

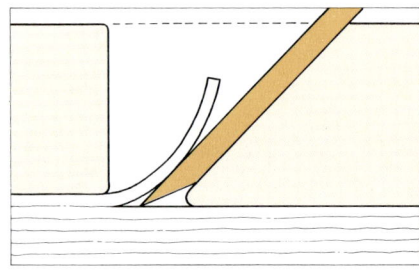

Das sofortige Abknicken des Spanes übernimmt die »Hobeleisenklappe«.
Hobeleisen ohne Klappe.

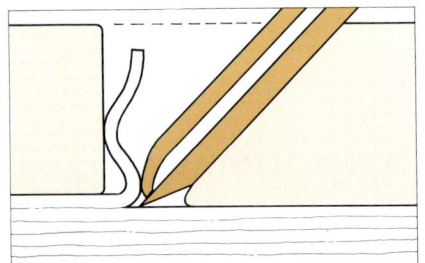

Hobeleisen mit Klappe.

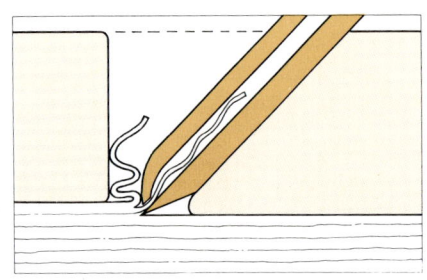

Hobeleisenklappe »stopft«.

Die wichtigsten Holzverbindungen

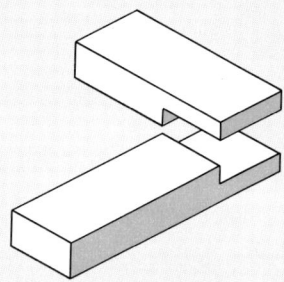

Eckplattung

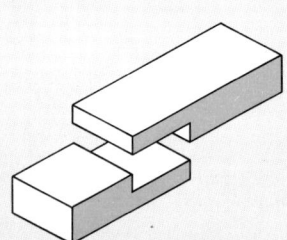

Gerades Blatt

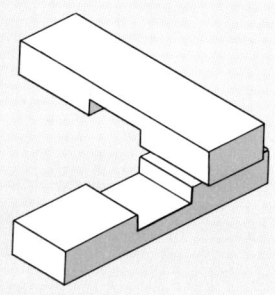

Gerade Überplattung

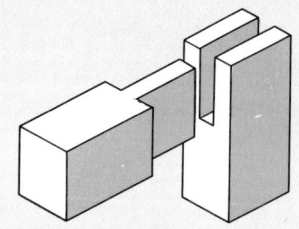

Schlitz und Zapfen

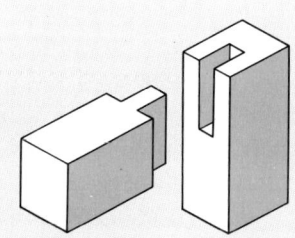

Brustzapfen

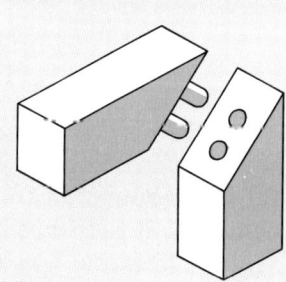

Stumpfe Gehrung, verdübelt

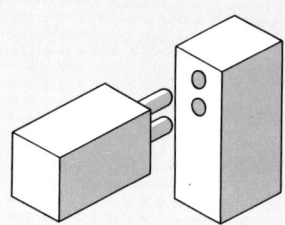

Dübel

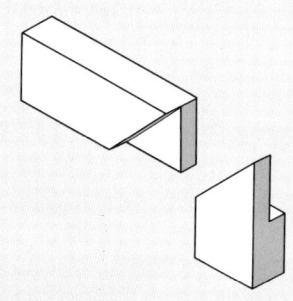

Überplattete Gehrung

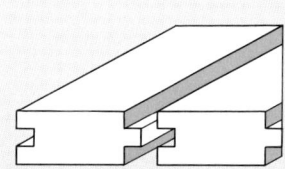

Nut und Feder

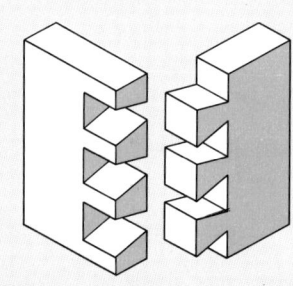

Schwalbenschwanz-
Zinkung

Wie verläuft die sorgfältige Restaurierung?

Vorarbeiten zum Restaurieren und Sanieren

Oft ist paradoxerweise der erste Schritt zur Aufarbeitung eines alten Möbelstückes das Auseinandernehmen. Einzelne Teile wie Beschläge, Zierleisten, wacklige Beine usw. müssen oft gelöst werden. Nur so kann eine gründliche Sanierung erfolgen. Müssen mehrere gleiche oder ähnliche Teile abgelöst werden (Beschläge, Leisten, Beine), macht man sich vorher eine kleine Skizze und numeriert die Teile, damit später beim Zusammenfügen keine Verwechslung entsteht. Verrostete Beschläge und Scharniere können während der Bearbeitungszeit zur Entrostung in ein Gefäß mit Petroleum gelegt werden.

Ob ein Möbelstück auseinandergenommen oder gar gänzlich zerlegt wird, muß von Fall zu Fall entschieden werden. Es ist genau abzuwägen, welche Teile gelöst werden können, ohne daß dabei noch größerer Schaden oder unverhältnismäßig mehr Arbeit entsteht, oder welche defekten Stellen besser an Ort und Stelle repariert und gesäubert werden. Manchmal können sich während der Bearbeitungszeit die einzelnen, auseinandergenommenen Teile derart verziehen, daß ein späteres Zusammensetzen schwierig wird. Auch ist auf wurmstichige Teile und Verbindungen zu achten, die beim Auseinandernehmen brechen können.

Möbelstück in einzelne Teile zerlegen

In welchen Fällen wird ein Möbel zerlegt?
- zum besseren Säubern
- nicht mehr ganz festsitzende Verbindungen werden im Zuge einer Sanierung gänzlich gelöst und neu verleimt
- Einzelteile können manchmal handlicher und gründlicher bearbeitet werden
- ist das Blindholz beschädigt, muß Furnier abgelöst werden.

Beim Lösen von Furnier oder konstruktiven Verbindungen erweisen sich mit Knochenleim verbundene Holzteile von großem Vorteil, da sie besser ab- oder auseinandergenommen werden können, als die mit Kaltleim gepreßten.

Hat man es mit der Originalverleimung eines alten Möbel zu tun, kann man davon ausgehen, daß es sich um einen Tischler- oder Warmleim handelt.

Alkohol auf oder in die betreffende Stelle gebracht (z. B. mit einer Spritze) läßt den Leim in den meisten Fällen kristallieren und die Teile sich somit nach und nach – eventuell unterstützt durch leichte Schläge mit dem Holzhammer – lösen. Wenn die Teile zugänglich sind, arbeitet man auch mit Wärme, wie beim Lösen von Furnierteilen. Furnier wird mit einem schwach erwärmten Bügeleisen, oder einem speziell für Furnierarbeiten gedachten Furniereisen gelöst. Zwischen Furnier und Eisen wird ein feuchter Lappen gelegt. Mit einem Spachtelchen, Messer oder dergleichen wird das Furnier dann vorsichtig abgehoben.

Vor dem Neuverleimen müssen die alten Leimreste natürlich entfernt werden. Dies kann mit einem Stecheisen, Messerchen oder Schleifpapier geschehen. Man muß aber darauf achten, daß nicht zuviel abgeschliffen wird.

Sehr stramm sitzende, mit Kunstharz geleimte Verbindungen dürfen nicht mit Gewalt gelöst werden, da dies meist auf Kosten des Holzes geschieht. Unzugängliche, unhandliche Stücke müssen dann – zwar oft etwas mühseliger – an Ort und Stelle bearbeitet werden.

Alte Nägel entfernen

In Unkenntnis, in Ermangelung von Zeit oder Leim mußten bei »Reparaturarbeiten« leider viel zu oft Nägel als Verbindumgsmittel herhalten. Nägel verrosten im Laufe der Jahre, und das

Holz reißt besonders leicht an den vernagelten Stellen. Dieses Übel muß wieder beseitigt werden, allerdings sehr behutsam, um dabei weiteren Schaden am Holz zu vermeiden.

Es gibt dabei verschiedene Möglichkeiten, vorzugehen: Als erstes versetzt man dem Nagel – mittels Versenker – einen kräftigen Hammerschlag. Der Rost löst sich etwas, und der Nagel läßt sich leichter ziehen.

Man kann über Nacht etwas Rostlöser (Caramba) auf die genagelte Stelle geben, um den Rost mürbe zu machen.

Meist sitzen die Nägel aber so tief im Holz, daß sie nicht ohne weiteres mit der Zange gezogen werden können. Man nimmt ein altes Stecheisen (ein neues wäre zu schade und würde mit Sicherheit beschädigt) oder einen scharfen Schraubenzieher und versucht, durch leichte Hammerschläge auf den Schaft rundum unter den Nagelkopf zu kommen. Man legt sich dabei ein Holzbrettchen oder einen Lappen unter das Stecheisen oder den Schraubenzieher, um das Holz an dieser Stelle nicht zu beschädigen.

Gelingt es, den Nagelkopf etwas anzuheben, wird er mit einer Beißzange

langsam Stück für Stück herausgezogen, indem man ihn immer wieder so knapp wie möglich über dem Holz packt. Auch hier wird zur Schonung des Holzes ein dünnes Brettchen untergelegt. Ein alter Nagel sollte inmer seiner Krümmung gemäß gezogen werden, um ein Abbrechen zu vermeiden.

Ist die Nagelspitze von der Rückseite des Holzes zu erreichen (falls verbogen, wird sie zuerst gerade gebogen), kann mit leichten Hammerschlägen gegen die Spitze der Nagel zur Holzvorderseite herausgetrieben werden. Bricht die Nagelspitze dabei ab, setzt man einen Versenker auf den abgebrochenen Schaft und treibt den Nagel soweit nach vorne heraus, daß er mit der Zange – wie oben beschrieben – gezogen werden kann. Bleibt auch dieses Bemühen ohne Erfolg und der Nagelkopf bricht ab, versucht man

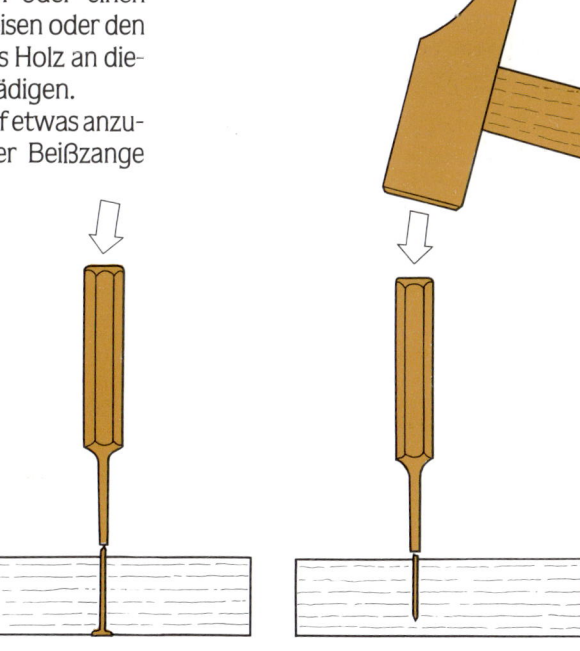

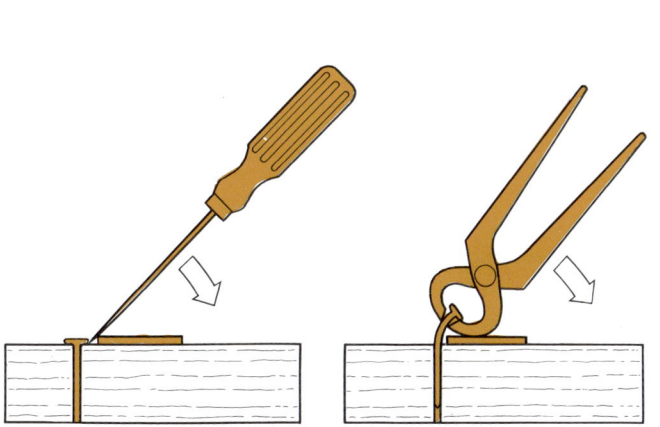

Mit einem alten Stecheisen versucht man den Nagelkopf anzuheben.

Anschließend wird der Nagel mit der Beißzange seiner Krümmung gemäß herausgezogen.

Manchmal kann man die Nagelspitze von der Holzrückseite zur Vorderseite heraustreiben.

Bei abgebrochenen Nägeln kann man mit dem Versenken den Schaft im Holz verschwinden lassen.

entweder den Nagelrest mit dem Versenker wieder im Holz verschwinden zu lassen, oder man schleift den vorstehenden Schaft mit der Feile plan. Manchmal handelt es sich um Nägel und Schrauben, die zwar innenseitig eingebracht wurden, aber nach einiger Zeit das Holz auch auf der Oberseite reißen lassen. Sitzen diese Nägel oder Schrauben so tief, daß sie nicht ohne weiteres gezogen werden können, muß der Kopf etwas freigestemmt und – wie beschrieben – mit der Zange gepackt und gezogen werden.

Festsitzende Holznägel bzw. Dübel werden ausgebohrt. Das Loch wird mit einem Messerchen oder feinen Beitel gesäubert und – je nach Holzsorte – unauffällig ausgebessert. Dübel wurden früher meist trocken verarbeitet – also nicht geleimt.

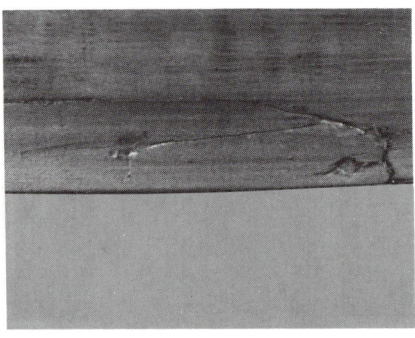

Anstatt mit Leim wurde die eingerissene Stuhllehne mit einem Nagel »saniert«. Ein weiterer Riß ist die Folge.

Die Zierleiste an einer Kommode hatte sich gelöst und wurde mit einem Nagel wieder »saniert«. Ein Riß quer durch die Leiste ist die Folge.

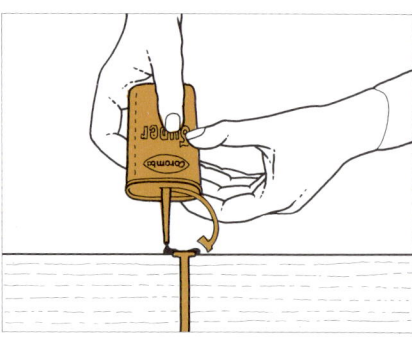

Mit etwas Rostlöser läßt sich der verrostete Nagel leichter ziehen.

Fachgerechte sichtbare Holzdübel der Bein-/Zargenverbindung.

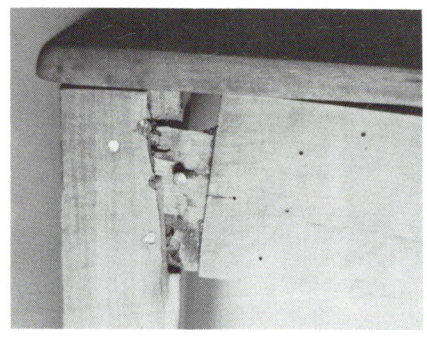

Schlitz und Zapfen an der Bein/Zargen-Verbindung eines Stuhles hatten sich gelockert. Anstatt mit Leim wurde auch hier mit einem Nagel repariert. Die Folge ist ein Bruch des Holzes im Schlitzbereich.

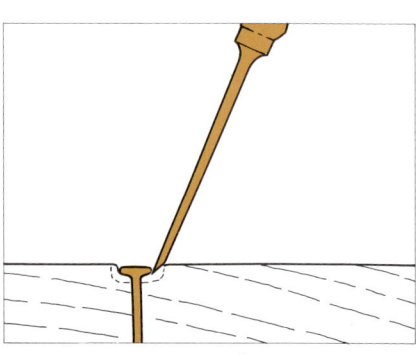

Manchmal sitzt der Nagelkopf so tief, daß man vorsichtig freistemmen muß, um ihn dann mit der Zange ziehen zu können.

Alte Farbe entfernen

Je nach Art und Stärke der zu entfernenden Lackschichten können diese
- mechanisch (manuell oder maschinell) oder
- chemisch (Abbeizen, Ablaugen)
entfernt werden.

Mechanisch: Manuell
Handelt es sich um ein Möbelstück, dessen Oberfläche durch jahrelanges »Auf-dem-Dachboden-Stehen« ver-staubt und verschmutzt ist, oder um eine alte Politur mit stumpfem, rissigem Aussehen, so ist an erster Stelle das Säubern mit der Ziehklinge zu empfehlen.

Die Ziehklinge ermöglicht allerfeinste Spanabnahme. Sie ist ein kaum 1 mm starkes, elastisches Stahlblech von rechteckiger oder ovaler Form, deren Kanten zu einem feinen Grat geschliffen sind. Schräg aufgesetzt führt man die Klinge langsam und mit starkem Druck in Holzfaserrichtung auf sich zu. Befeuchtet man das rohe Holz etwas mit einem nassen Lappen, zieht die Klinge noch besser ab.

Feiner als mit jedem Hobel kann man mit der Ziehklinge hauchdünne Schichten abziehen und bei entsprechend häufiger Wiederholung eine saubere Holzoberfläche erarbeiten, ohne dem Holz von seiner durch Jahre entstandenen Patina zu nehmen. Außerdem entsteht beim Arbeiten mit der Ziehklinge kein lästiger Schleifstaub.

Wann mit der Ziehklinge gearbeitet wird, richtet sich nach Art und Dicke der zu entfernenden Oberflächenbe-

schichtung und natürlich nach Geduld, denn das Abziehen mit der Ziehklinge erfordert Ausdauer und Kraft. Bei folgenden Oberflächen ist das Arbeiten mit der Ziehklinge empfehlenswert:

• schmierige Wachsschicht (Sandpapier würde fortwährend verkleben)
• alte, blättrige Politur
• allgemeine Verschmutzung.

Dicke Lackschichten müssen chemisch entfernt werden. Ziehklingen muß man in regelmäßigen Abständen schleifen (s. Kapitel »Werkzeugpflege«).

Ebenfalls manuell kann man mit Sandpapier (auch Schleif- und Glaspapier) eine verschmutzte Oberfläche säubern. Mit grober Körnung (120)

wird das Holz an- oder vorgeschliffen und mit den nachfolgenden feineren Körnungen (180, 240, 320, 400, 600) ausgeschliffen. Man achtet beim Kauf von Sandpapier auf beste Qualität. Feine Körnungen werden für Trokken- und Naßschliff angeboten (s. Kapitel »Wässern und Feinschliff«).

Beim Schleifen soll darauf geachtet werden, daß das Schleifpapier stets eine vollständig ebene Fläche bildet. Dies erreicht man, indem ein entsprechend großes Stück Schleifpapier um einen Schleifklotz gelegt wird.

Hierzu kann man die im Handel erhältlichen Schleifkorken verwenden. Auch ein ensprechend großer Klotz aus Linden- oder Pappelholz, evtl. Fichten-

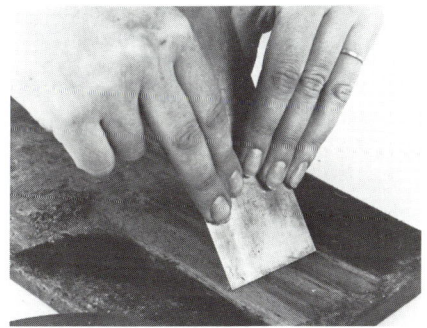

Die Ziehklinge ermöglicht allerfeinste Spanabnahme. Schräg aufgesetzt zieht man die Klinge mit beiden Händen in Holzfaserrichtung über die Oberfläche.

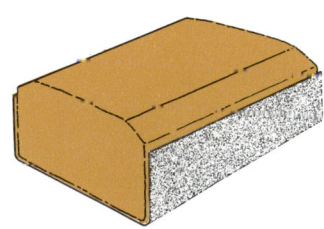

Beim Schleifen soll das Schleifpapier eine ebene Fläche bilden. Man legt dazu ein entsprechend großes Stück Schleifpapier um einen Schleifklotz.

Um die Schleifkraft und Haltbarkeit zu erhöhen, zieht man das Sandpapier vor dem Schleifen kurz über eine Kante.

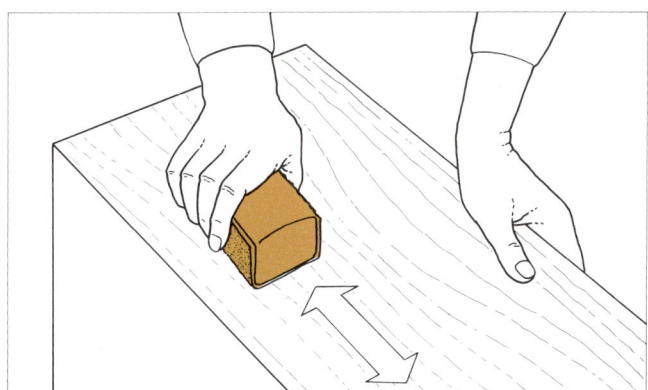

Beim Schleifen immer in Holzfaserrichtung arbeiten.

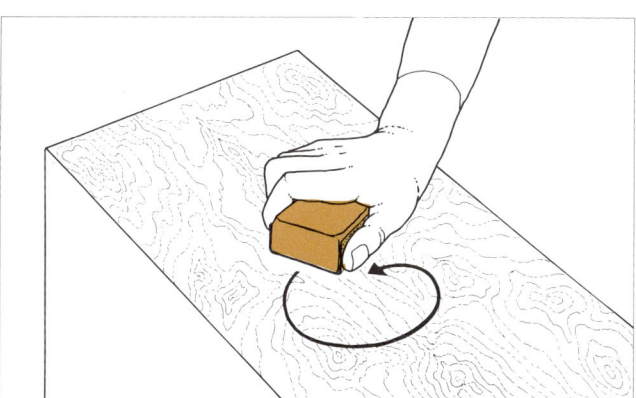

»Wilde« Maserungen (Wurzelmaserungen) sind in kreisender Bewegung zu schleifen.

holz, mit einem daruntergeleimten Stück Linoleum kann verwendet werden. Der Korkklotz ist in einigen Fällen nur bedingt zu empfehlen, da er sich bei starkem Druck den Unebenheiten der Holzfläche nicht anpaßt.

Ein Stück Sandpapier in passender Größe wird um einen Schleifkork gelegt. Vorher zieht man das Stück Sandpapier mit der nichtgekörnten Seite über eine Tischkante, um seine Schleifkraft und Haltbarkeit zu erhöhen.

Zuerst wird mit grober Körnung vorgeschliffen, danach geht man auf immer feinere Körnungen über. Sobald das Schleifpapier stumpf ist oder sich zugesetzt hat, muß es erneuert werden. Das Schleifpapier soll beim Schleifen schneiden und nicht Unebenheiten in die Holzfläche hineindrücken. Zwischendurch wird der Schleifstaub immer wieder vom Holz entfernt. Beabsichtigt man, mit selbst angemachtem Holzkitt anschließend auf der gleichen Holzfläche kleine Löcher oder Fehlstellen auszufüllen, sammelt man den anfallenden Schleifstaub in einem Glasgefäß. (s. Kapitel »Holzwurmschäden beseitigen«).

Für Schnitzereien und gedrechselte Arbeiten ist der Schleifkork meist zu groß. Man kann dann das Sandpapier auch um ein entsprechend kleines, kantiges oder rundes Holzstück legen. Bei furnierten Flächen sollten die Kanten etwas vorsichtiger geschliffen werden, da sonst schnell zu viel abgenommen wird.

Im allgemeinen schleift man in Maserungsrichtung, also nicht quer zur Holzfaserrichtung. Jedoch werden Nadelhölzer, die einen Deckfarbenanstrich erhalten, zuerst quer geschliffen, um leichte Unebenheiten, die beim Abputzen zurückgeblieben sind, besser beseitigen zu können.

Beim Querschleifen besteht die Gefahr, daß das Schleifmittel die Holzfa-

ser quer durchschneidet. Diese leichten Schnitte lassen sich nur schwer oder überhaupt nicht wieder durch Längsschleifen entfernen. Sie treten besonders beim Auftragen von Mattinen oder Polituren noch stärker hervor. Deshalb sind Hölzer, die zum Beizen oder Polieren vorgesehen sind, von vornherein längs zu schleifen. Maserhölzer oder »wilde« Maserungsstellen im Holz sind in kreisender Bewegung zu schleifen. Ölpapier zeigt eine außerordentlich feine, staubförmige Körnung. Man verwendet es zum Schleifen von Polituren. Auch feine Stahlwolle eignet sich zum Schleifen während des Polierens.

Die Sorgfalt, die beim Schleifen aufgewendet wird, macht sich bei späterer Oberflächenbehandlung bezahlt: »Gut geschliffen ist halb poliert . . .«.

Mechanisch: Maschinell

Was mit Schleifpapier und Schleifklotz manuell ausgeführt werden kann, läßt sich auch mit weniger Kraftaufwand maschinell mit der Bandschleife erreichen. Für den Heimwerker werden

kleine, handliche Maschinen angeboten, für großflächige Arbeiten sollte man einen Schreiner mit seiner großen Bandschleife in Anspruch nehmen. Man riskiert bei solcher Maßnahme allerdings, daß die Holzoberfläche sehr kräftig geschliffen wird, die Patina verschwindet und das Holz eher wie neu aussieht.

Der Schwing- und Vibrationsschleifer ist nur bedingt zu empfehlen, da leicht kreisrunde Schleifspuren hinterbleiben, die besonders bei späterem Polieren deutlich hervortreten.

Chemisch: Abbeizen, Ablaugen

Um mehrere dick übereinanderliegende Lackschichten zu entfernen, muß man zu stärkeren Mitteln als Sandpapier oder Ziehklinge greifen. Es gibt dafür chemische Lösungen, die im Handel als »Abbeizer« erhältlich sind. Man kann sich aber auch selbst eine Lauge zubereiten, um alten Lack oder Beize zu entfernen.

Abbeizer

Für alle Holzarten geeignet. Eigentlich

Bei diesem Armlehnstuhl aus Nußbaumholz wurde eine dünne schmierig-schmutzige Wachsschicht mit der Ziehklinge abgezogen. Das Holz wurde dabei sauber und glatt, ohne von seiner schönen Patina zu verlieren.

führt der Abbeizer seinen Namen zu Unrecht, denn entfernt wird in erster Linie nicht die Färbung der Beize, sondern der Lack. Diese sogenannten Abbeizer weichen alte Lackschichten derart auf, daß diese nicht mehr haften und leicht vom Untergrund gelöst werden können.

Abbeizarbeiten sollten möglichst im Freien stattfinden. Es sollte ein Wasseranschluß vorhanden sein, um das Holz gründlich nachwaschen zu können. Man kann massives sowie furniertes Holz abbeizen. Nur muß – wo das Abbeizverfahren ein Nachwaschen mit Wasser verlangt – bei Furnier wesentlich behutsamer umgegangen werden, damit es sich nicht ablöst.

Abbeizer werden als dickflüssige Pasten angeboten und sind einfach in der Anwendung. Bevor die Abbeize aufgetragen wird, müssen alle eventuell vorhandenen metallischen Beschläge entfernt werden, da auch diese durch die Abbeize angegriffen werden können. Besonders bei Eisenbeschlägen kann sich – je nach Sorte des Abbeizers – angrenzendes Holz schwarz verfärben.

Der Abbeizer wird mit einem alten Pinsel satt auf die zu entfernenden Lackschichten aufgetragen. Je nach Art und Stärke des Abbeizers wirft der Lack nach einiger Zeit kleine Blasen und hebt sich kräuselnd vom Untergrund. Mit einem Spachtel wird die alte Lackmasse in Bahnen vom Holz geschoben. Der Spachtel sollte leicht und mit wenig Druck über die Holzoberfläche geschoben werden, um Kratzer und Spuren im Holz zu vermeiden.

Es ist darauf zu achten, daß der Abbeizer rückstandslos entfernt wird. Es empfiehlt sich, immer nur auf kleinen Teilstücken zu arbeiten, da der aufgelöste Lack – wird er nicht gleich abgezogen – auch sehr schnell wieder hart wird. Bei verzierten oder gedrech-

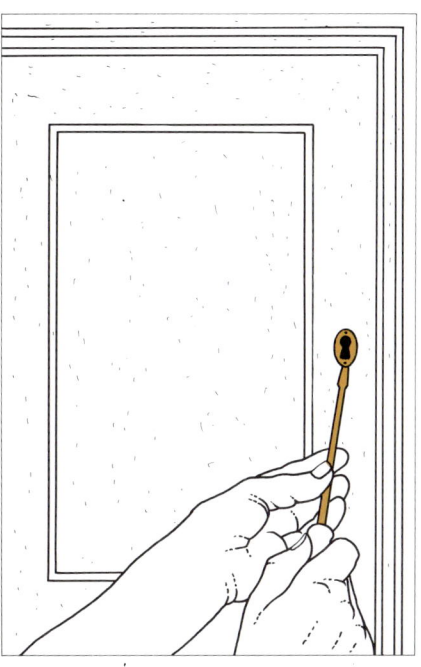

1 Vor dem Abbeizen müssen alle Metallbeschläge entfernt werden.

2 Der Abbeizer wird mit einem alten Pinsel satt auf die zu entfernende Lackschicht aufgetragen.

3 Mit einem Spachtel wird die alte Lackschicht in Bahnen vom Holz geschoben.

4 Zur gründlichen Säuberung der Holzporen werden die letzten Abbeizreste mit Spiritus oder einer Holzseifenlösung entfernt.

selten Holzteilen kann mit einem besonders stark wirkenden sog. »Abbeiz-Strip« gearbeitet werden. Dieses im Handel erhältliche Abbeiz-Pulver löst mehrere übereinanderliegende Farbschichten in einem Arbeitsgang ab. Nach 2-4 Stunden Einwirkzeit, (manchmal auch über Nacht) soll sich der gelöste Lack wie eine Haut mit einem Spachtel abheben lassen.

Nach dem Entfernen aller Lackreste sollte die Holzoberfläche zur gründlichen Säuberung der Poren mit Spiritus gereinigt werden. Auch kann mit einer Holzseifenlösung nachgewaschen werden. (Bei furnierten Flächen nur bedingt). Danach läßt man das Holz mindestens 24 Stunden ruhen. Es gibt verschiedene Fertigabbeizer im Handel. Einige – die Universalabbeizer – eignen sich für alle Lacke und Holzsorten, andere nur für bestimmte Holzsorten.

Bei großen Flächen und je nach Holzsorte kann man sich einen Lackentferner auch selbst herstellen. Auf jeden Fall muß man sich aber vorher über die zu behandelnde Holzsorte im klaren sein. denn ein falsches Mittel kann den Naturton des Holzes verderben.

Wichtig: Arbeiten Sie immer mit dem gleichen Abbeizer an dem jeweiligen Werkstück. Es könnten sonst unterschiedliche Verfärbungen auftreten.

Ätznatron

Zum Entfernen von Lack und Ölfarben. Besonders geeignet bei Weichholz. Nicht geeignet für Kirsche, Birke, Birne, Ahorn, Nuß. Es können nachhaltige Verfärbungen eintreten.

50 g Ätznatron in 1 Liter heißes Wasser geben (niemals umgekehrt) und gut verrühren. Das Möbelstück mit einer Wurzelbürste satt mit dieser Lauge einreiben. Je nach Lackbeschaffenheit läßt sich dieser nach ca. 20 Minuten,

manchmal erst nach 2-3 Stunden, mit dem Spachtel abziehen. Eventuell muß nochmals mit dieser Lauge nachgearbeitet werden. Hat sich die Farbe gelöst. wird sofort mit klarem Wasser nachgewaschen. Nach dem Trocknen kann mit Essig nachbehandelt werden, um letzte Laugenreste zu neutralisieren. Bei Verfärbungen kann mit verdünnter Oxalsäure wieder etwas aufgehellt werden.

Kaustisches Soda

Zum Entfernen von Lack- und Ölfarben. Nicht geeignet für Kirsche, Birke, Birne, Ahorn.

50 g Soda, 10 g Schmierseife in heißem Wasser auflösen und wie bei Ätznatron beschrieben bearbeiten.

Wasserstoffperoxyd

Zum Bleichen und Entfernen von starken Beiztönen. Gerbsäurehaltige Hölzer (z. B. Eiche) können unter Einwirkung von H_2O_2 (30 %) ihren natürlichen Farbton verändern, d. h. »strohig« werden.

Auf jeden Fall soll die Reaktion des Holzes zuvor an einer verdeckten Stelle geprüft werden.

Unmittelbar vor Gebrauch füllt man die notwendige Menge des Bleichmittels in eine Kunststoff-, Glas- oder Keramikschale (also metallfrei) und setzt dann etwa 5 % Salmiakgeist zu. Nie Salmiak direkt in die Wasserstoffperoxyd-Flasche geben. Diese Mischung wird mit einem alten Kunstfaserpinsel (metallfrei) satt auf die zu bleichende Fläche aufgetragen. Nach mehrstündiger Einwirkzeit wäscht man mit lauwarmem Wasser nach und läßt die Fläche mindestens 48 Stunden ruhen.

Man bereitet sich immer nur kleine Mengen dieser Mischung vor, da sich Salmiakgeist schnell wieder von Wasserstoffperoxyd absetzt. Reste dieser Mischung nicht wieder in die

Flasche mit Wasserstoffperoxyd zurückgießen.

Um bei größeren Flächen eine gleichstarke Bleichwirkung zu erreichen, empfiehlt es sich, das Möbel zuerst nur mit Wassestoffperoxyd satt einzustreichen und unmittelbar danach eine 1:1 wasserverdünnte Salmiaklösung aufzutragen. Erst in Verbindung mit Salmiak wird Wasserstoffperoxyd auf der Holzfläche aktiv und kann somit gleichmäßig auf der gesamten Fläche wirken.

Salmiakgeist/Spiritus

Zum Entfernen von Schellackpolituren auf allen entsprechenden Hölzern Salmiak (30 %) und Spiritus im Mischverhältnis 1:1 satt mit dem Pinsel auf das Holz auftragen und nach kurzer Einwirkungszeit die gelöste Politur mit der Ziehklinge oder Spachtel abziehen.

Salmiakgeist/Aceton

Zum Entfernen von Schellackpolituren auf allen entsprechenden Hölzern. Salmiak und Aceton werden im Verhältnis 80 : 20 vermischt. Mit einem Pinsel auf das Holz auftragen und nach kurzer Einwirkungszeit die gelöste Politur mit der Ziehklinge oder Spachtel abziehen.

Salmiaklösung

Zum Entfernen von leichten Beiztönen und Verschmutzungen. Ungeeignet für gerbstoffhaltige Hölzer (z. B. Eiche). Salmiak (30 %) wird mit Wasser vermischt. Der Grad der Verdünnung richtet sich ganz nach der Tiefe des zu entfernenden Beiztones und muß ausprobiert werden.

Mit einer groben Bürste wird das Möbelstück satt mit der Salmiaklösung genäßt und abgerieben. Je nach seiner Größe kann das Stück auch ganz in die Lösung eingetaucht werden. Sofort danach wird mit klarem Wasser nachgewaschen. Das Möbelstück mindestens 24 Stunden trocknen lassen und sodann das stark aufgerauhte Holz fein schleifen.

Holzseife

Holzseife ist ein alkalifreies, holzreinigendes Mittel. Es wird flockenförmig angeboten und ist wasserlöslich.

Die Anwendung von Holzseife ist überall dort angebracht, wo unbehandeltes massives Holz von Verschmutzung allgemeiner Art (Staub, Fett) gereinigt werden soll. Setzt man einer Holzseifenlösung etwas Salmiak zu, können noch im Holz befindliche Beiztöne aufgehellt werden.

Das Abwaschen der Oberfläche mit Holzseife vor dem Beizen erhöht die Aufnahmefähigkeit des Holzes und läßt den Beizton kräftiger wirken. Das Säubern einer mit Abbeizer behandelten Fläche geschieht ebenfalls mit Holzseife. Sie bewirkt, daß die letzten Abbeizerreste gründlich aus den Poren gewaschen werden.

Die Holzseife wird nach Vorschrift in heißem Wasser aufgelöst und mit einer kräftigen Bürste (Wurzelbürste) die Oberfläche mit der noch warmen Lösung abgebürstet. Nach kurzem Einziehen wird die Holzseife mit klarem Wasser ausgewaschen.

Holzfläche gut trocknen lassen, bevor das aufgerauhte Holz feingeschliffen wird. Beim Arbeiten mit ätzenden Lösungsmitteln stets mit säurefesten Gummihandschuhen und Brille arbeiten. Am besten führt man diese Arbeiten im Freien aus. Auf ausreichende Trockenzeiten vor Weiterbehandlung muß geachtet werden.

Furnierte Flächen vertragen allzu reichlichen Umgang mit Wasser nicht. Mit Ablösen des Furniers muß dabei gerechnet werden (s. auch »Chemische Materialien ...«).

Trocknen

Holz lebt – ein sehr geschätzter Vorteil, der Holz so beliebt macht, aber auch seine Nachteile hat. Je nach Feuchtigkeitsgrad fängt Holz an zu arbeiten, d. h., es quillt bei erhöhter Luftfeuchtigkeit und schwindet bei starker Trockenheit (Winter: Zentralheizung). Sind vorbereitende Arbeiten wie Abbeizen, Ablaugen, Auswaschen abgeschlossen, und die endgültige Oberflächenbehandlung soll erfolgen, so muß man vorher unbedingt auf eine ausreichende Trockenzeit achten.

Aber nur wenigen Heimwerkern steht ähnlich wie in Schreinereien ein gleichmäßig temperierter Trockenraum zur Verfügung, wo das Möbelstück 3 bis 4 Wochen trocknen kann, ehe Polituren, Lacke usw. aufgetragen werden.

Mit einem Hygrometer kann man prüfen, ob der Arbeitsraum etwa dem Feuchtigkeitsgrad des späteren Standortes des Möbels in der Wohnung entspricht. Auch der gleichmäßig temperierte Heizungskeller während der Heizperiode kann der geeignete Trockenraum sein. Oder man läßt das Möbel – selbst in unfertigem Zustand – an seinem endgültigen Standort in der Wohnung erst einmal ausruhen.

Wann ist die Holzoberfläche eigentlich trocken und gut schleifbar? Beim Schleifen muß der Schleifstaub fein und locker erscheinen. Ist er krümelig und das Sandpapier verklebt schnell, ist die Holzoberfläche entweder noch feucht oder nicht genügend gesäubert.

Je mehr Zeit man sich für die Vorarbeiten bei der Restaurierung nimmt, und je sorgfältiger die Trockenzeiten eingehalten werden, um so überzeugender wird das Resultat ausfallen.

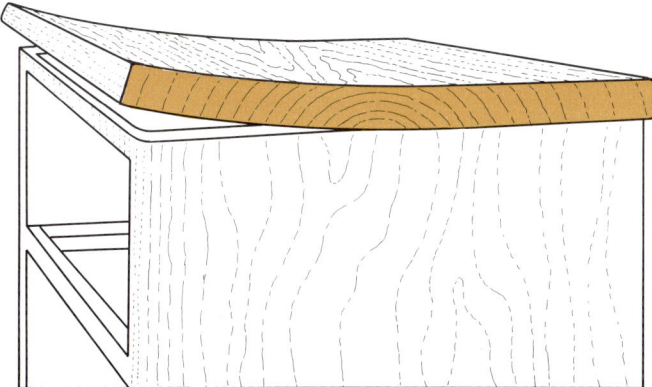

Holz lebt. Bei starken Feuchtigkeits- und Temperaturschwankungen fängt das Holz an zu »arbeiten«.

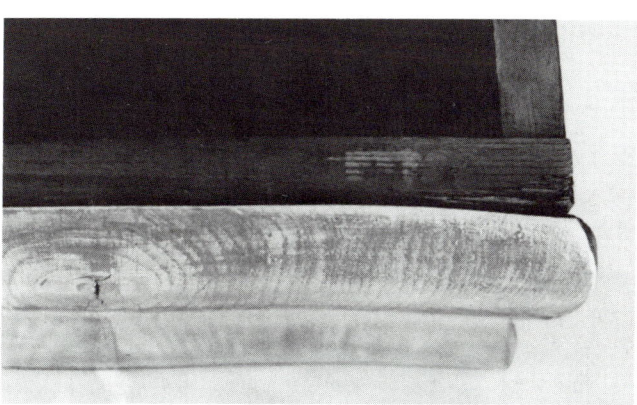

Holz lebt; bei starken Temperaturschwankungen können sich manche Holzsorten »verwerfen«. Hier die geworfene Vorderfront einer Esche-Schublade.

HOLZWURM

Der Holzwurm – auch Pochkäfer genannt – ist der ärgste Feind des Holzes. Oft sind schon wesentliche Teile eines Möbelstückes zerfressen, ehe man den Schädling durch kleine, dicht nebeneinanderliegende Löcher an der Holzoberfläche erkennt. Das Splintholz, die weiche, helle Schicht unter der Rinde, ist besonders anfällig. Ausgeworfenes Bohrmehl unter oder auf dem Möbelstück ist ein sicheres Zeichen seiner emsigen Tätigkeit. Ein Ticken oder Pochen ist allerdings nur für ganz feine Ohren der Beweis seiner Anwesenheit. Eigentlich sind es die Holzwurmlarven – ein einziges Holzwurmweibchen produziert in den Frühsommermonaten zwischen 200 bis 400 –, die sich bis zu ihrem Einpuppen kreuz und quer durch das Holz fressen. Erst nach einigen Jahren entschlüpft ein flugfähiger Käfer, der sich an die Holzoberfläche frißt, um zu entfliegen. Kurz vor Verlassen werden neben dem Ausschlupfloch neue Eier gelegt und der fatale Kreislauf beginnt von vorne.

Eine Vernichtung der Schädlinge ist besonders im zeitigen Frühjahr – also <u>vor</u> der Hauptlegezeit – empfehlenswert.

Die Holzfäule

Die Holzfäule gleicht dem Hausschwamm und findet hauptsächlich in feuchter Umgebung Nahrung. Ein Löcherpilz, der sich von den Zellmembranen des Holzes ernährt und es so allmählich zersetzt. Auch hier ist die Splintschicht besonders anfällig.

Bekämpfung des Holzwurmes und der Fäule

Je nach Ausbreitung des Holzwurmschadens gibt es verschiedene Möglichkeiten der Vernichtung:

Am wirksamsten ist ein Holzwurmmittel, wenn es auf die rohe, d. h. <u>unbehandelte</u> oder abgebeizte Holzfläche kommt und direkt in die Poren einziehen kann. Handelt es sich um starken Holzwurmbefall, der an allen Teilen des Möbels zu erkennen ist, behandelt man am besten das ganze Möbelstück. Man trägt das Mittel mit einem Pinsel auf die rohe, möglichst waagerecht liegende Fläche satt auf. Anschließend wird das Möbel – je nach Größe – luftdicht verpackt, abgedeckt oder mit Lappen bandagiert. Durch starke Verdunstung auf engstem Raum wirkt dann das Mittel besonders intensiv. Bei starkem Befall kann die Behandlung nach 1–2 Tagen wiederholt werden.

Sind die Sichtseiten des Möbels bereits <u>behandelt</u> (lackiert oder poliert), so muß das Vernichtungsmittel auf die rohen Innen- und Unterseiten sowie Rückenwände aufgetragen werden.

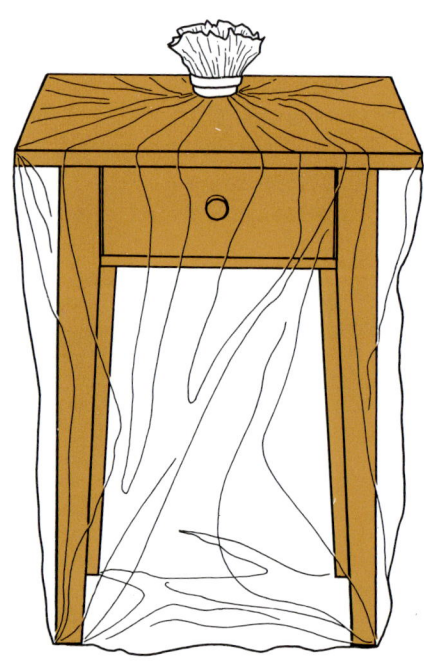

Bei starkem Holzwurmbefall wird das ganze Möbel mit Vernichtungsmittel behandelt. Kleinere Möbel werden luftdicht verpackt, damit das Mittel auf engstem Raum verdunsten kann.

Handelt es sich um ein oberflächenbehandeltes Möbel, das nur örtlich befallen ist, kann das Injektionsverfahren angewendet werden. Mit einer Injektionsspritze (in Apotheken erhältlich) wird das Mittel direkt in jedes Loch gespritzt. Um Lackierung und Politur zu schützen, muß überschüssige Flüssigkeit sofort entfernt werden. Damit das Vernichtungsmittel nicht sofort wieder entweicht und nur innerhalb der Fraßgänge verdunstet, werden die Holzwurmlöcher mit Wachs oder Schellack verschlossen. Sollte man keine Injektionsspritze zur Verfügung haben, kann ein Holzwurmspray direkt aus der Sprühdose in die Löcher gespritzt werden.

Bei Unzugänglichkeit einiger befallener Holzteile ist die Sprühdose ebenfalls empfehlenswert.

Sehr sorgfältig sind die Beine eines Möbelstückes auf Holzwurmschäden zu untersuchen. Bei Befall kann man den Gegenstand mit dem Fuß in eine mit Holzwurmvernichtungsmittel gefüllte Schale stellen. Die Flüssigkeit wird vom Holz aufgesaugt.

Sind einige Teile des Möbels so stark angegriffen, daß die Substanz gefährdet ist, kann mit einem im Handel erhältlichen holzhärtenden Mittel gearbeitet werden. Dieses Präparat enthält holzfestigende Stoffe, die das lockere Holzmehl in den Fraßgängen binden und somit neue Substanz schaffen. Natürlich läßt sich mit diesem Mittel zerstörtes Holz nicht rekonstruieren. Es kann bestenfalls eine neue Basis für weitere Sanierung sein.

Eine kombinierte Anwendung von Xylamon LX-härtend mit anderen Xylamon-Sorten ist nicht möglich, weil dann die holzfestigende Wirkung beeinträchtigt wird. Flächen, die anschließend verleimt werden, müssen besonders sorgfältig – am besten mit der Injektionsspritze – behandelt werden. Überschüssige Flüssigkeit wird sorgfältig entfernt, da Xylamon ölartige Stoffe enthält, die den Leim später nicht befriedigend abbinden lassen.

Nach Abschluß aller Vernichtungsmaßnahmen sollen die behandelten Stellen ca. 2 Wochen ruhen, ehe sich eine weitere Oberflächenbehandlung anschließt. Sollten übrigens nach dieser Zeit frische Löcher sichtbar geworden sein, muß die Behandlung wiederholt werden.

Holzwurmmittel sind starke Gifte.

Mund, Augen, Hände müssen geschützt werden. Der Arbeitsraum muß während der Anwendung gut belüftet sein.

Alle neu einzusetzenden Holzteile werden vorbeugend mit einem Holzwurmmittel behandelt, um den Schädling nicht mit frischer Nahrung wieder anzulocken.

Holzwurm-schäden beseitigen

Im Kapitel »Bekämpfung des Holzwurmes und der Fäule« wurde ausführlich über die Vernichtung des Holzwurmes gesprochen. Selbst wenn das Möbelstück so behandelt wurde, daß auch nach Wochen noch keine Anzeichen eines neuen Befalls erkennbar sind, zurück bleiben unzählige kleine Löcher oder Fraßgänge an mehr oder weniger sichtbaren Stellen. Eine überschaubare Anzahl der Holzwurmlöcher soll zwar bei einigen Antiquitäten

als Garant ihres Alters gelten, doch ein Zuviel muß unbedingt ausgebessert werden. (Holzwurmlöcher sind übrigens ein schlechtes Alibi für ein »antikes« Möbel, denn nur trockenes und splintiges Holz wird vom Wurm befallen!)

Bei den verschiedenen Möglichkeiten Wurmlöcher auszubessern unterscheidet man nach der Verträglichkeit des Füllmittels mit der bereits vorhandenen oder noch zu erfolgenden Oberflächenbeschichtung. Bei rohen, d. h. unbehandelten Hölzern wird mit anderen Mitteln verstopft, als bei bereits gewachstem oder poliertem Holz. Voraussetzung für dauerhafte Verkittung der Fehlstellen ist Trockenheit des Holzes. Beim Auskitten von Löchern ist zu bedenken, daß alle Kitte beim Trocknen etwas nachsinken. Man streicht den Kitt deshalb immer etwas dicker oder in mehreren Schichten in das Loch ein. Nach dem Austrocknen wird die Stelle durch Schleifen geglättet.

Bedingt empfehlenswert ist das Ausstopfen kleiner Löcher mit einer Mischung aus Ponal und entsprechendem Schleifmehl.

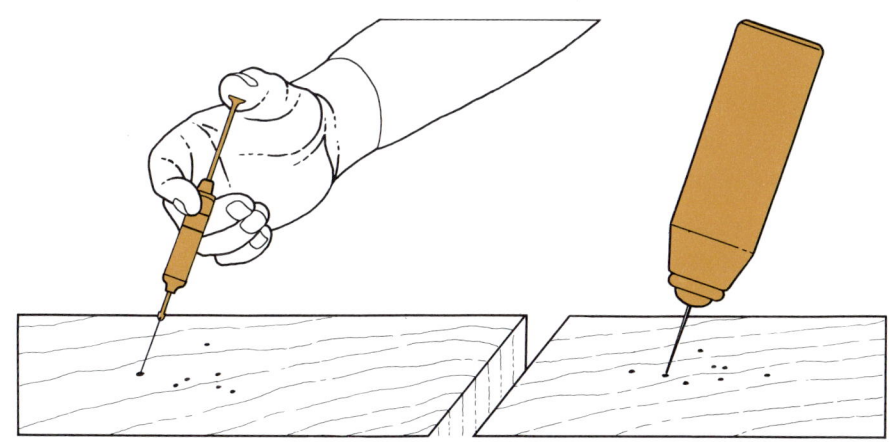

Mit einer Injektionsnadel oder Sprühflasche wird das Holzwurmmittel direkt in die einzelnen Löcher gespritzt.

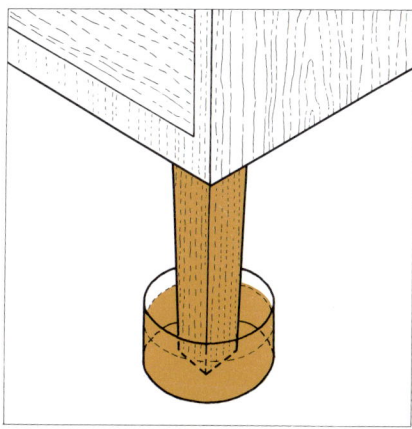

Stark vom Holzwurm befallene Beine stellt man direkt in eine mit Vernichtungsmittel gefüllte Schale.

Wurmstichiges Holz.

Wurmstichige Zarge eines Tischchens (Kirsche).

Anwendung der verschiedenen Füllmittel:

Holzkitt:

Holzkitt (auch Holzpaste, plastisches Holz, Kunstholz, Flüssigholz, synthetisches Holz genannt) ist in ca. 20 verschiedenen Holztönen erhältlich.

Holzkitt wird auf rohes, also unbehandeltes Holz aufgetragen und verträgt sich mit allen darauf folgenden Oberflächenbeschichtungen. Die auszubessernden Holzwurmlöcher und Vertiefungen werden von Staub und Holzmehlresten gereinigt und zur besseren Bindung mit Terpentin oder Holzkittverdünnung leicht befeuchtet. Mit dem Spachtel wird der Holzkitt fest in die Löcher eingebracht. Bei tiefen Löchern wird in mehreren Füllungen gearbeitet, wobei jede Schicht vor Auftrag der nächsten gut trocken sein muß. Überschüssiger Kitt wird sofort mit dem Spachtel abgestrichen, um nach dem Erhärten unnötige Schleifarbeit zu vermeiden. Nach dem Trocknen läßt sich Holzkitt schleifen, hobeln, sägen, drechseln – also ganz wie Holz behandeln. Soll gebeizt werden, muß die ausgekittete Stelle gut angeschliffen werden, da die Beize sonst nicht haftet.

Eingedickter Holzkitt wird mit Holzkittverdünnung wieder gebrauchsfähig gemacht.

Man kann sich Holzkitt auch selbst herstellen, indem man flüssigen Kunstharz (im Fachhandel erhältlich) mit dem betreffenden Holzmehl, also feinem Schleifstaub, der beim Schleifen anfällt, vermischt und wie Holzkitt verarbeitet. Besonders hierbei muß nach dem Abtrocknen sehr gut geschliffen werden, da angrenzendes Holz bei späterer Oberflächenbearbeitung heller erscheinen kann.

Eine weitere Möglichkeit, sich Holzkitt selbst herzustellen, ist die Zubereitung von Leimkitt:

Eine dünne Lösung von Glutinleim (1 Teil Leim und 20 Teile Wasser) bildet das Bindemittel, dem man das beim Schleifen angefallene Holzmehl beimischt. Diese Masse wird wie Holzkitt verarbeitet.

Nach dem Ausfüllen der schadhaften Stelle streut man etwas trockenes Holzmehl darauf und drückt alles nochmals fest ein.

Steht kein Schleifmehl der betreffenden Holzsorte zur Verfügung, eignet sich das Holzmehl von Buchenholz sehr gut, da es neutral im Farbton ist. Nach Verarbeitung wird in dem entsprechenden Holzton mit Beize eingefärbt.

Aus weißem Seidenpapier läßt sich ebenfalls ein gut haftender Seidenpapierkitt herstellen:

Man läßt Seidenpapier in Wasser vollständig aufquellen und drückt anschließend das Wasser wieder gut aus. Diese Masse wird mit Leimwasser (Glutinleim) zu einem Brei verknetet, den man durch Zugabe von Erdfarben im Holzton einfärbt. Man gibt dieser Masse noch etwas Magnesia bei und verarbeitet den Kitt sodann in gewohnter Weise.

Kitt aus Kartoffelmehl und Gummiarabicum:

10 Teile Kartoffelmehl werden mit 3 Teilen Gummiarabicum vermischt. Dann gibt man etwa 5 Teile Wasser dazu und verarbeitet diese Masse zu einem dicklichen Brei.

Hat man Schleifmehl der auszubessernden Holzsorte zur Hand, mischt man dieses unter oder färbt mit Erdfarbe im entsprechenden Ton bei.

Kitt aus Schlämmkreide:

Schlämmkreide und Firnis werden sorgfältig vermischt und zu einem festen Teig verarbeitet. Nach Bedarf wird mit Erdfarben eingefärbt. In einem Gefäß unter Wasser aufbewahrt, hält dieser Kitt sich über längere Zeit gebrauchsfähig.
Holzkitt ist geeignet zum Auskitten von Rissen, kleinen Astlöchern, Fugen und Furnierbrüchen. Größere Löcher

und Beschädigungen werden mit Holz oder Furnier ausgebessert.

Wachskittstangen:

Wachskitt in Stangen wird ebenfalls in allen gängigen Holztönen angeboten. Es kann bei kleinen Löchern und Fehlstellen sowohl auf rohes als auch auf bereits behandeltes Holz aufgetragen werden.
Anschließende Mattierungen oder Polituren sind verträglich.
Das Wachs wird in der Hand oder auf einem Heizkörper erwärmt, mit einem Messer in kleinen Mengen abgeschabt und in die Löcher gedrückt.

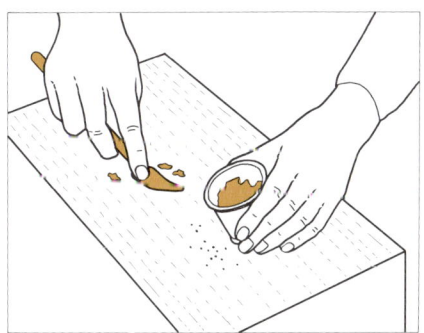

1 Mit einem Spatel wird der Holzkitt fest in die Löcher eingebracht. Bei tiefen Löchern wird in mehreren Füllungen gearbeitet.

2 Nach dem Trocknen wird die Oberfläche gut geschliffen und überstehender Holzkitt entfernt.

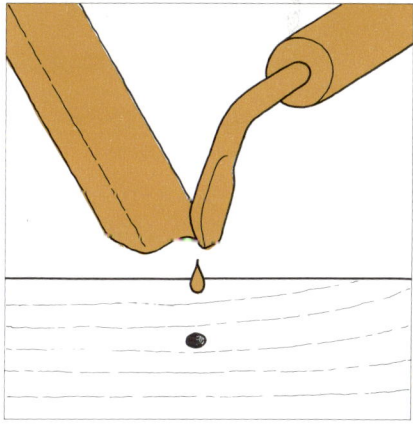

3 Mit einem erhitzten Lötkolben läßt man Schellack direkt in das Loch tropfen.

4 Schellackplättchen werden direkt auf die zu füllenden Löcher gelegt und mit dem Lötkolben eingeschmolzen.

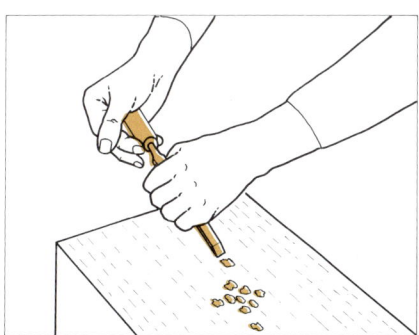

5 Überflüssiger Schellack wird vorsichtig mit dem Stecheisen weggebrochen.

6 Die gefüllten Löcher werden fein geschliffen.

Danach verreibt man das Wachs mit einem weichen Lappen – dem man etwas Terpentin zugeben kann – fest in die Löcher. Überschüssiges Wachs verteilt sich dabei in die angrenzenden Holzporen. Nach ca. einer Stunde ist das Terpentin verdunstet, und man poliert nochmals mit einem weichen Lappen nach.

Schellackkittstangen: (oder Schellackplättchen)
Schellack wird zum Füllen von Löchern auf bereits polierten oder lackierten Flächen angewendet. Schellackstangen sind in verschiedenen Farbtönen erhältlich.
Man erhitzt einen Lötkolben und hält den heißen Stab gegen den harten Schellack, bis sich zähflüssige Tropfen lösen. Man läßt den Schellack direkt in die Löcher tropfen, da er sofort wieder erhärtet. Mit dem noch heißen Kolben kann er auf der Holzoberfläche noch verteilt werden. Der Lötkolben darf dabei nicht zu heiß sein und das Holz versengen. Im Fachhandel gibt es einen auf den Lötkolben aufschraubbaren flachen, sogenannten »Lötschuh«, mit dem der Schellack besser verteilt werden kann. Man kann auch Wachs auf diese Weise erhitzen und in die Löcher tropfen lassen.
Nach dem Erhärten wird gut geschliffen. Überflüssiger Schellack kann vorsichtig mit dem Stecheisen weggebrochen werden.
Statt Schellackstangen können auch kleine Schellackplättchen, wie sie zum Mischen einer Politur verwendet werden, direkt auf die zu verstopfenden Löcher gelegt und mit dem Lötkolben auf dem Holz eingeschmolzen werden.

Druckstellen im Holz

Durch harte Schläge oder Stöße kann die Holzoberfläche Druckstellen erleiden. Zwar entsteht durch den Stoß kein Loch, es haben sich aber die Holzfasern stark zusammengepreßt. Da Holz hygroskopisch ist, können sich durch Feuchtigkeit die Fasern wieder aufrichten, und die Delle verschwindet. Man legt einen feuchten, zusammengerollten Lappen auf die betroffene Stelle und erwärmt diesen mit einem auf mittlere Temperatur gestellten Bügeleisen. Durch den Dampf quillt die Druckstelle langsam wieder auf. Es kann sein, daß dieser Vorgang einige Male wiederholt werden muß. Handelt es sich um massives, unbehandeltes Holz, ist diese Maßnahme unproblematisch. Bei furniertem Holz kann sich dabei eventuell das Furnier lösen. Bei oberflächenbehandeltem Holz muß damit gerechnet werden, daß Lackierung oder Politur ausgebessert bzw. erneuert werden müssen.

Passendes Holz zum Ausbessern

Ausbessern defekter Stellen auf altem Holz, das heißt nicht nur sorgfältig arbeiten, sondern auch passendes Ersatzholz zu haben, um die Reparatur so unauffällig wie möglich ausführen zu können.

In einer gerade erst eingerichteten Werkstatt wird der Hobbyschreiner wohl kaum über eine so reichhaltige Auswahl an Ersatzholz verfügen, daß er auf Anhieb mit der passenden Holzsorte restaurieren könnte. Man sollte daher so schnell wie möglich alle verschiedenen Holzsorten sammeln, sich in einer Holzhandlung oder Schreinerei abgelagerte alte Holzreste besorgen, oder eigens für Ausbesserungsarbeiten ein defektes, billiges, altes Möbelstück kaufen. Hat man kein in Sorte und Farbton passendes Holz zur Hand, kann anderes durch geschicktes Anfärben mit Beize oder Retuschierstiften dem Originalholz angeglichen werden.
Bei nicht sichtbaren Ausbesserungen, wie innenliegenden Verstärkungen, Dübeln usw., kann auch mit andersartigem Holz saniert werden. Hier eignet sich in vielen Fällen Buchenholz besonders gut.
Man achte darauf, daß immer mit gesundem und nicht mit bereits vom Holzwurm befallenem Holz ausgebessert wird.

Konstruktives Restaurieren

Nach allen theoretischen Erläuterungen und vorbereitenden Arbeiten bildet der Bereich konstruktives Restaurieren sicher den schwierigsten und umfangreichsten Teil bei der Aufarbeitung alter Möbel.

Es können hier nur die typischsten und am häufigsten vorkommenden Restaurierungsarbeiten beschrieben werden. Es gibt zu viele Möglichkeiten der Beschädigung und deren Sanierung an einem alten Möbel, als daß sie alle erklärt werden könnten, geschweige denn, dem Autor schon vorgekommen wären.

Die angeführten Beispiele wurden möglichst neutral und sachlich gehalten.

Gutes Ausbessern und Ergänzen setzt allerdings genaue Stilkenntnis voraus, um beim Arbeiten so getreu und konsequent wie möglich dem Aufbau und der Harmonie des Möbels zu folgen.

Restaurieren heißt denn auch, unaufdringlich und angepaßt arbeiten und nicht Form und Charakter des Möbels verändern wollen.

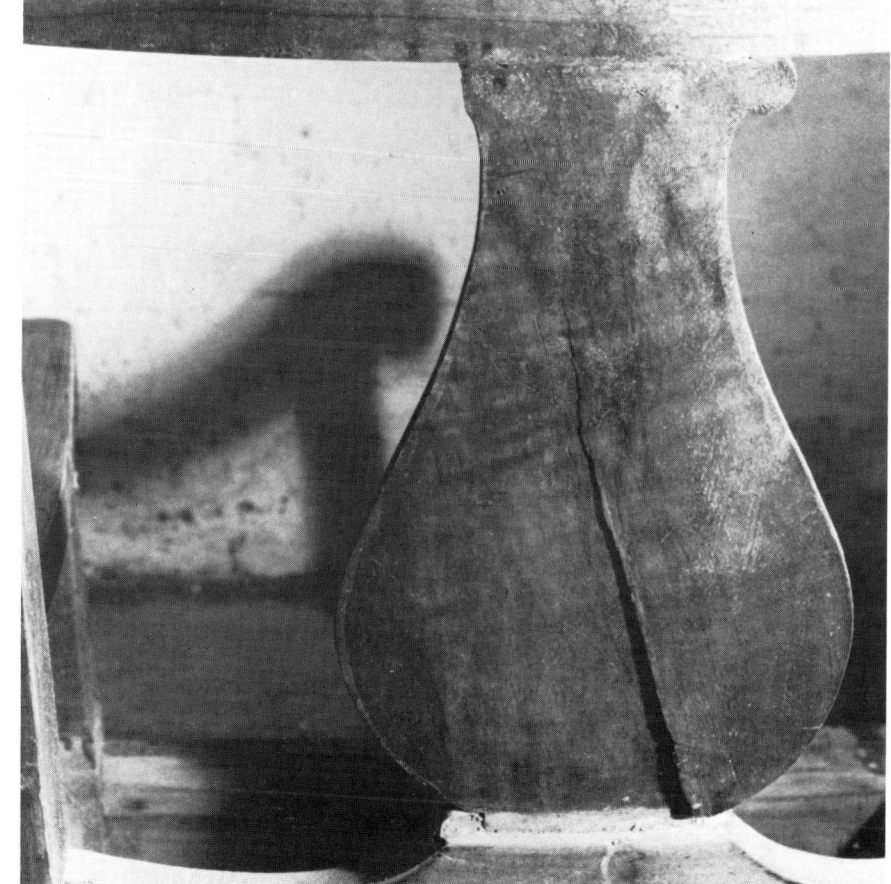

Die Folge äußerer Beschädigung oder extremer Temperaturschwankungen ist oft ein Riß im Holz.

Gutes Ausbessern und Ergänzen heißt, so getreu und konsequent wie möglich der Form des Möbels zu folgen, hier der kleinen Rundung der Nußbaum-Lyra.

Das abgebrochene Anschlußprofil im unteren Bereich der Lyra wurde mit altem Nußbaumholz ersetzt.

Risse im Holz

Holz lebt – auch noch Jahre, nachdem ein Baum gefällt und bearbeitet wurde, wirft und verzieht sich das Holz bei Temperatur- und Feuchtigkeitsschwankungen. Oft zeigt sich erst unter diesen Einflüssen, wie sorgfältig das Holz vor der Verarbeitung abgelagert und vom Schreiner seinem Wuchs entsprechend zugeschnitten und verarbeitet wurde. Geworfene Teile eines Möbelstückes wieder zu begradigen ist eine schwierige Aufgabe, denn meist verfällt das Holz in seine natürliche Form zurück.

Es kann versucht werden, das gekrümmte Holz anzufeuchten, unter entsprechend großen Platten zu pressen und bei niedriger Wärme (z. B. Bügeleisen, Backofen) zu trocknen.

Um dem gekrümmten Holz seine Spannung zu nehmen, können von der Unterseite her dünne, quer zur Holzfaser verlaufende Sägeschnitte ausgeführt werden. Diese Schnitte werden mit Holzstreifen zugeleimt. Zusätzlich können dem Holz – quer zur Faser – Sperrholzstreifen aufgeleimt werden.

Es muß aber nochmals betont werden, daß die vorgenannten Maßnahmen zwecklos sein können, und das Holz sich immer wieder in seine natürliche Krümmung verwirft.

Die Folge einer starken Verkrümmung im Holz (bei furnierten Teilen des »Blindholzes«) ist ein Riß im Holz, der ausgebessert, »ausgespant«, werden muß.

Wo reißt Holz bevorzugt, und wie verläuft ein Riß?

Verleimte Teile reißen an ihrer Verbundstelle wieder auf.

Innerhalb eines Holzstückes kommt es im Verlauf einer ausgeprägten Maserung zum Riß.

Verleimte Teile reißen an ihrer Verbundstelle wieder auf. Hier die Seitenansicht einer Kommode, massiv Esche.

Geworfenes Holz kann wieder begradigt werden. Die stark gekrümmte Rückseite dieses Bilderrahmens wurde – quer zur Holzfaser – in Abständen aufgesägt und die Sägeschnitte mit Holzstreifen zugeleimt.

Äußere Beschädigung kann zum Bruch führen (z. B. Nägel).
Ein Riß kann erst nur <u>oberflächlich</u> sein, bevor er das Holz völlig durchtrennt.

Bei furnierten Flächen kann das <u>Blindholz</u> innenseitig gerissen sein, ohne daß dies auf dem Furnier schon erkennbar ist.
Je nachdem, ob es sich um die Ausbes-

serung eines sichtbaren oder unsichtbaren (z. B. innenliegenden Teils oder Blindholz-)Risses handelt, kann mit verschiedenem Material <u>ausgespant</u> werden.

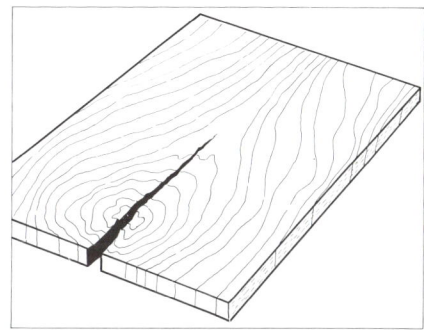

1 Innerhalb einer ausgeprägten Maserung kann es zum Riß kommen.

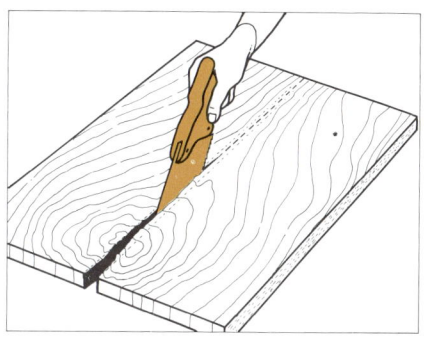

2 Mit der Säge trennt man die Platte vollends.

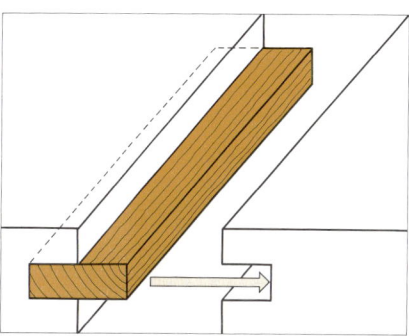

3a Die beiden begradigten Teile werden zusätzlich durch das Einbringen einer falschen Feder verfestigt.

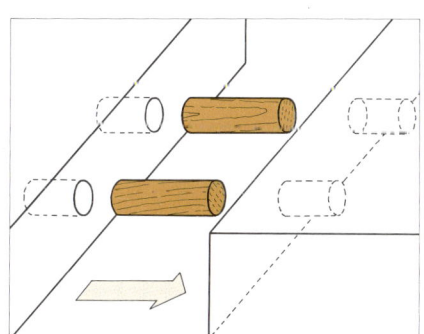

3b Verfestigen durch Dübel.

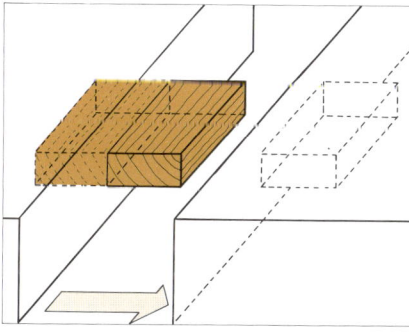

3c Verfestigen durch einen oder mehrere falsche Zapfen.

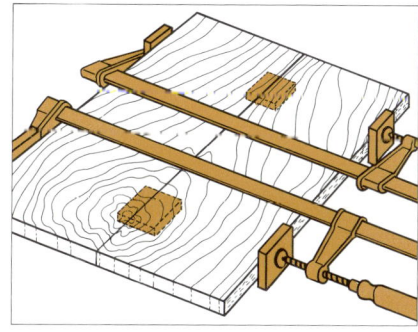

4 Unter Druck wird die begradigte und zusätzlich verstärkte Rißstelle verleimt.

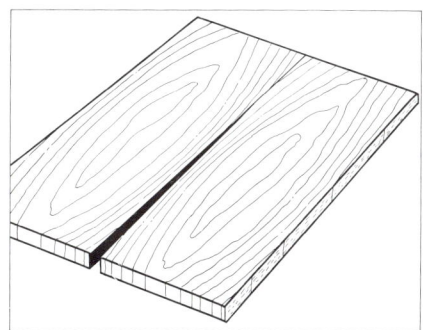

1 Verleimte Teile reißen an ihrer Verbindungsstelle oft wieder auf.

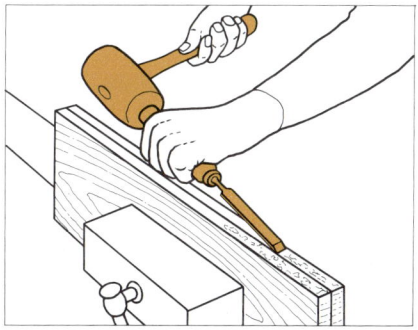

2 Die beiden Teile werden vollends getrennt und die Leimstellen vorsichtig gesäubert.

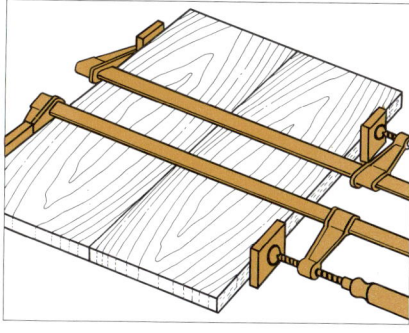

3 Die beiden Teile werden neu verleimt. Eine zusätzliche Verstärkung (s. 3a-3c) kann eingearbeitet werden.

Bei Massivholz an sichtbaren Stellen bessert man mit einem aus dem gleichen Holz zubereiteten Span oder Furnierstreifen aus.

Bei Blindholz – auf das anschließend furniert wird – oder innenliegenden Teilen kann auch andersartiges Holz verwendet werden.

Ausspanen eines Risses

Das betroffene Teil kann (zur besseren Bearbeitung) aus seiner Verbindung gelöst werden:

Bei einem gerade verlaufenden Riß handelt es sich oft nur um die aufgeplatzte ehemalige Leimfuge. Die Bruchstelle wird gründlich von Staub und alten Leimresten gereinigt, und die beiden Holzteile werden unter Druck wieder neu verleimt.

Beim Säubern der Leimfuge arbeitet man vorsichtig mit dem Stechbeitel, indem man alte Leim- und Schmutzteile wegbricht. Das Schleifen mit Sandpapier ist zu vermeiden, da dabei häufig zuviel Holz abgenommen wird, und die Teile nicht mehr genau zusammenpassen.

Der Riß innerhalb eines massiven Holzteiles wird in den meisten Fällen unregelmäßig mit der Maserung verlaufen. Ist er ziemlich breit, aber noch nicht über die ganze Fläche gerissen, trennt man mit der Säge beide Teile vollends voneinander. Die Rißstelle wird gesäubert und eventuell begradigt und unter Druck neu verleimt.

In beiden Fällen kann eine Verstärkung der Fuge durch Dübeln oder Nut und Feder (falsche) erreicht werden. Eine zusätzliche innenliegende Verstärkung kann angebracht werden (s. Kapitel »Innenliegende Verstärkungen«).

Diese Sanierungsarbeit ist verhältnismäßig einfach, solange es sich um eine freiliegende Platte handelt (z. B. Tischplatte, Klappe eines Sekretärs). Handelt es sich aber um ein Teilstück, daß an seinen Seiten begrenzt ist, wird

1 Ein schmaler Riß am Seitenteil einer Kommode.

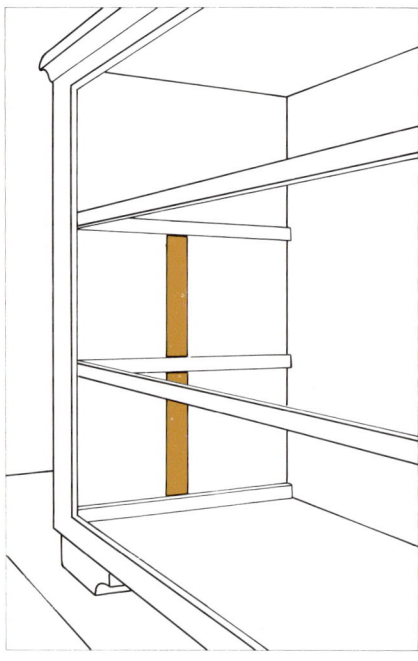

2 Innenseitig wird die Rißstelle mit einem aufgeleimten Leinenstreifen verschlossen.

3 Mit einem selbstzubereiteten Füllmittel oder einem fertigen Holzkitt wird die Oberseite des Risses zugespachtelt.

4 Nach Trocknung des Füllmittels wird fein beigeschliffen oder oberflächenbehandelt.

Biedermeier-Armlehnstuhl um 1830, massiv Nußbaum
(s. Seite 77 »Konstruktives Restaurieren«, fehlende Schnitzereien u. Profilleisten

Spätbiedermeier-Kommode, Mitte 19. Jahrhundert, massiv Esche. Beschläge aus Leder (s. Seite 80 »Ausspanen eines Risses«).

1 In einem Holzstück kann es im Verlauf einer ausgeprägten Maserung zum Riß kommen. Hier die gewölbte Vorderfront einer Esche-Schublade.

man beim Wiedereinsetzen feststellen, daß durch das erneute Verleimen ein Zwischenraum entstanden ist, der wieder ausgespant werden muß.

Es ist bei solchen Fällen also vorher abzuwägen, ob man das beschädigte Holz an Ort und Stelle beläßt und den Riß dem unregelmäßigen Verlauf angepaßt ausspant, oder ihn begradigt, fest verleimt und zusätzlich am Rand einen Span einsetzt.

Das betroffene Teil kann nicht aus seiner Verbindung gelöst werden. Man saniert also an Ort und Stelle:

Handelt es sich um schmale, oberflächliche Risse, so kann je nach Oberflächenbehandlung mit dem passenden Füllmittel ausgebessert werden (s. Kapitel »Holzwurmschäden beseitigen«).

Verläuft der Riß nicht nur oberflächlich, sondern hat das Holz bereits durchtrennt, kann die obere Sichtseite mit Füllmittel zugearbeitet werden. Zusätzlich aber muß der Riß innenseitig mit einem aufgeleimten Leinenstreifen verschlossen werden.

Bei Rissen, die breiter als 2 mm sind,

2 Um den Riß mit Furnierstreifen wieder auffüllen zu können, durchtrennt man ihn mit der Säge vollends. Schmutz und alte Leimreste werden mit einem Messerchen vorsichtig entfernt.

3 Der Riß wird ausgeleimt, Furnierstreifen werden so tief eingeschoben, daß sie ihn ganz ausfüllen; sie sollen aber noch um Rißtiefe über das Holz hinausragen.

4 Hat der Leim über Nacht abgebunden, wird das überstehende Furnier mit einem Stemmeisen abgenommen. Fasenseite zum Holz arbeitet man in Faserrichtung des Furniers. Überstehende Reste fein beischleifen.

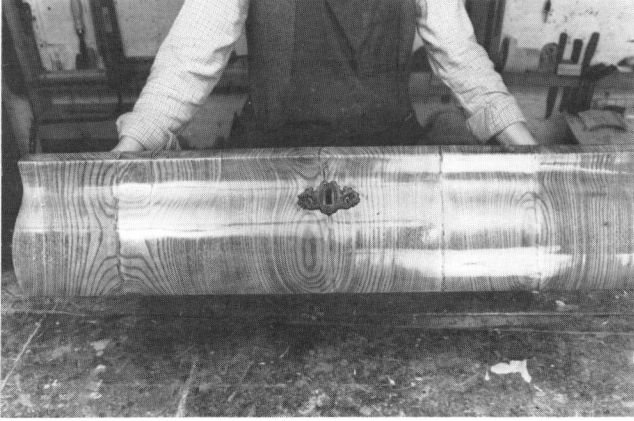

5 Sind alle Ausbesserungs- und Säuberungsarbeiten beendet, kann die feingeschliffene Oberfläche poliert werden.

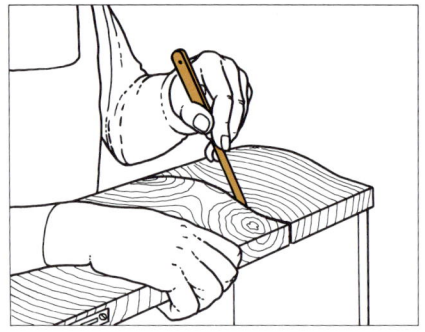

1 Ein Riß im Holz wird ausgespant: Man säubert die Rißöffnung mit einem Messerchen und trennt eventuell noch zusammenhängende Fasern.

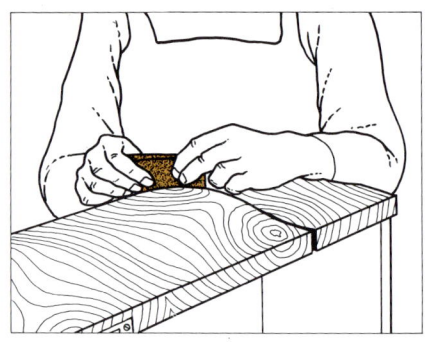

2 Der Riß wird mit Schleifpapier gesäubert.

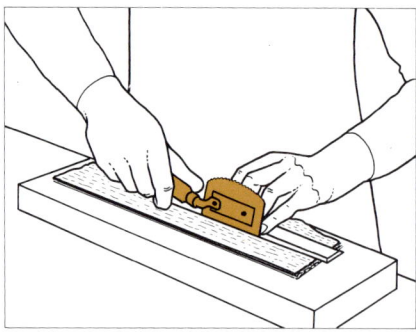

3 Mit der Furniersäge (oder dem Furniermesser) schneidet man an der Stahlschiene Furnierstreifen zurecht.

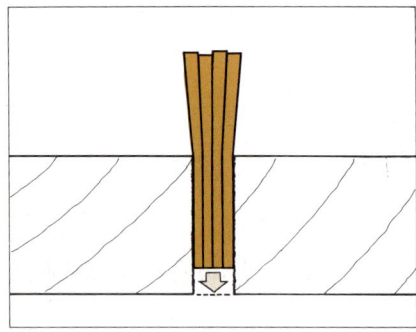

4 Der bzw. die Furnierstreifen werden in den Riß geschoben. Sind es mehrere, werden sie vor dem Einsetzen – keilförmig gepreßt – verleimt.

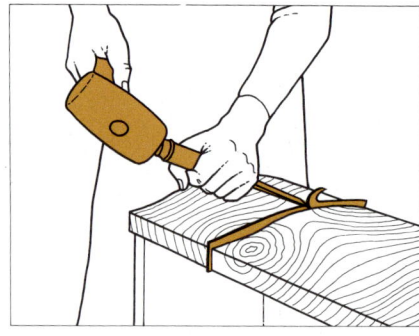

5 Nach dem Abbinden des Leimes wird überstehendes Furnier mit dem Stemmeisen abgenommen.

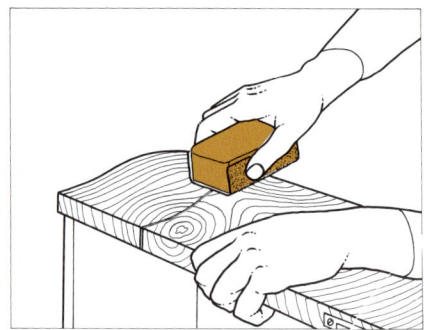

6 Der ausgefüllte Riß wird fein beigeschliffen und oberflächenbehandelt.

ist Holzkitt kein geeignetes Füllmittel mehr. Es verbindet sich nicht dauerhaft und fest genug mit dem Holz, und würde sich bei der geringsten Verbreiterung des Risses lösen und abbröckeln. In solchen Fällen muß der Riß mit massivem Holz oder Furnierstreifen ausgebessert werden. Es soll nur gut getrocknetes Material verwendet werden.

Ist der Riß ziemlich schmal, beläßt man seinen vielleicht etwas unregelmäßigen Verlauf und füllt ihn mit Furnierstreifen aus.

Man säubert die Rißöffnung mit einem Messerchen und trennt eventuell noch zusammenhängende Holzfasern. Die Furnierstreifen müssen in eine möglichst glattwandige Vertiefung eingeflickt werden. Leim wird in den Riß gegeben und der/die Furnierstreifen so weit eingeschoben, daß sie den Riß vollständig ausfüllen und etwa um Rißtiefe über das Holz hinausragen. Wo mehrere Furnierstreifen nebeneinander erforderlich sind, um den Riß auszufüllen, kann man sich ein entsprechend dickes Einsatzstück aus Furnier vorbereiten, indem man entsprechend viele Streifen gegeneinander verleimt. Durch teilweise besonders straffes Einspannen während des Abbindens wird das Furnier keilförmig zusammengepreßt und läßt sich besser einpassen.

Man kann aber auch – je nach Verlauf der Rißbreite – Streifen für Streifen einleimen. Der Riß muß so dicht wie möglich ausgefüllt sein.

Um das Furnier beim Einpassen so tief wie möglich einzuschieben, faßt man es ganz dicht über dem Riß mit Daumen und Zeigefinger an, damit der Streifen nicht bricht.

Der Leim muß über Nacht abbinden, bevor das noch überstehende Furnier abgenommen werden kann. Mit einem gut geschärften Stemmeisen begradigt man das Furnier, indem man – Fasenseite zum Holz – mit leichtem Druck in Faserrichtung des Furniers arbeitet. Man arbeitet dabei sehr vorsichtig, um nicht in den ausgebesserten Riß zu verlaufen. Anschließend wird fein beigeschliffen.

Beim Ausbessern mit Furnierstreifen kann man mit etwas unterschiedlichen Furnierfarben einen Maserungsverlauf vortäuschen. Auf jeden Fall sollten die einzusetzenden Furnierstreifen eher heller als der Original-Holzton ausgewählt werden. Mit Beize oder Retuschierstiften kann immer etwas nachgetönt werden.

Hat man es mit einem breiten Riß zu tun, so begradigt man ihn mit der Säge oder dem Stechbeitel und arbeitet ihn für einen keilförmigen, massiven Holzeinsatz zu.

Handelt es sich um Blindholz, das anschließend wieder furniert wird, oder um innenliegende, nicht sicht-

bare Ausbesserungen, spielt die Auswahl des Ersatzholzes keine allzu große Rolle. Wird aber auf einer massiven Oberfläche ausgebessert, soll das Einsatzstück aus dem gleichen Holz sein.

Man arbeitet sich einen keilförmigen Span zu, der den Riß ausfüllen und noch etwas überstehen muß. Der Riß wird mit Leim ausgefüllt, und der Span – keilförmige Seite in den Riß – mit dem Holzhammer eingetrieben.

Nach entsprechender Trockenzeit wird das überstehende Holz mit dem Stemmeisen – Fasenseite zum Holz – abgenommen und fein beigeschliffen. Durchtrennt der Riß das Holz und beide Seiten sind sichtbar, so können zwei gleiche, keilförmige Einsatzstücke gegeneinander von beiden Seiten in den zuvor begradigten Riß eingeleimt werden.

1 Die Oberfläche dieses Eichentisches ist – ähnlich wie Parkett – aus massiven Teilen zusammengesetzt. Bei starker Trockenheit klaffen die Stellen deutlich.

2 Die stark klaffende Ansatzstelle wird mit einem nach unten keilförmig verlaufenden Span ausgebessert. Der Einsatz muß aus gut abgelagertem Holz sein, dem Möbel entsprechend in Sorte und Farbe.

3 Bei genauer Paßform wird das Einsatzstück verleimt und am nächsten Tag der noch überstehende Teil mit dem Stemmeisen abgenommen.

4 Fein beigeschliffen kann das Eichenholz anschließend gewachst werden.

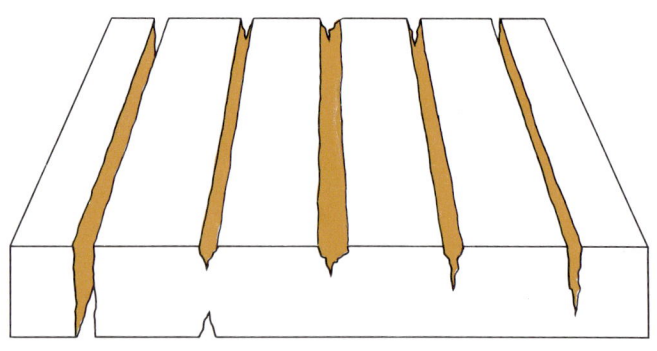

1 Verschiedene Möglichkeiten, wie ein Riß im Holz verlaufen kann.

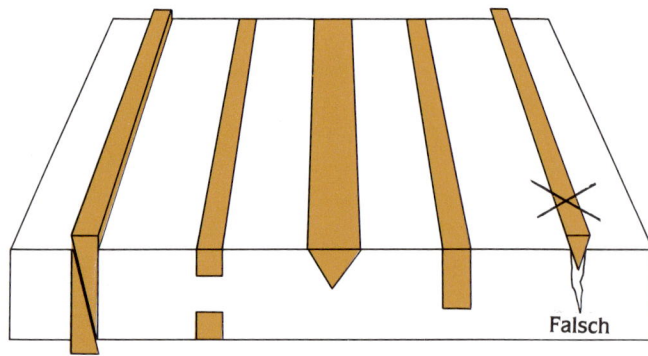

Falsch

2 So werden die verschiedenen Risse wieder verspant.

Löcher im Holz

Größere Löcher in einer massiven Holzoberfläche können entstehen durch ausgerissene Beschläge und **Scharniere, mutwillige Beschädigung, ausgeplatzte Ast- oder Wurzelmaserung oder Wurmfraß.**

So auffällig sollten Löcher im Holz nicht ausgebessert werden! Es wurde zwar mit dem Holz des Möbels (Kirsche) ausgebessert, jedoch wurden Maserungsverlauf und genaue Paßform nicht beachtet.

Dieses Loch im Holz wurde mit Holzkitt ausgefüllt. Die Farbe entspricht nicht dem Kirschbaumholz, auch wurde nicht sorgfältig geschliffen. Holzkitt ist für kleine Nagel- oder Holzwurmlöcher geeignet, nicht aber für größere Bruchstellen.

Am unauffälligsten gelingt eine Restaurierung, wenn man mit der gleichen Holzsorte ausbessert. Selbst innerhalb der gleichen Holzsorte gibt es noch starke Farbunterschiede, und es ist ratsam, sehr sorgsam Farbe und Maserung nach dem Originalholz auszusuchen, bevor man sich an das oft mühselige Zubereiten und Einpassen des Ersatzstückes begibt. Leichtes Anfeuchten des rohen Holzes ergibt etwa den Farbton, den das Holz nach einer anschließenden Oberflächenbehandlung erhält. Selten trifft man genau denselben Farbton wie das Originalholz, und es ist besser, das Flickholz etwas heller zu wählen und anschließend durch Retuschieren im Farbton anzugleichen. Auch muß darauf geachtet werden, daß beim Zuschnitt des Ersatzstückes der Faserverlauf der gleiche ist, wie bei dem Originalholz.

Das auszubessernde Loch muß glattkantig, nach innen sich leicht verengend ausgestemmt werden. Handelt es sich um ein sehr unregelmäßig ausgerissenes Loch, so wird es – dem Maserungsverlauf entsprechend möglichst unauffällig angepaßt – etwas vergrößert bzw. beigestemmt. Ölpapier (im Fachhandel erhältliches dickes, wachsbeschichtetes Papier) oder Pergamentpapier wird glatt über die defekte Stelle gelegt und mit Tesafilm befestigt, damit es nicht verrutscht. Mit dem Zeigefinger oder einem Bleistift fährt man genau auf der durch das Papier erkennbaren Lochkante entlang und erhält somit den Lochumriß auf dem Papier. Dieser Abriß wird wiederum auf das Ersatzholz übertragen, indem man das vorgezeichnete Papier auf dem Holz befestigt und mit einem Dorn oder Nagel an der Abdruckstelle entlangfährt. Auch kann man ein Kohlepapier zwischen Ersatzholz und Papier legen

und die Form mit dem Bleistift auf das Holz kopieren.

Kleine Abweichungen beim Übertragen sind immer möglich und man überprüft die Form noch einmal vor dem Aussägen.

Außerhalb der angerissenen Linie wird die Form ausgesägt. Mit leicht nach innen abgekanteter Säge arbeitet man sich das Ersatzstück gleich keilförmig zu. Man kann gerade Schnittkanten aber auch nachträglich mit der Raspel oder mit Sandpapier anschrä-

gen. Die Keilform des Ersatzstückes ist notwendig, um das Holz besser einpassen und beischleifen zu können. Ohne Leim probiert man das Ersatzstück ein und korrigiert eventuell mit Sandpapier oder Stemmeisen. Das Ersatzstück muß etwas über die Oberfläche ragen, um nach dem Einleimen plan geschliffen werden zu können. Bei genauem, straffem Sitz wird das Ersatzstück eingeleimt und bindet über Nacht ab. Am nächsten Tag wird fein beigeschliffen.

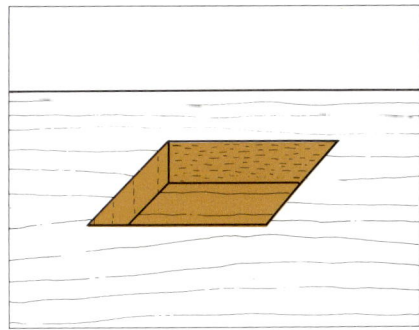

1 Ein Loch im Holz soll wieder ausgebessert werden.

2 Durch Auflegen von Öl- oder Seidenpapier wird der genaue Abriß mit dem Daumen übertragen.

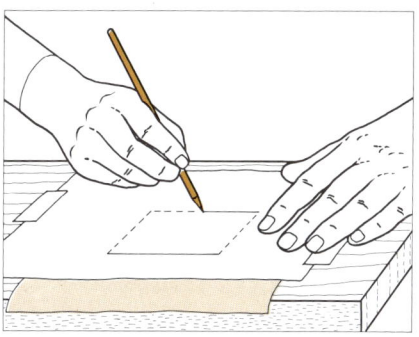

3 Dieser Abdruck wird mit Pauspapier auf das Ersatzholz gepaust.

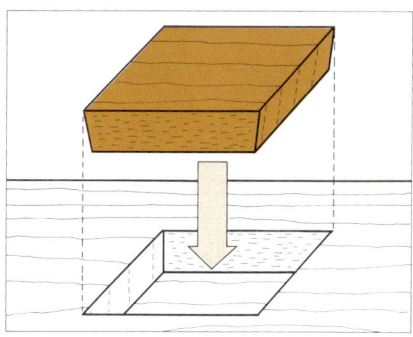

4 Das leicht keilförmig zugesägte Ersatzstück wird in das Loch eingepaßt.

Innenliegende Verstärkungen

Verstärkung durch Füllstücke bei Rissen im Holz

Als weitere Maßnahme zu einem sanierten Bruch oder Riß auf der Holzvorderseite kann man die reparierte Stelle von der anderen Seite her noch zusätzlich verstärken, um eine Wiederholung des gleichen Schadens zu vermeiden. Diese innenliegende Verstärkung ist besonders dann angebracht, wenn das Möbel nicht zerlegbar ist, und die gerissenen Teile nicht neu verleimt werden können.

Im Kapitel »Wackelnde Stuhlbeine« wird beschrieben, wie nach der Sanierung der defekten Verzapfung im Inneren der Zarge an den vier Verbindungsstellen je ein verstärkendes Winkelstück angebracht wird. Ebenso sollten durchgehende Risse, die auf der Oberseite ausgespant wurden, gleichzeitig auch von innen her behandelt werden.

Man spricht von Füllstücken (Pflökken, Zapfen), die etwas versenkt von der Unterseite her über den Riß geleimt werden. Die häufigste Zapfenform ist der sogenannte Schwalbenschwanz. Er soll möglichst aus dem gleichen Holz wie das Möbel zugeschnitten werden, oder aber aus Hartholz (z. B. Eiche, Buche) sein. Der Faserverlauf des Zapfens soll quer zum Riß laufen. Er wird – wie alle Flickstücke – keilförmig zubereitet. Man arbeitet ein Füllstück – z. B. in Schwalbenschwanzform – zu, legt es mittig über den Riß, die abgeschrägte Seite auf das Holz, überträgt die Konturen und stemmt das Holz bis zu einem Drittel seiner Stärke aus.

Hat man es mit einem langen, unregelmäßig verlaufenden Riß zu tun,

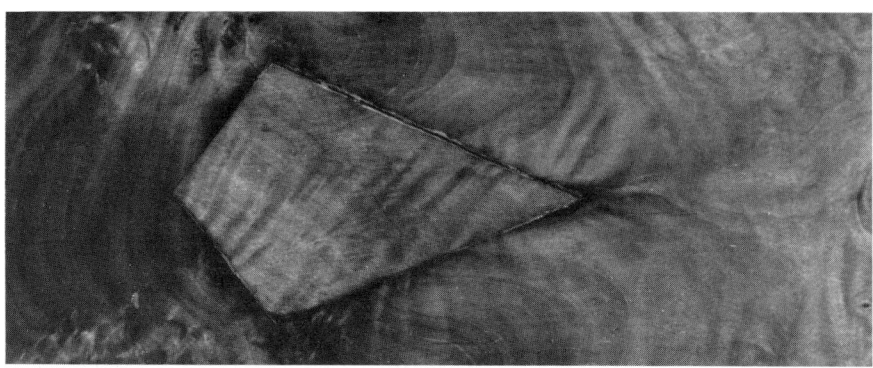

1 Im Verlauf einer ausgeprägten Astmaserung (Birnenholz) ist es zum Bruch gekommen. Zwar wurde das Loch mit gleichem Holz bündig ausgebessert, doch hätte man dieses etwas unauffälliger der ringförmigen Maserung anpassen können.

2 Als weitere Maßnahme zu einem sanierten Bruch oder Riß kann die Rückseite noch mit einem Zapfen verstärkt werden, z. B. in »Schwalbenschwanzform«.

3 Der Faserverlauf eines eingeleimten Zapfens soll quer zum Riß laufen und möglichst aus dem gleichen Holz sein wie das Möbel oder aber aus Hartholz (z. B. Eiche, Buche).

kann man auch mehrere, kleine Pflöcke über den ganzen Verlauf einleimen.

Verstärkung durch Winkel innerhalb der Stuhlzarge

Um eine zusätzliche Verstärkung im Inneren der Zarge zu erreichen, kann man an den vier Verbindungsecken Winkelstücke einbringen.
Die Winkelstücke sollen aus Linden- oder Pappelholz sein, also aus weichem, gut haftendem Holz. Nadelholz dagegen ist zu weich und nicht geeignet. Die Verstärkungsstücke müssen etwa der Zargenhöhe entsprechen und stramm in den Winkeln sitzen.

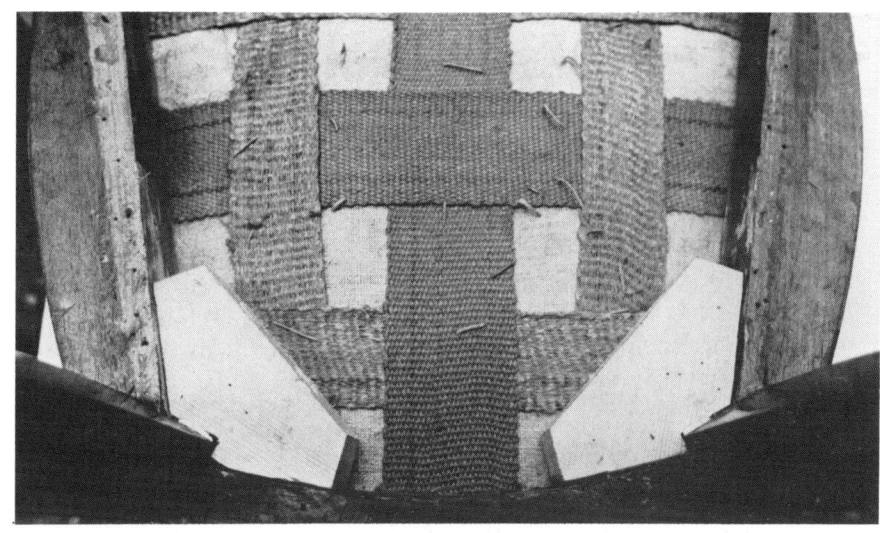

1 Zusätzliche Verstärkung innen in einer Stuhlzarge bringen Winkelstücke, die in die vier Verbindungsecken geleimt und verschraubt wurden.

2 Beim Einpassen in die oft nicht mehr genau rechtwinklige Bein/Zargen-Verbindung muß sorgfältig auf genaue Paßform der Winkelstücke geachtet werden. Die Verstärkungsstücke müssen stramm in den Winkeln sitzen und etwa der Zargenhöhe entsprechen.

Die oft nicht mehr rechtwinklige Zargen/Bein-Verbindung muß sehr genau auf das Winkelholz übertragen werden.

Die nach Aufmaß zugesägten Winkelstücke leimt man unter Druck ein. Sie können nach dem Abbinden zusätzlich noch verschraubt – niemals aber genagelt – werden.

Diese Art der Verstärkung kann vorbeugend bei jedem alten Stuhl angebracht werden.

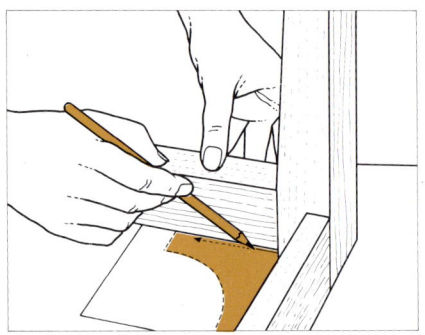

1 Im Inneren der Zarge sollen an allen Verbindungsstellen Winkelstücke angebracht werden. Die Konturen der Bein/Zargen-Verbindungen werden auf Papier übertragen.

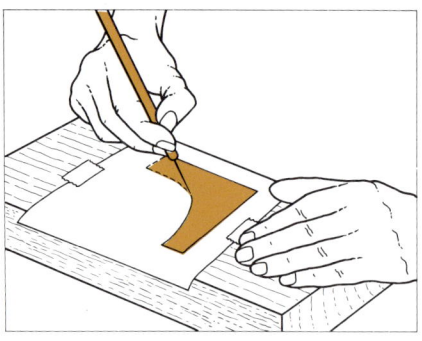

2 Mit einem Dorn oder auf Pauspapier wird die Form auf Ersatzholz übertragen, das möglichst Linden- oder Pappelholz sein sollte, in der Stärke entsprechend der Zargenhöhe.

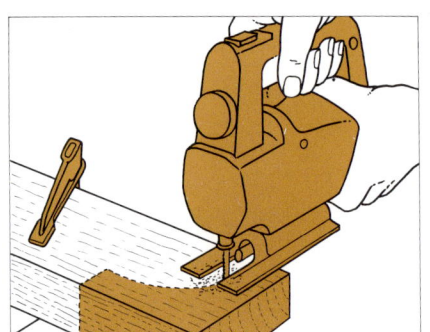

3 Mit der Stichsäge werden die Winkelstücke ausgesägt.

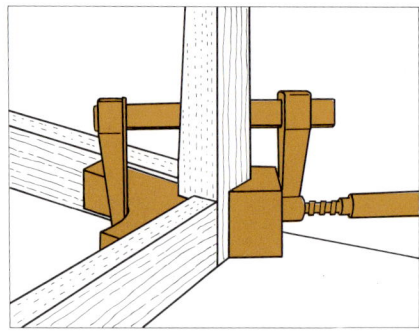

4 Unter Druck werden die Winkelstücke eingeleimt. Zum festen Anzwingen der Schraubzwinge dient hier ein der äußeren Beinkante entsprechendes Unterlageholz.

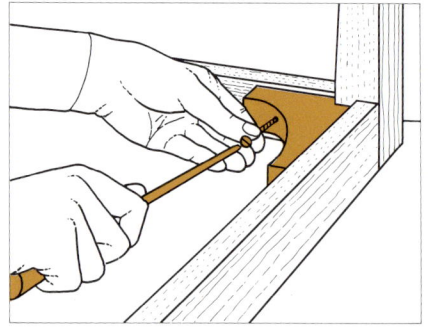

5 Nachdem der Leim abgebunden hat, werden die Winkelstücke zusätzlich noch jeweils zweifach verschraubt.

Fehlende Schnitzereien, Profilleisten

Beim Ersetzen von fehlenden Schnitzereien und Profilleisten muß mit Profilhobel, Drechselbank, Fräse oder Schnitzmesser gearbeitet werden. Wer diese Werkzeuge nicht beherrscht, sollte die betreffenden Teile vom Schreiner oder Drechsler nacharbeiten lassen. Auch ist inzwischen das Angebot an Fertig-Profilleisten und Schnitzereien sehr groß, und

man findet in Fachgeschäften passenden Ersatz.

Wer über eine Fräsmaschine mit entsprechenden Köpfen verfügt, wird sich selber Profile zuarbeiten können. Wie bereits erwähnt, setzen sich die gängigsten Profile oft aus zwei oder mehreren aufeinandergeleimten Profilen zusammen. Auch ist die Anschaffung einiger Profilhobel für den Hobbyschreiner zu erwägen (s. Kapitel »Hobeln«).

Handelt es sich bei dem fehlenden Stück um ein gedrechseltes Zierteil und man kann sich nach einem noch vorhandenen Gegenstück richten, wird die Form von diesem abgenommen und nachgearbeitet.

Das Abnehmen geschieht so:

Dickes Staniolpapier wird auf das noch vorhandene Zierteil gedrückt. Die so entstandene Negativ-Form wird sodann mit Kautschuk, flüssigem Schellack oder Epoxyd-Harz ausgegossen. Auch kann man sich eine dickliche Paste aus Knochenleim und dem passenden Holzmehl selbst zubereiten.

Nach Erhärten der Masse wird das Staniolpapier abgenommen. Das Zierteil genau in Form gebracht und an der entsprechenden Stelle verleimt.

Mit Beize, Retuschier- oder Erdfarben (Mineralfarben) wird das Ersatzstück danach passend beigefärbt.

Kann man sich nicht nach einem vorhandenen Pendant richten, muß man improvisieren und eine dem Stil ent-

1 Bei dieser Schnitzerei soll das ausgebrochene Stück ergänzt werden.

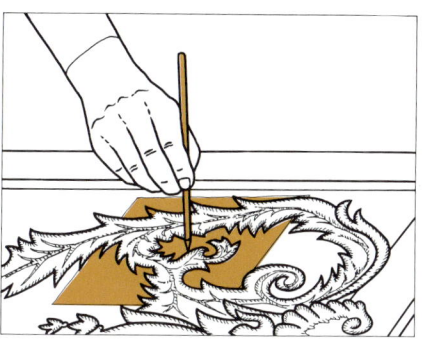

2 Von dem noch vorhandenen Pendant werden die Konturen auf Papier gezeichnet.

3 Mit dem Dorn und Pauspapier wird die Form auf das Ersatzholz übertragen. Besonders gut eignet sich Lindenholz.

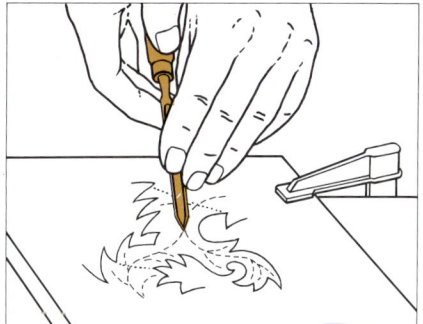

4 Bevor man das Ersatzstück aussägt, wird es – dem Original entsprechend – mit dem Schnitzeisen zugearbeitet.

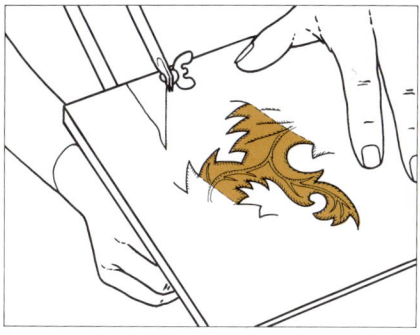

5 Die geschnitzte Form wird mit der Laubsäge ausgesägt.

6 Das Ersatzstück wird eingepaßt, verleimt und oberflächenbehandelt.

sprechende neue Form drechseln lassen.

Bei fehlenden oder teilweise ausgebrochenen Schnitzereien müssen diese wieder ergänzt werden, indem man sich die Konturen der fehlenden Teile auf entsprechend starkes Holz aufzeichnet. Auch hierbei muß improvisiert werden, wenn kein komplettes Pendant mehr vorhanden ist.

Mit der Laubsäge werden die Formen ausgesägt und in die offenen Stellen eingeleimt. Mit Beize oder Retuschierfarben wird abschließend beigefärbt. Bei reliefartigen Schnitzereien muß das Ersatzholz (am besten Lindenholz) entsprechend dick sein, so dick wie die höchste Erhebung der Schnitzerei. Mit dem Schnitzmesser wird dann die entsprechende Verzierung zugeschnitzt.

Fehlende Zierleisten kann man sich entweder selbst zuarbeiten oder man findet das passende Profil im Fachhandel.

Das abgebrochene Profil wurde durch ein gerades Leistchen (Rüster) ersetzt und nach dem Anleimen durch Schleifen dem bereits etwas abgenutzten angrenzenden Profil angeglichen.

Klemmende Schubladen

Ein häufiges Übel bei alten Kommoden und Tischen sind klemmende Schubladen. Die alte Geschichte mit der Schmierseife ist keine Abhilfe. Meist tritt das genaue Gegenteil ein, die Seife bindet Feuchtigkeit und Staub, und die Schublade klemmt nach wie vor.

Zuerst muß festgestellt werden, warum die Schublade in ihrer Bewegungsfreiheit eingeschränkt ist und klemmt. Verschiedene Gründe können die Ursache sein:

- durch Feuchtigkeit kann das Holz sich verzogen haben oder aufgequollen sein, und Scheuerstellen sind entstanden
- die Eckverbindungen der Schublade können sich gelockert haben
- die Laufleisten sind schadhaft oder

haben sich abgenutzt – die Schublade hängt schief
- die Schublade hat zuviel Spielraum, d. h. entweder hat sie sich im Laufe der Jahre unterschiedlich abgenützt (einseitige Belastung), oder das Holz ist durch starkes Austrocknen unregelmäßig geschwunden. In beiden Fällen hat die Schublade zuviel Spielraum und verkantet oder verklemmt beim Schieben oder Ziehen (tritt meist bei sehr breiten Schubladen auf).

92

Ein häufiges Übel bei alten Kommoden und Tischchen sind klemmende Schubladen.

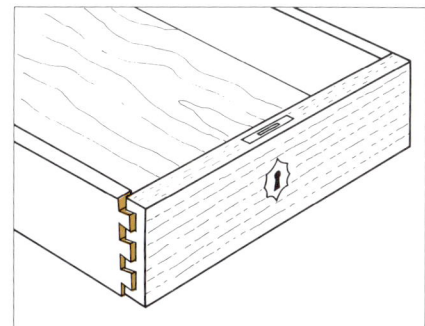

1 Die Eckverbindungen einer Schublade haben sich gelockert (hier Schwalben-schwanz-Zinken).

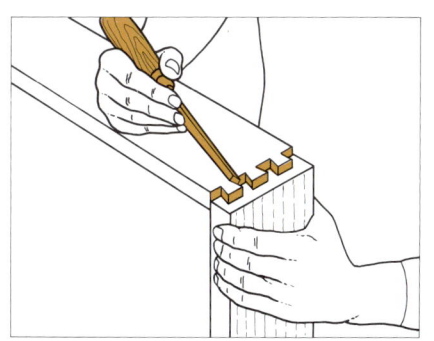

2 Die Verbindung wird so weit gelok-kert, daß die Verbundstellen gut ge-säubert werden können.

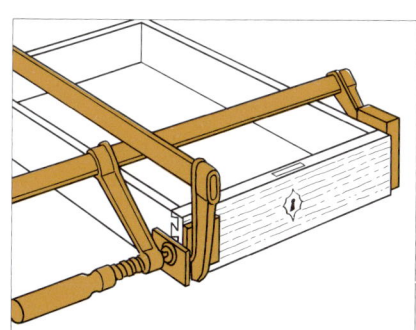

3 Die Zinken des Front- und Seitenteils werden neu verleimt und binden un-ter Druck ab.

Feuchtigkeit und Temperaturschwankungen

Handelt es sich um ein Möbelstück, das gerade erst vom Trödler gekauft wurde, sollte – vor weiteren Maßnahmen – eine gute Trockenzeit eingelegt werden. Manchmal hat sich der Schaden nach geraumer Zeit von selbst gegeben. Tritt der Schaden an einem Möbelstück auf, das schon seit längerem in der Wohnung steht, können Temperaturschwankungen oder starke Feuchtigkeit die Ursache sein. Mit Hygrometer und Thermometer werden die entsprechenden Werte überprüft.

Die Eckverbindungen haben sich gelockert und müssen neu verleimt werden

Man lockert die Verbindung soweit, daß alte Leimreste und eventuell in die Zapfenverbindung eingetretene Schmutzteilchen mit Sandpapier, Stecheisen oder Spachtel entfernt werden können. Danach wird neu verleimt, und unter Druck läßt man die Verbindung über Nacht trocknen.

Die Laufleisten müssen erneuert werden

Üblicherweise läuft eine Schublade oben und unten auf je zwei Laufleisten – die oberen Leisten werden auch Kippleisten genannt. Mittig oben kann noch eine sogenannte Streichleiste sitzen.

Schublade und Laufleisten nutzen sich im Laufe der Jahre gegenseitig ab. Man muß also der Schublade die durch die Abnutzung verlorene Höhe wiedergeben und die wahrscheinlich ebenfalls abgenutzten Laufleisten erneuern. Man begradigt den abgenutzten unteren Seitenteil der Schublade und leimt entsprechend starke Leisten auf, um die ursprüngliche Höhe zu erhalten. Die Laufleisten können – je nach Abnutzung – entweder

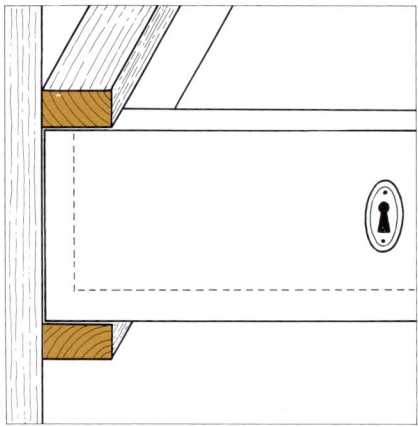

1 Diese Schublade läuft zwischen zwei <u>Laufleisten</u>, die obere wird <u>Kippleiste</u> genannt.

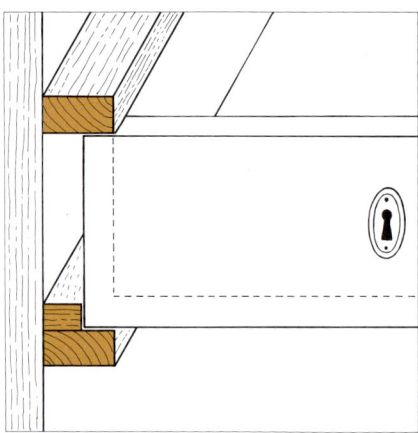

2 Hier läuft die Schublade zwischen zwei <u>Laufleisten</u> und einer unteren <u>Streichleiste.</u>

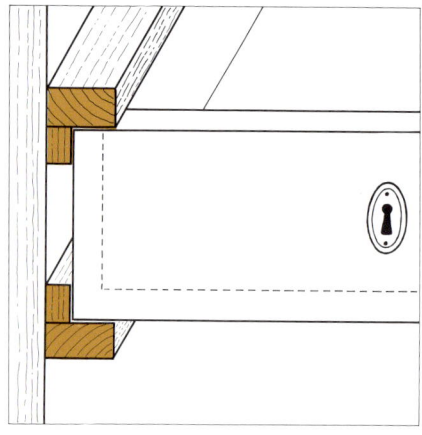

3 Diese Schublade läuft zwischen zwei <u>Laufleisten</u> und zwei <u>Streichleisten.</u>

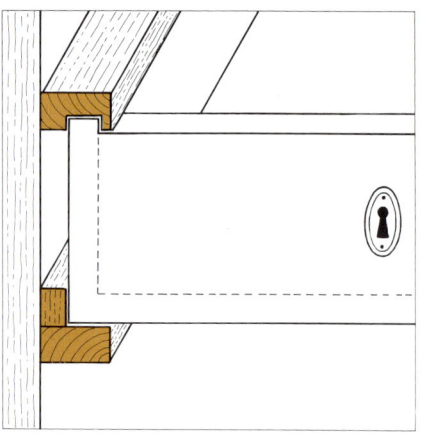

4 Diese Schublade läuft in der <u>Nut</u> der oberen <u>Kippleiste.</u>

erst begradigt und durch eine Aufplattung auf die entsprechende Höhe gebracht werden, oder die abgenutzten Laufleisten werden gänzlich entfernt und man arbeitet neue ein. Diese Leisten sind durch Nuten mit der Seitenwand verbunden. In Nutbreite und entsprechender Länge müssen also neue Leisten eingesetzt werden. Je nach Kenntnis stellt man sich diese selbst mit dem Nuthobel her oder läßt sie von einem Schreiner anfertigen. Sitzt die neue Leiste stramm in der gut

von alten Leimresten gesäuberten Nut, wird sie eingeleimt und bindet unter Druck über Nacht ab.

Die neuen Laufleisten sollen aus absolut geradem, hartem und gut getrocknetem, d. h. abgelagertem Holz sein. Ist eine eventuell vorhandene Streichleiste beschädigt, wird diese ebenfalls ausgewechselt. Sie ist meist nur aufgeleimt. Sie muß aus weicherem Holz als die Schublade sein, um diese nicht abzunützen.

Die Schublade hat zuviel Spielraum
Durch Aufkleben von feinen Holzstreifen auf die Unterkanten der Schubladenseitenwände oder auf die entsprechenden Innenseiten des Möbelstücks kann der Lauf der Schublade eingeengt werden. Als Material können 3–4 cm breite Furnierstreifen oder – etwas weniger stilvoll – Streifen aus Kunststoffplatten mit glatter Oberfläche verwendet werden. Man läßt

sich diese in Heimwerkerläden zuschneiden.

Die Schublade klemmt
Scheuerstellen sind meist als deutlich hellere Flecken auf den Seitenteilen der Schublade zu erkennen. Auch kann man die Seitenwände der Schublade mit weißer Kreide markieren, um bei Auf- und Zuschieben die

kritischen Reibungspunkte genau zu erkennen. Man nimmt die Schublade heraus und schleift die markierten Stellen sowie die unteren Gleitflächen mit grobem, sodann mit feinem Sandpapier. Bei starker Verklemmung kann auch mit der Holzraspel oder dem Hobel etwas Holz abgenommen werden. Dabei muß aber immer darauf geachtet werden, daß nicht zuviel Holz abgearbeitet wird.

Wackelnde Stuhlbeine

Die häufigste, älteste und holzgerechteste Eckverbindung hält in der Regel auch beim Stuhl Bein und Zarge zusammen: Schlitz und Zapfen. Der Schlitz ist bis zu einem Drittel oder bis zur Hälfte im Stuhlbein ausge-

stemmt und wird durch einen entsprechenden Zapfen mit dem Querholz verbunden. Diese an sich schon sehr haltbare Verbindung wird zusätzlich noch verleimt und/oder verdübelt.

Mit der Zeit kann der Leim brüchig werden, die Verbindung lockert sich und der Stuhl wackelt. Es muß also neu verleimt und eventuell verdübelt werden. Verschiedene Arbeitsgänge können hierbei auftreten:

- Zapfen/Schlitz lösen, säubern, eventuell alte Nägel, abgebrochene Dübel entfernen, neu leimen, unter Druck abbinden lassen.

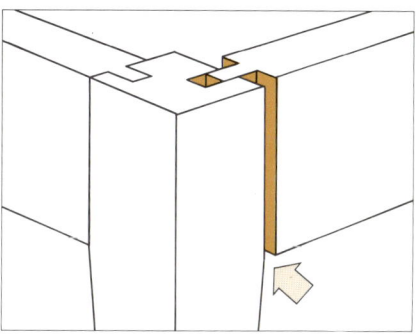

1 Schlitz und Zapfen: die älteste und holzgerechteste Eckverbindung.

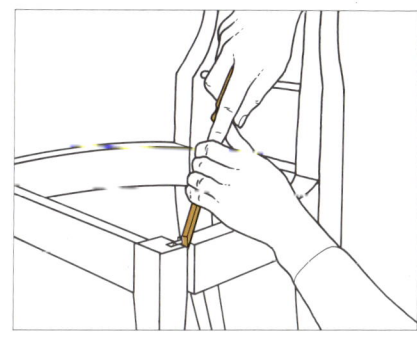

2 Schlitz und Zapfen haben sich gelockert und müssen neu verleimt werden: Die Verbindung wird so weit als möglich gelockert und von Schmutz und alten Leimresten gesäubert.

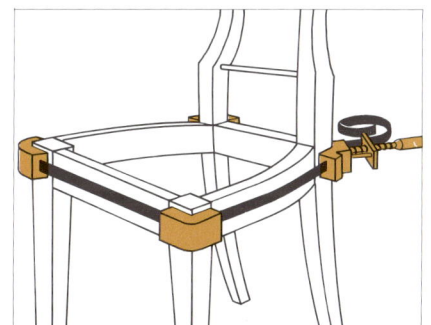

3 Schlitz und Zapfen werden verleimt und binden unter Druck über Nacht ab. Hier wird der Druck durch einen metallenen Preßriemen ausgeübt.

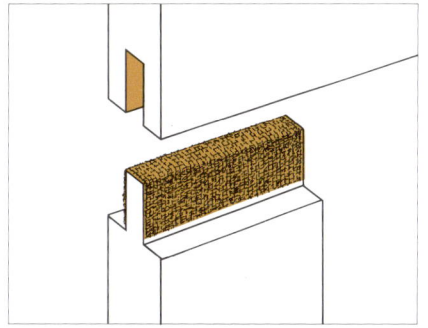

Nach dem Säubern sitzt der Zapfen nicht mehr stramm im Schlitz – er »schwimmt«. Um diesen Spielraum auszugleichen, wird beim Verleimen um ein Stück Leinen um den Zapfen gelegt.

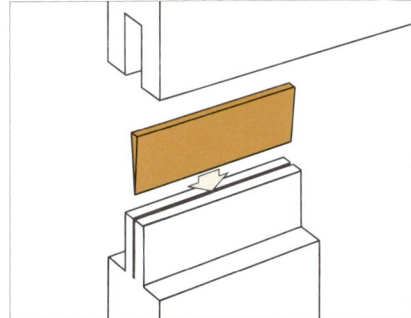

Einem lose im Schlitz sitzenden Zapfen kann man wieder etwas mehr Fülle geben: Der Zapfen wird aufgesägt und ein Keilchen bündig eingeleimt. Vorsicht, der Zapfen kann dabei leicht platzen.

- Der Zapfen sitzt nach dem Säubern zu lose im Schlitz, er »schwimmt«, es entsteht daher auch nach dem Verleimen keine feste Verbindung. Um diesen Spielraum auszugleichen, kann man ein Stück grobes Leinen um den Zapfen wickeln und mit in den Schlitz verleimen.
- Der Zapfen ist brüchig, an- oder sogar abgebrochen und muß erneuert werden.
- Die Polsterung des Stuhles läßt sich nicht ohne weiteres entfernen (z. B. Gurtbespannung), und die Verzap-

fung kann nicht gelöst, gesäubert und neu verleimt werden. Ein sichtbarer Holzdübel (möglichst aus dem gleichen Holz wie der Stuhl) wird eingebracht, innenliegende Winkelstücke werden zur zusätzlichen Haltbarkeit verleimt.

Wichtig ist, daß nach abgeschlossener Sanierung der Zapfen fest im Schlitz eingeleimt sitzt und keinen Spielraum mehr hat.

Zapfen neu verleimen

Zuerst werden die Verbindungsstellen – Schlitz und Zapfen – von Schmutz und alten Leimresten gesäubert. Man löst dazu die Sitzfläche aus dem Rahmen, um die Verbindungsstelle freizulegen. Wenn erforderlich, kann das wackelnde Bein völlig aus der Verbindung genommen, oder mittels Keil so weit vom Rahmen abgehoben werden, daß man die alte Leimstelle gut säubern kann.

Sollte ein Vorbesitzer in gut gemeinter Reparaturabsicht an den kritischen Stellen einfach Nägel eingeschlagen haben, so müssen diese vorher vorsichtig entfernt werden (s. Kapitel »Alte Nägel entfernen«).

Von den jetzt freiliegenden Verbin-

dungsstellen entfernt man alte Leimreste und schleift mit Sandpapier leicht an. Auf die gesäuberte Verbindungsstelle wird dünn Leim aufgetragen. Leim kurz »ablüften« lassen und Bein und Zarge wieder zusammenfügen. Man stellt den Stuhl dabei auf einen ebenen Untergrund und achtet darauf, daß die Beine genau im rechten Winkel verleimt werden. Über Nacht bindet der Leim unter Druck ab. Hat man nicht die passenden Schraubzwingen oder Preßriemen, um die Zarge unter Druck zu verleimen, kann man sich auch mit folgendem »Kordelpatent« behelfen:

Um die vorderen, hinteren und seitlichen Teile der Zarge wird jeweils eine doppelt gelegte Schnur gebunden (Kunststoffkordel ist ungeeignet). Zur Schonung des Holzes wird die Schnur an den Rahmenkanten mit einem Lappen oder Holz unterlegt. Sodann schiebt man innerhalb der offenen Sitzfläche zwischen beide doppelt gebundenen Schnüre je einen Holzstab (Kochlöffel, Schraubenzieher oder dergleichen), lang genug, daß mindestens ein Ende unter einem Rahmenteil arretiert werden kann, damit die verdrillte Schnur sich nicht

Durch äußere Beschädigung und Wurmfraß sind Schlitz und Zapfen ausgebrochen.

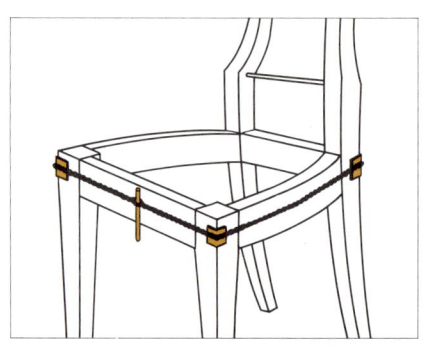

1 Statt eines Preßriemens kann auch das »Kordelpatent« angewendet werden: Die Schnur wird rund um die Zarge gespannt und verdrillt.

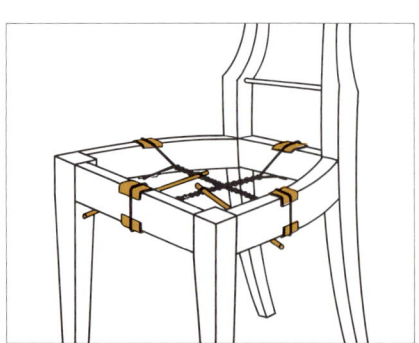

2 Statt rund um die Zarge kann die Schnur auch über die Sitzfläche gespannt werden.

wieder zurückdreht. Nun verdrillt (»rödelt«) man die beiden Schnüre mit dem dazwischengeschobenen Holzstab so lange, bis die Spannung auf die Zarge durch die sich mehr und mehr verkürzende Kordel immer stärker wird.

Der bei den Leimstellen durch den Druck austretende Leim wird sofort entfernt. Leim über Nacht abbinden lassen.

Zapfen »schwimmt«

Nach dem Säubern der Zapfen/ Schlitz-Verbindung stellt man fest, daß der Zapfen im Zapfenloch »schwimmt«, d. h. er hat zuviel Spielraum und sitzt nicht mehr stramm im Schlitz. Entweder ist er im Laufe der Jahre stärker als das übrige Holz geschrumpft, oder man hat beim Säubern nicht nur Schmutz und Leimreste sondern auch Holz abgenommen. Ist der Spielraum nur geringfügig, kann beim Verleimen eventuell mit etwas mehr Leim als gewöhnlich ausgeglichen werden. Sitzt der Zapfen sehr locker im Schlitz, kann man ein Stück Leinen um den Zapfen legen und verleimen.

Auch kann man dem Zapfen wieder etwas mehr Fülle geben. indem man ihn in voller Breite etwas aufsägt und ein Keilchen bündig einleimt. Man muß dabei allerdings sehr vorsichtig arbeiten, damit der Zapfen nicht völlig wegplatzt.

Zusätzliches Anbringen von innenliegenden Winkelstücken und/oder Dübeln im Bein/Zargen-Bereich, kann für weitere Stabilität sorgen.

Zapfen ist brüchig und muß erneuert werden

Häufig ist der Zapfen durch Wurmfraß, Einschlagen von Nägeln usw. derart beschädigt, daß keinerlei Halt mehr gegeben ist. Der Zapfen muß also erneuert oder durch Dübel ersetzt werden. Auch hier gibt es verschiedene Möglichkeiten – je nach Art und Schaden des Holzes – vorzugehen.

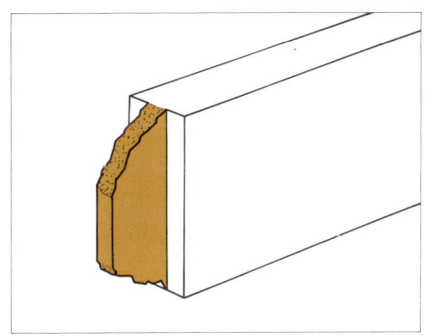

1 Der Zapfen ist brüchig und muß erneuert werden.

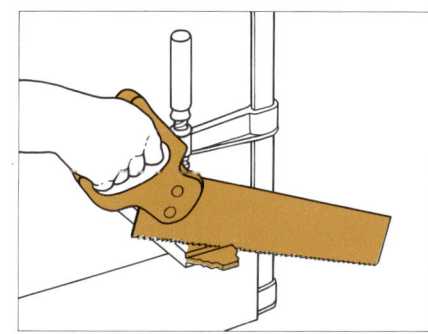

2 Der brüchige Zapfen wird bündig abgesägt.

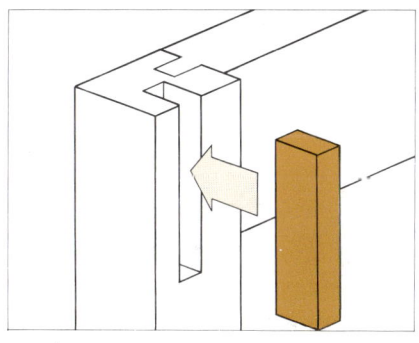

3 Das Zapfenloch wird bündig ausgebessert, möglichst mit dem gleichen Holz wie das Stuhlbein.

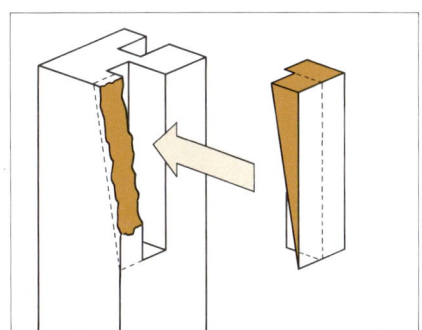

4 Bei dem Stuhl (s. S. 103 Abb. unten) wurde das Zapfenloch in einem Stück mit dem durch Nägel weggebrochenen Beinstück ausgebessert.

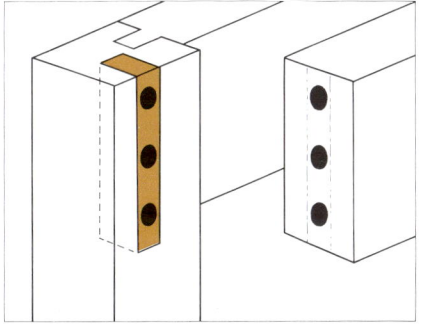

5 In den ausgefüllten Schlitz des Beines sowie in das begradigte Ende der Seitenzarge werden je zwei bis drei Dübellöcher gebohrt.

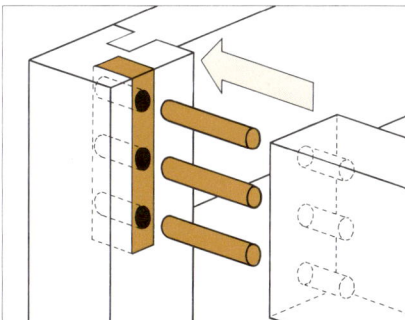

6 Mit den entsprechenden Dübeln werden beide Teile verbunden.

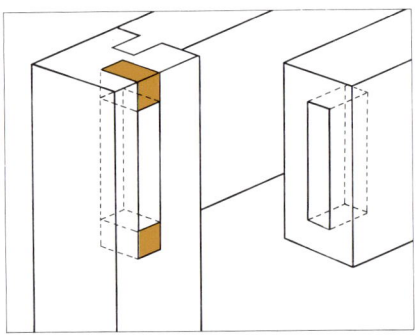

1 Der brüchige Zapfen soll durch einen neuen Zapfen ersetzt werden: Man arbeitet wie bei 1, 2, 3. Sodann wird in Bein und Zarge in gleicher Höhe und Größe ein Zapfenloch ausgestemmt.

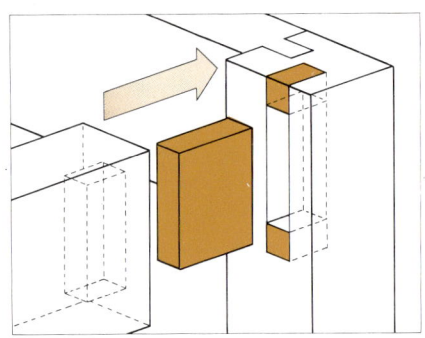

2 Ein entsprechend langes und starkes Zapfenstück wird zugearbeitet und in beide Teile verleimt.

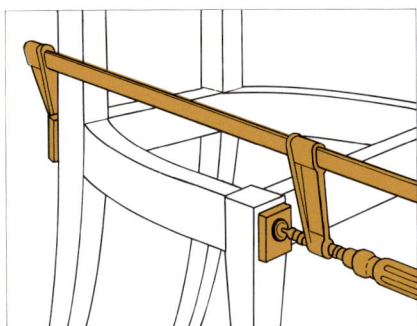

3 Die verbundenen Teile werden unter Druck verleimt.

Bei dem Beispiel unseres Stuhles von Seite 96 war der vordere Zapfen der rechten Zarge durch eingeschlagene Nägel und Wurmfraß soweit beschä-

digt, daß folgendermaßen saniert wurde:
* der angebrochene Zapfen wurde vollständig abgesägt

* das ebenfalls (durch die Nägel) ausgerissene Zapfenloch des Vorderbeines wurde mit einem massiven Holzstück (möglichst gleiches Holz) bündig ausgebessert

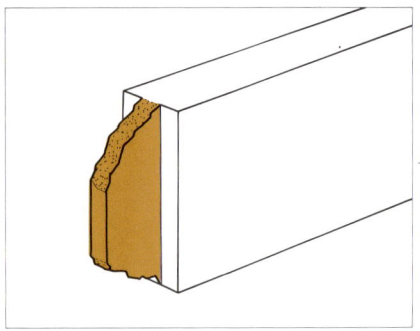

1 Der brüchige Zapfen muß erneuert werden.

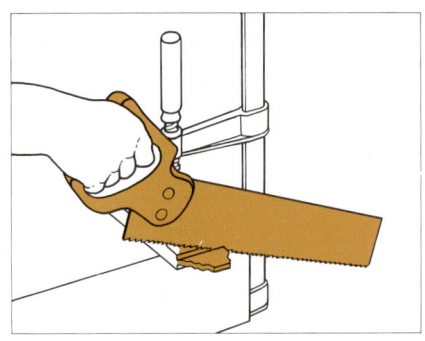

2 Der brüchige Zapfen wird bündig abgesägt.

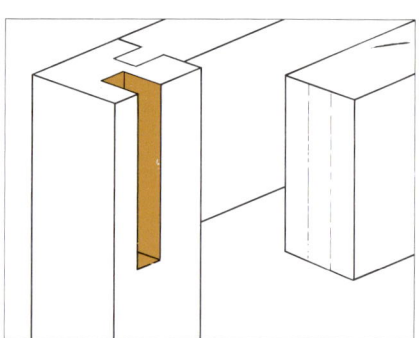

3 In den gesäuberten Schlitz soll ein falscher <u>Kammzapfen</u> eingesetzt werden.

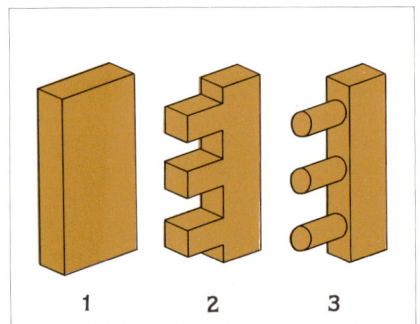

4 In ein entsprechend großes Paßstück (1) werden in Zapfengröße Zinken eingebracht (2), die dübelförmig zugearbeitet werden (3).

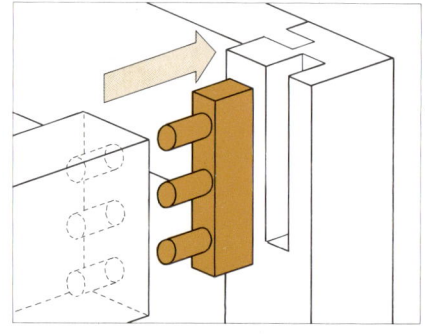

5 In die Zarge werden drei Dübellöcher gebohrt. Der Kammzapfen wird verleimt.

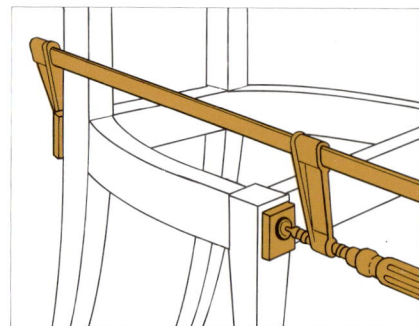

6 Kammzapfen und Zarge binden unter Druck ab.

Nähtischchen, Ende 19. Jahrhundert, Historismus (auch Neubarock). Oberteil: Nußbaum-Wurzelfurnie
Untergestell: massiv Rüster (s. Seite 115, 119–121 »Blasen und Risse im Furnier«).

Biedermeier-Stuhl um 1830, bäuerlicher Stil, massiv Kirsche (s. Seite 95 »Wackelnde Stuhlbeine« und S. 143 »Polstern«).

- in das nun ausgefüllte Zapfenloch des Vorderbeines wurden, ebenso wie in das begradigte Ende der Seitenzarge, je drei Dübellöcher gebohrt
- mit entsprechend großen Dübeln wurden beide Teile unter Druck verleimt

Statt der Dübel kann man auch einen falschen Zapfen einarbeiten, wobei dieser je nach Stärke und Zustand des Holzes, Können und Anspruch des Restaurators verschieden ausgeführt werden kann:

- wie vor wird der Zapfen begradigt und das ausgerissene Zapfenloch und Bein bündig ausgebessert. (Ist das Bein nicht beschädigt, kann man natürlich das alte Zapfenloch belassen und eine ebenso große Öffnung in die Zarge einstemmen.)
- in die beiden zu verbindenden Teile wird je ein gleich großes Zapfenloch gestemmt (s. Kapitel »Stemmen«)
- ein entsprechend großes Zapfenstück – Holzfaser möglichst querlaufend – wird in die beiden Teile eingeleimt.

Auch kann man Bein und Zarge mit einem »Kammzapfen« verbinden:

- wie vor wird der angebrochene Zapfen begradigt
- das ausgerissene Zapfenloch wird für einen neuen Zapfen entsprechend ausgebessert
- man arbeitet sich einen »Kammzapfen« zu, der der Größe des ursprünglichen Zapfens entspricht

und verdübelt ihn in die bündig begradigte Zarge
- der neue Zapfen wird in das alte Zapfenloch eingeleimt.

Die Polsterung läßt sich nicht lösen

Die Polsterung ist fest mit dem Stuhl verbunden, Schlitz und Zapfen sind nicht zugänglich. In diesem Fall kann – von außen sichtbar – die kritische Stelle verdübelt werden. Durch Bein und Zapfen der Zarge wird ein Loch gebohrt (ca. 5–6 mm) und ein entsprechend großer Dübel eingeleimt. Den Dübel fertigt man sich selbst an. (Dübel werden in Holzfaserrichtung zugeschnitten.) Am besten sollte er – da sichtbar – aus dem gleichen Holz wie die Stuhlzarge sein. Ansonsten wird der Farbton durch Retuschieren ausgeglichen. Wichtig ist, daß der zugearbeitete Dübel absolut stramm eingeleimt wird.

Früher wurde trocken verdübelt, d. h. der Dübel saß so stramm im Dübelloch, daß er nicht zusätzlich verleimt wurde. Da die Bein/Zargen-Verbindung bei einem Stuhl aber eine sehr kritische und stark beanspruchte Verbindung ist, wird in unserem Fall der Dübel auf jeden Fall verleimt.

Zusätzliche Verstärkung bringen innenliegend angebrachte Winkelstücke.

Bei fest mit dem Stuhl verbundener Polsterung läßt sich das Bein oft nur unbefriedigend neu verleimen. Sichtbare Holzdübel können hier von außen her eingebracht werden.

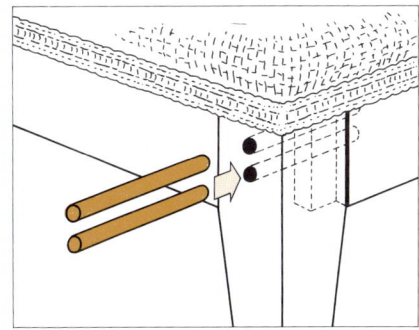

An- oder abgebrochene Beine

Feuchtigkeit, starke Temperaturschwankungen und Holzwurmfraß hinterlassen unweigerlich schadhafte Spuren am Möbel.
Häufig wird der Verfall an den Beinen sichtbar. Hat der Holzwurm durch Fraß das Holz erst zermürbt – oft **handelt es sich um Splintholz und dieses ist für den Holzwurm besonders zugänglich –, kann die Feuchtigkeit wie durch einen Schwamm aufgesogen werden, und die Beine brechen bei der geringsten Belastung an oder ab.**

Mit Holzkitt oder holzfestigendem Holzwurmspray kann in solchen Fällen der Schaden nicht mehr behoben werden, denn die Holzsubstanz ist bereits zu porös, um noch eine geeignete Basis für derartige Sanierung zu sein. Es muß das betroffene Bein großzügig um den schadhaften Bereich gekürzt und ein neues Stück angesetzt werden.

Das Erneuern und Ansetzen von defekten Tisch- und Stuhlbeinen stellt an den Hobbyschreiner einige Anforderungen, und man sollte sich anfangs erst mit den etwas einfacheren Ausbesserungsarbeiten an symmetrischen, d. h. viereckig-geraden und konischen Formen befassen. Bei komplizierten Formen (rund, geschweift, verziert), zu deren Herstellung man

auf eine Drechselbank angewiesen ist, sollte man sich vom Fachmann ein passendes Ersatzstück arbeiten lassen. In Bastlergeschäften werden verschiedene Formen von Ersatzbeinen angeboten, jedoch sind diese meist nur aus Buchenholz.
Es gibt verschiedene Möglichkeiten das Ersatzstück anzusetzen: z. B. gerade, schräg.

Das vorläufige Ende eines Stuhles (bäuerliches Biedermeier, Kirsche).

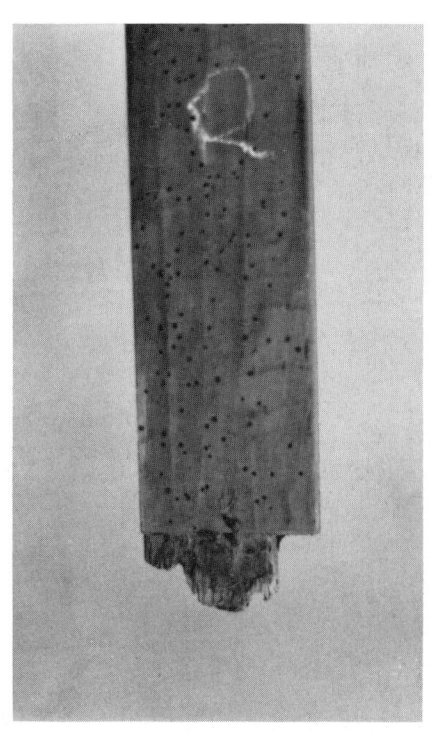

Ein ausgebrochener Zapfen kann keinen Halt mehr finden und muß durch einen »falschen« Zapfen oder Dübel ergänzt werden.

Schlitz und Zapfen sind durch äußere Beschädigung und Wurmfraß ausgebrochen.

Gerades Ansetzen eines Ersatzstückes

Das oder die schadhaften Beine sollen um das defekte oder bereits abgebrochene Stück erneuert werden. Da in den meisten Fällen Wurmfraß die Ursache des Schadens ist, prüfe man genau, bis zu welcher Höhe das Holz befallen ist. Wurmstichiges Holz bietet keine haltbare Basis für das Ersatzstück.

Mit der Winkelschiene reißt man in entsprechender Beinhöhe rundum eine gerade Schnittlinie an und sägt das defekte Holz ab. Um bei konisch zulaufenden Beinen einen geraden Anriß zu erzielen, markiert man in gleicher Höhe vom oberen Beinansatz aus rundum alle vier Beinkanten und verbindet diese vier Punkte. Die frische Schnittstelle soll auf jeden Fall vor Ansetzen des Verlängerungsstükkes zuerst mit Xylamon behandelt werden (s. Kapitel »Bekämpfung des Holzwurmes und der Fäule«).

Die Länge des anzusetzenden Beinstückes ergibt sich aus der Differenz eines gesunden und defekten, gekürzten Beines. Sollten alle Beine beschädigt sein, wird man sich auf eine neue einheitliche Beinhöhe festlegen.

Das/die Ersatzstück(e) sollte(n) möglichst aus der gleichen Holzsorte sein wie das Original. Sollte bei sehr starken Beinen kein entsprechend dickes Holz zur Verfügung stehen, können gegebenenfalls auch zwei gleiche Teile verleimt werden. Beim späteren An-

Der beschädigte Zapfen (s. Abb. S. 96 links) wurde bündig abgesägt, das ausgerissene Zapfenloch ausgeflickt. Bein und Zarge wurden neu verdübelt.

setzen ist allerdings darauf zu achten, daß nicht in die Leimfuge gedübelt wird. Das Ersatzstück arbeitet man rundum einige Millimeter größer zu, um nach dem Ansetzen durch Beischleifen eine unauffällige Ansatzlinie zu erhalten. Handelt es sich um konisch zulaufende Beine, so überträgt man den konischen Verlauf auf das Ersatzstück, indem man dieses seiner späteren Ansatzstelle gemäß anlegt und mit einem Lineal vom oberen Beinansatz den Kanten entlang den konischen Verlauf bis an das untere Ende des Ersatzstückes verfolgt und dementsprechend auf allen vier

Kanten anreißt. Das Ersatzstück wird dem Anriß gemäß zugesägt oder mit der Holzraspel in Form gefeilt.

Das Ersatzstück wird verleimt und gedübelt. Je nach Beindurchmesser sind ein oder zwei Dübel erforderlich. Bei dem Ersatzstück sowie dem Beinstumpf kennzeichnet man sich die Mitte, indem man jeweils zwei schräg gegenüberliegende Ecken mit einer Diagonalen verbindet. Das gilt natürlich nur für viereckige Beine – bei runden Beinen findet man die Mitte mit dem Zirkel. In beide Teile wird mittig ein ca. 4–8 mm starkes und 2–3 cm tiefes Loch gebohrt. Ein passend star-

ker und der Länge beider Bohrungen entsprechender Holzdübel wird in das Loch des Beinstumpfes eingeleimt. Kurz antrocknen lassen. Dann wird die Ansatzfläche des Ersatzstückes mit Leim bestrichen und der Bohrung entsprechend auf den Dübel gesetzt. Mit leichten Hammerschlägen treibt man beide Teile zusammen. Über Nacht unter Druck abbinden lassen.

Je nach Größe der Ansatzfläche können auch zwei und mehr Dübel eingebracht werden.

Soweit es den Proportionen entspricht, kann das Ersatzstück auch so gearbeitet werden, daß es eher als

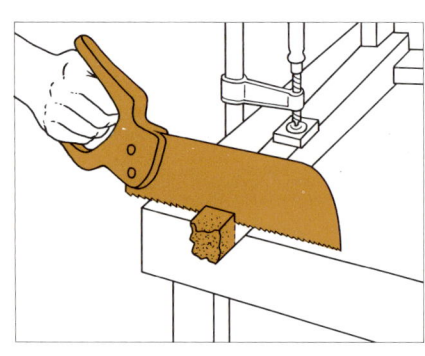

2 Das Bein wird um die schadhafte Stelle gekürzt.

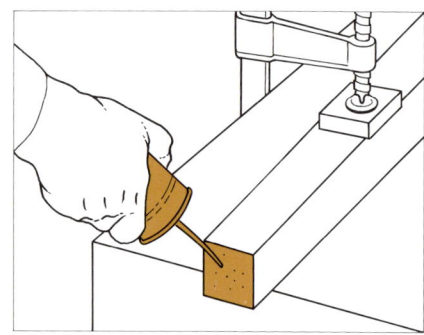

3 Die frische Schnittstelle wird mit Holzwurmmittel behandelt.

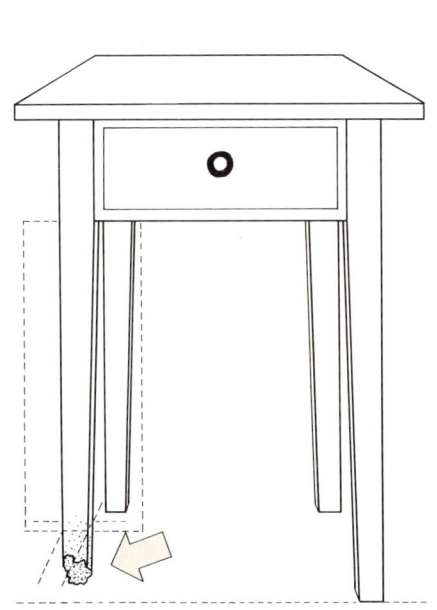

1 Die Schnittpunkte des defekten Beines werden vom oberen Beinansatz in gleicher Höhe markiert.

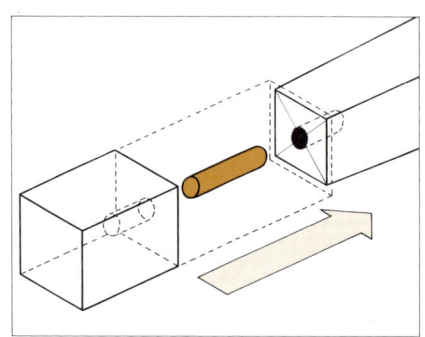

4 Das Ersatzstück wird dem Bein aufgedübelt.

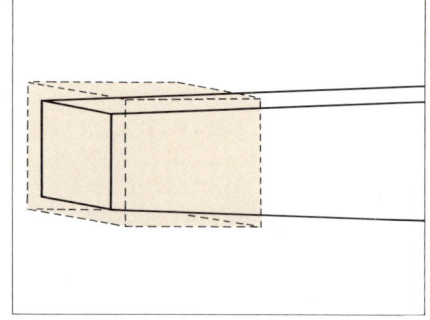

5 Überstehende Kanten des Ersatzstückes werden der konischen Beinform entsprechend beigeschliffen.

Verzierung denn als Flickstück wirkt. Handelt es sich z. B. um ein Möbel aus der Biedermeierzeit – hier wurden Leisten, Verzierungen und Einpaßstücke häufig schwarz abgesetzt –, so kann man das angesetzte Beinstück schwarz beizen. Die übrigen Beine müßten natürlich ebenso behandelt werden. Nachstehend einige Möglichkeiten, wie das Ersatzstück formal angepaßt werden kann.

Ansatzstücke für runde, geschwungene, gedrechselte Beine werden ebenfalls mit schrägem oder geradem Schnitt gedübelt und verleimt. Das Ersatzteil muß entweder auf der Drechselbank gearbeitet, oder aus einem Stück Holz am Bein direkt beigestemmt und geschliffen (s. Fotos Armlehn-Stuhl, Pflaumenholz) werden.

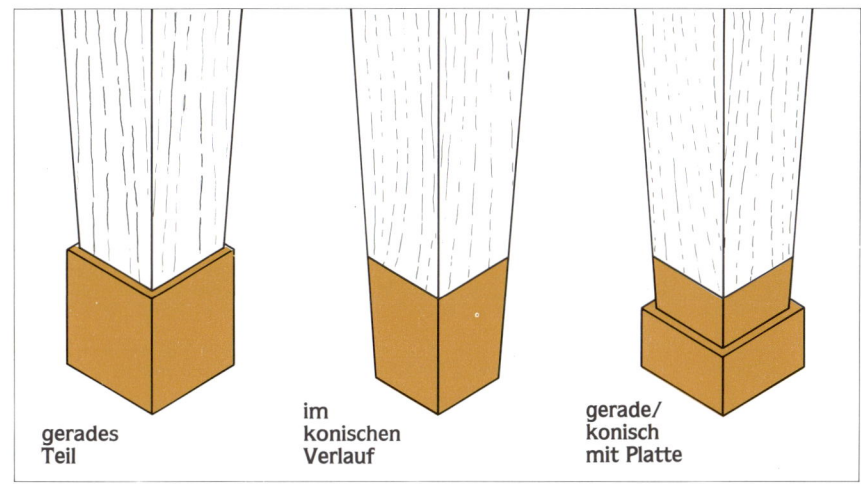

gerades Teil

im konischen Verlauf

gerade/ konisch mit Platte

Müssen alle Beine des Möbels saniert werden, kann das Ersatzstück auch so gearbeitet werden, daß es eher als Verzierung denn als Flickstück wirkt (z. B. schwarz abgesetzt oder dunklerfarbige Holzsorte).

Schräges Ansetzen des Ersatzstückes

Die schräge Verleimung eines Ersatzstückes hat den Vorteil, daß eine größere Leimfläche für bessere Haltbarkeit sorgt. Man kürzt das defekte Bein um die holzwurmbefallene Stelle mit schrägem Schnitt. Je schräger dieser Schnitt verläuft, desto mehr nähert er sich der Holzfaserrichtung und desto größer wird die Leimfläche.

Um ein identisch schräg geschnittenes Ersatzstück zu erhalten, sägt man dieses im selben Arbeitsgang wie das Kürzen des defekten Beines. Man zwingt das Ersatzholz auf das defekte Bein und sägt beide Teile durch (eventuell mit der Gehrungssäge).

Die beiden Schrägen werden mit je zwei Dübellöchern versehen und mit entsprechend starken Dübeln verleimt. Unter Druck über Nacht abbinden lassen.

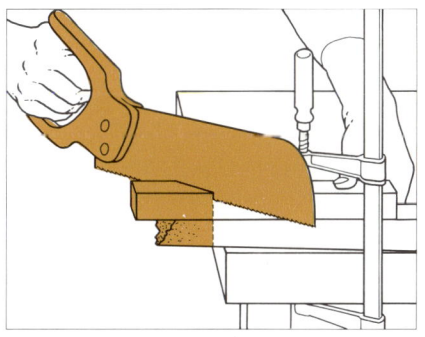

1 Ersatzstück und defektes Bein werden mit einem Schnitt zugesägt.

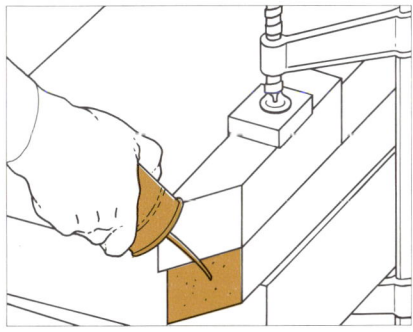

2 Die Schnittstelle des Beines wird mit Holzwurmmittel behandelt.

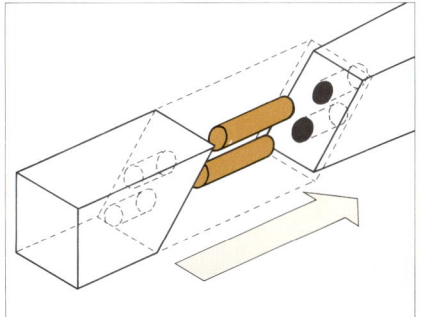

3 Die schräge Ansatzstelle des Beines sowie das Ersatzstück werden verdübelt, verleimt und binden unter Druck ab.

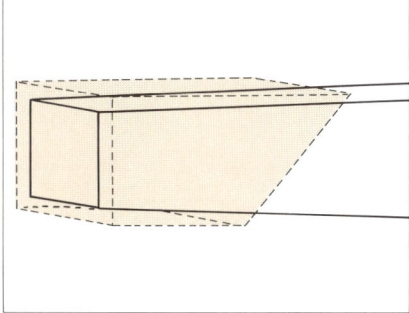

4 Überstehende Kanten des Ersatzstükkes werden der konischen Beinform entsprechend beigeschliffen.

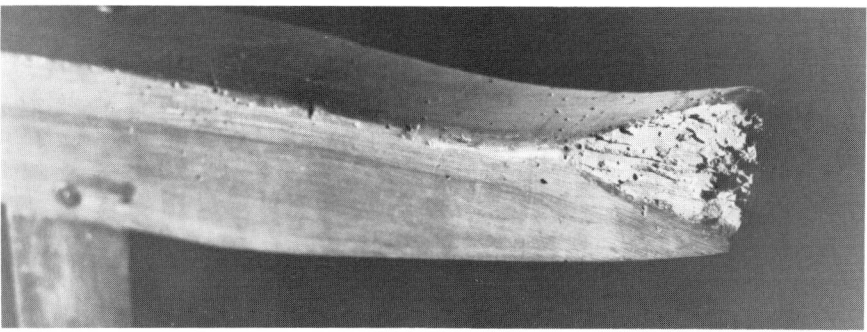

1 Ein typischer Schaden an Stuhlbeinen: Holzwurmfraß und Feuchtigkeit haben ihre Spuren hinterlassen. Das Bein muß mit Holzwurmmittel behandelt werden.

2 Durch Schleifen oder Stemmen wird eine glatte Ansatzstelle für das Ersatzstück vorbereitet. Das Ersatzholz wird aufgedübelt und der geschwungenen Form beigestemmt.

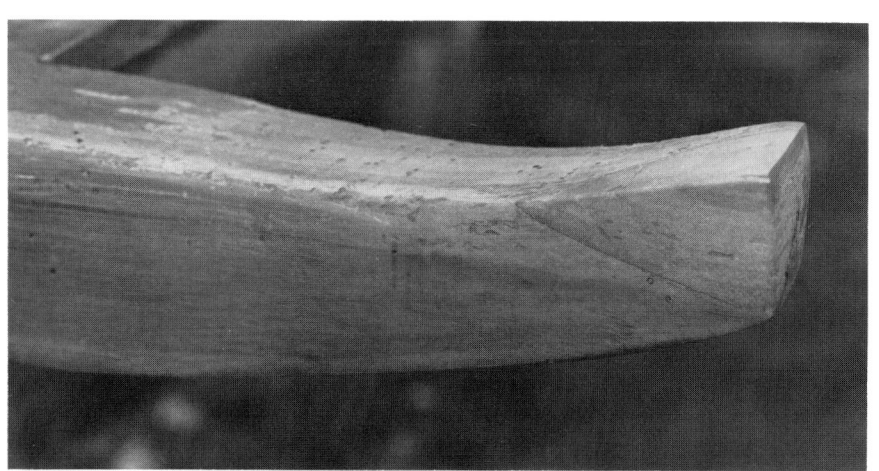

3 Noch überstehende Unebenheiten werden fein beigeschliffen und Holzwurmlöcher mit Holzkitt verschlossen.

Scharnieraussparungen nachstemmen

Häufig fehlen an Sekretären, Schränken, Klapptischen usw. die entsprechenden Scharniere, und gleich große Ersatzteile sind oft nicht zu finden. Kann kein der Originalgröße entsprechendes Ersatzscharnier gefunden werden, empfiehlt es sich, eine nächst größere Abmessung zu wählen. Es ist einfacher, die bereits vorhandene Aussparung nachzustemmen, als mit Flickwerk überflüssige Weite auszufüttern.

Man säubert zuerst die Aussparung von Schmutz und alten Nagelresten. Mit einem Dorn oder Bleistift wird der Umriß des neuen Scharniers auf das Holz übertragen. Mit einem Stemmeisen wird die neue Form ausgestemmt und das Scharnier festgeschraubt.

Lose Scharniere befestigen

Lose oder schief sitzende Scharniere können bewirken, daß damit verbundene Holzteile sich durch schiefen Sitz

Lose oder schief sitzende Scharniere können bewirken, daß damit verbundene Holzteile sich verziehen.

mit der Zeit verziehen. Bevor es dazu kommt, muß das Scharnier wieder befestigt werden, d. h. die Schrauben müssen im Holz wieder festen Sitz bekommen.

Man schraubt das lose oder schief in der Aussparung sitzende Scharnier ab. Die nun offen liegenden Schraubenlöcher des Scharniers werden ausgebohrt, gesäubert und Holzdübel ent-

sprechender Stärke bündig eingeleimt. Nach dem Trocknen des Leimes wird das Scharnier gemäß seinem ursprünglichen Sitz wieder angelegt und festgeschraubt.

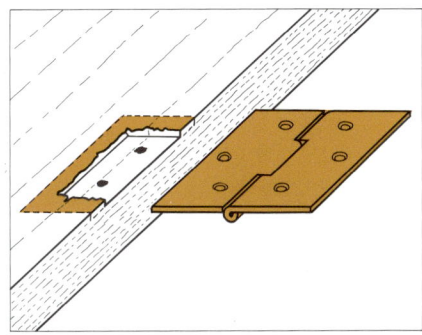

1 Ein Scharnier ist ausgerissen oder verlorengegangen. Die Umrisse des neuen Scharniers werden über der alten Aussparung angerissen.

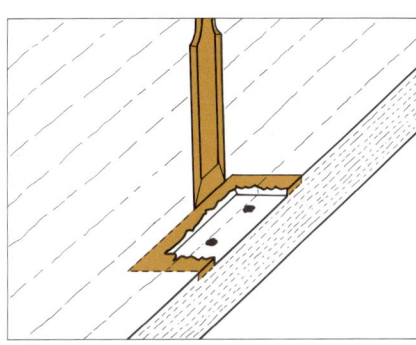

2 Mit dem Stemmeisen wird am Anriß die vergrößerte Aussparung ausgestemmt.

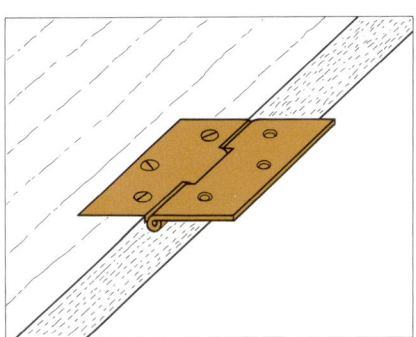

3 Das neue Scharnier wird angeschraubt.

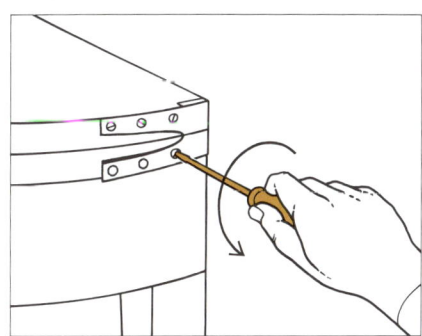

1 Ein lose und schief sitzendes Scharnier soll wieder befestigt werden, d. h. die Schrauben müssen wieder festen Sitz im Holz bekommen.

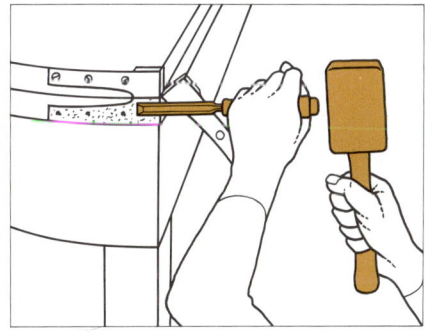

2 Das Scharnier wird gelöst und das darunterliegende Holz gesäubert.

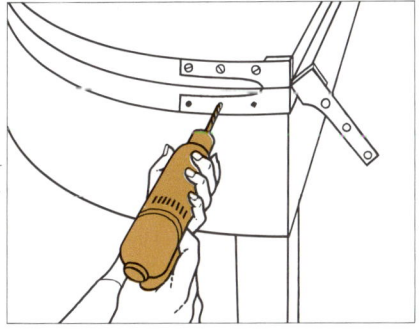

3 Die Schraubenlöcher werden ausgebohrt.

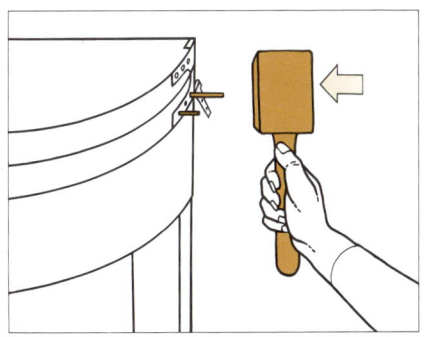

4 Entsprechende Dübel werden eingeleimt.

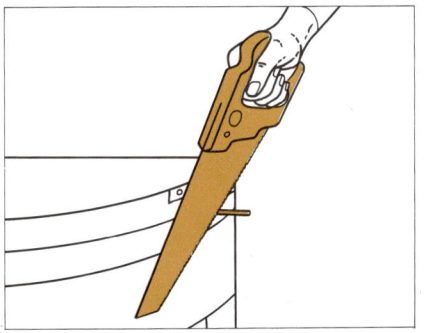

5 Das überstehende Dübelholz wird bündig abgesägt.

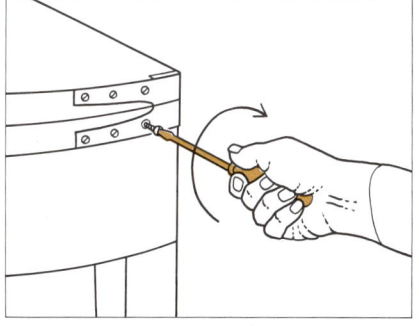

6 Das Scharnier wird – seinem ursprünglichen Sitz gemäß – wieder angelegt und festgeschraubt.

Ausgebrochene Schlüssellocheinfassungen

Schlüssellöcher sind oft mit eingelassenen Holzblenden umrandet. Da Schubladen häufig nur an dem mittig sitzenden Schlüssel gezogen werden, reißt, besonders bei großen Schubladen, die Schlüssellochblende aus. Eine neue Einfassung muß eingearbeitet werden.

Meist ist nur die eingesetzte Holzblende ausgerissen und man kann in die ausgestemmte Vertiefung eine neue Blende einarbeiten. Manchmal ist auch angrenzendes Holz mit ausgerissen, und es muß neu ausgestemmt werden, um eine größere Blende einzusetzen. Weitere am Möbel befindliche (noch intakte) Einfassungen müssen dann entsprechend angepaßt werden. Man kann auch versuchen, das ausgerissene Holz um die Blende herum auszubessern und die alte Form zu bewahren.

Eine neue Blende muß so tief wie möglich eingestemmt werden und stramm im Holz sitzen, um ein erneutes Ausreißen dieser stark beanspruchten Stelle zu vermeiden. Gegebenenfalls findet man zusätzlich im Stil passende Griffe, die links und rechts auf der Schublade montiert werden, und an denen man die Schublade leichter aufziehen kann (s. »Nützliche Adressen für den Restaurator«).

Einarbeiten der Blende:
Bei der Auswahl des Holzes für die Blende kann entweder ein deutlich abweichender Holzton gewählt werden (z. B. das Möbelstück ist aus heller Birke oder Ahorn, die Einfassung aus dunklem Nußbaum oder Mahagoni), oder man sucht ein neutrales Holz aus und beizt die Blende schwarz. Sind an dem Möbel noch weitere intakte Blenden, so richtet man sich natürlich in Form und Farbe nach diesen.

Auf ein der Blendenstärke entsprechend dickes Holz wird die erforderliche Form der Blende übertragen und ausgesägt (s. auch Kapitel »Löcher im Holz«). Das ausgerissene Blendenloch wird sauber nachgestemmt – leicht abgeschrägt nach innen sich verengend –, Schmutz und alte Leimreste werden entfernt.

Man achtet beim Aussägen der Blende bereits darauf, daß die Schnittkanten konisch nach innen verlaufen, um späteres Einpassen zu erleichtern. Mit der Laubsäge wird nun – der früheren Schlüssellochöffnung entsprechend – das Schlüsselloch in die Blende gesägt. Läßt sich die Blende genau in die Öffnung einpassen, wird sie verleimt und bindet unter Druck über Nacht ab.

Soll die Blende schwarz gebeizt werden, so kann dies vor und nach dem Einleimen geschehen. Meist muß nach dem Einleimen noch fein beigeschliffen werden, und man nimmt dabei leicht die schwarze Farbe wieder ab. Es muß dann vorsichtig nachgebeizt werden, ohne dabei das helle, angrenzende Holz mit zu färben.

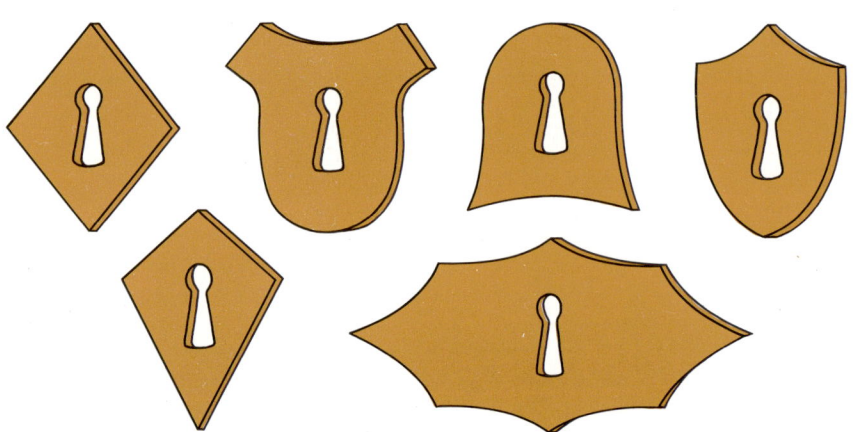

1 Es gibt verschiedene Möglichkeiten, die Form einer Blende auszuarbeiten.

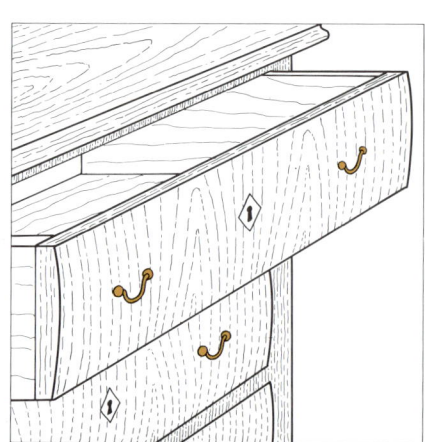

2 Um ein erneutes Ausreißen der Blende zu vermeiden, können zusätzlich im Stil des Möbels passende Griffe montiert werden.

1 Häufig werden große Schubladen nur an mittig sitzenden Schlüsseln aufgezogen; dabei reißt die Schlüssellochblende aus.

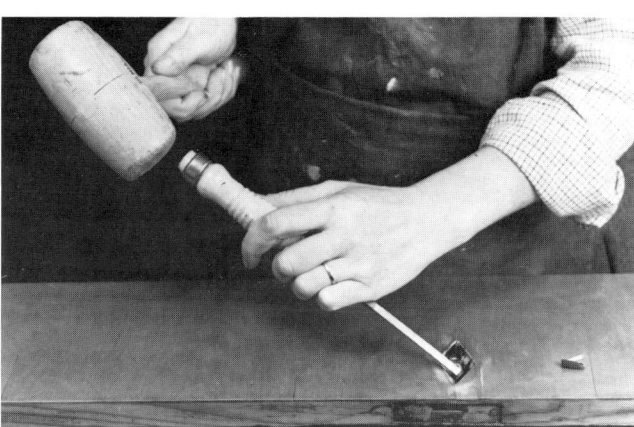

2 Mit dem Stemmeisen wird die Ausnehmung gesäubert, Reste der alten Blende werden weggebrochen. Vorsicht, daß dabei angrenzendes Holz nicht beschädigt wird.

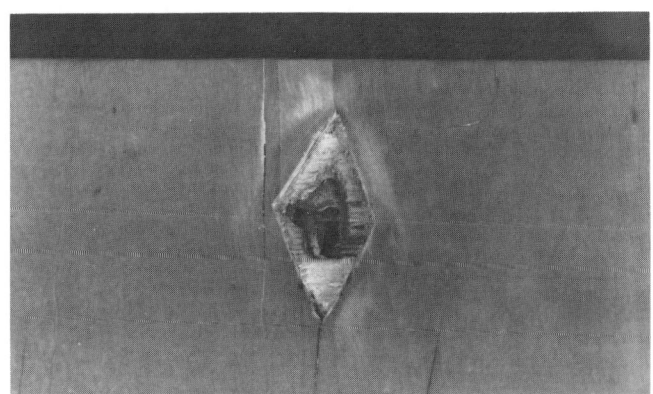

3 Die bis auf das Blindholz gesäuberte Ausnehmung. Der etwas unregelmäßige Verlauf wurde hier belassen, da es sich um die alte Form handelte.

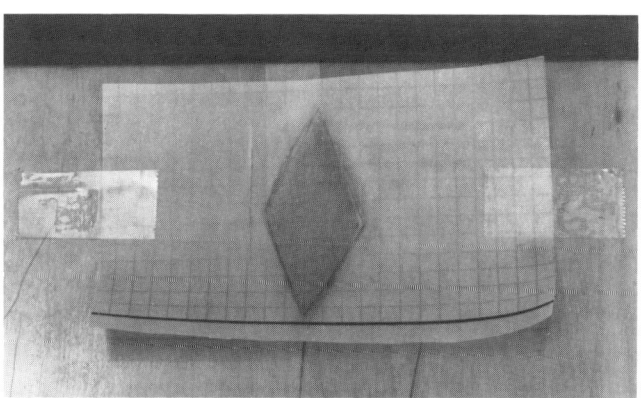

4 Auf ein der Blendenstärke entsprechend dickes Holz wird der Abdruck der Ausnehmung übertragen; mit der Laubsäge werden das Schlüsselloch und die Blende ausgesägt.

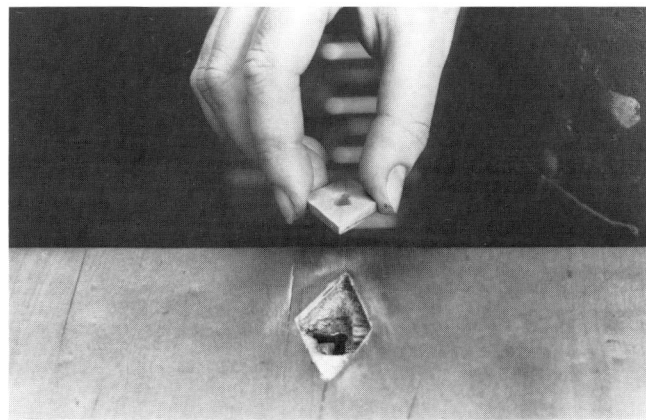

5 Das Einpassen der Blende wird erleichtert, wenn man diese zur Unterseite hin an den Kanten etwas abschrägt.

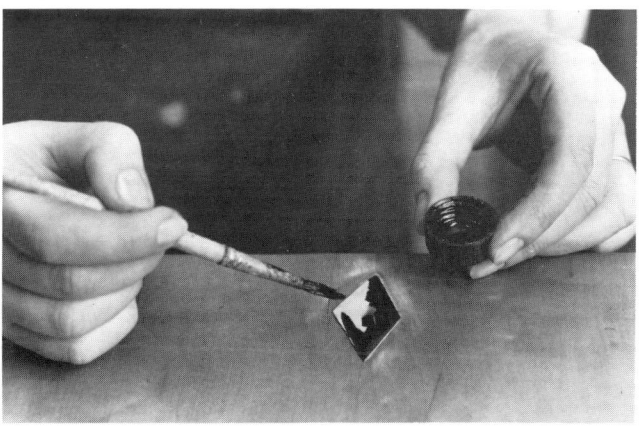

6 Die Blende wird eingeleimt und fein beigeschliffen; falls erforderlich, wird anschließend schwarz gebeizt und oberflächenbehandelt.

Furnier

Man unterscheidet im Möbelbau zwischen massivem und furniertem Holz. Bereits im späten Mittelalter verarbeitete man große Holzflächen nicht nur im Massivzustand, sondern verleimte eine edle Verkleidung – das Furnier – auf einfaches massives Holz, das Blindholz. Einmal weil Massivholz nicht beständig ist, und sich selbst nach angemessener Trockenzeit immer wieder verändern kann, zum anderen, weil einige Holzsorten auch damals schon teuer und selten waren.

Mit Erfindung der Furniersäge im 16. Jahrhundert breitete sich rasch die Kunst des Furnierens aus, von Italien kommend als »tarsia certosina«. Diese neue Technik der Intarsienarbeit brachte bald edlere und kunstvollere Möbel hervor, als dies in der Massivverarbeitung möglich war. Eine Vielfalt von verschiedenfarbigen, meist exotischen Furnieren, gemischt mit holzfremden Materialien, z. B. Schildpatt und Metallen, ließ die kostbarsten Oberflächen entstehen.

Früher wurde Furnier von Hand gesägt und hatte eine Stärke von 3–5 mm. Heute geschieht dies maschinell mit einer Furnierdicke von 0.6 mm und weniger.

Bei der Furnierverarbeitung unterscheidet man zwischen verschiedenen Techniken: furnierte Oberfläche, Intarsienarbeit und Marketerie. Der Furnieruntergrund – das Blindholz – ist meist einfaches Weichholz, manchmal Eiche.

Furniert:

Blindholz wird einheitlich mit der gleichen Sorte dünn gesägtem Edelholz – Furnier – beschichtet. Meist wird die Faser (Maserung) quer zu der des Blindholzes verleimt, um einem gleichzeitigen Reißen mit dem Blindholz entgegenzuwirken. Bei sorgfältig ausgesuchten Furnieren ergeben sich – besonders reizvoll bei Kommoden mit mehreren übereinanderliegenden Schubladen, oder Ansatzlinien auf großen Flächen – dekorative Effekte durch fortlaufende oder gegeneinanderlaufende Maserung der einzelnen Furnierblätter.

Intarsie:

Aus Italien kommend: »tarsia certosina«.

Nach einer Vorlage werden in massive Holzflächen Muster oder Bilder etwa 5 mm tief eingekerbt, in die identische Teilchen und Figuren aus verschiedenfarbigen Holzsorten oder holzfremden Materialien wie Schildpatt, Perlmutt, Edelsteine, Kupfer, Zinn, bündig eingeleimt werden. Besonders im 17. und 18. Jahrhundert entstanden die kostbarsten Möbel in dieser Technik (Boulle-Möbel).

Marketerie:

Im Gegensatz zur Intarsie wird bei der Marketerie eine figürliche oder ornamentale Darstellung aus verschiedenen Furnierteilen außerhalb des Möbels zusammengesetzt, um erst dann auf das Holz geleimt zu werden.

Nach Vorlage werden die verschiedenen Furnierteilchen ausgeschnitten oder gesägt und verkehrt auf eine Leinwand oder Papier geleimt.

Das fertig zusammengesetzte Bild oder Muster wird – Leinwand oder Papier nach oben – dann in das Furnier, den sogenannten »Fond«, eingesetzt. Die Leinwand bzw. das Papier wird abschließend entfernt, feingeschliffen und poliert.

Eine beliebte Form der Verarbeitung war das »Arabeskenmuster«. Helles und dunkles Furnier wurde aufeinandergelegt und mit der Laubsäge nach Vorlage Ornamente ausgesägt. Die dunklen Ausschnitte setzte man in die freien Flächen des hellen Furniers und die hellen Ausschnitte in die freien Flächen des dunklen Furniers. Auf diese Weise konnten zwei oder mehrere Möbel oder Holzflächen gleich intarsiert werden.

Während früher Furnier gesägt wurde, verarbeitet man heute einen Baumstamm, indem man ihn messert oder schält.

Bei dem Messerfurnier werden aus halbierten oder geviertelten Stammteilen mit einer Hobelmaschine Furnierblätter abgenommen. Je nachdem, wie der Baumstamm zerlegt wurde, und ob der Hobel dabei im Radial- oder Tangentialschnitt Furnier abnimmt, können dabei die verschiedensten Muster entstehen.

Bei Schälfurnier wird der ganze Baumstamm in eine rotierende Maschine eingespannt, und ein Messer schält fortlaufend Furnier ab.

Der häufigste Schaden bei furnierten Möbeln entsteht dadurch, daß das massive Blindholz stärker arbeitet als das aufgeleimte Furnier. Das verleimte Furnier löst sich vom Blindholz,

Verschiedene Arten der Furnierherstellung

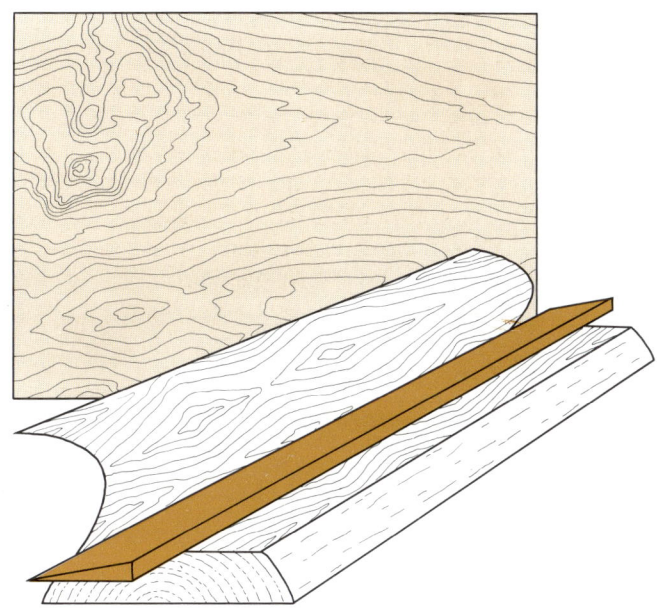

1 Messerfurnier im Längsschnitt (Faserverlauf) des halbierten Stammes. Dies ist die häufigste Form der Furniergewinnung.

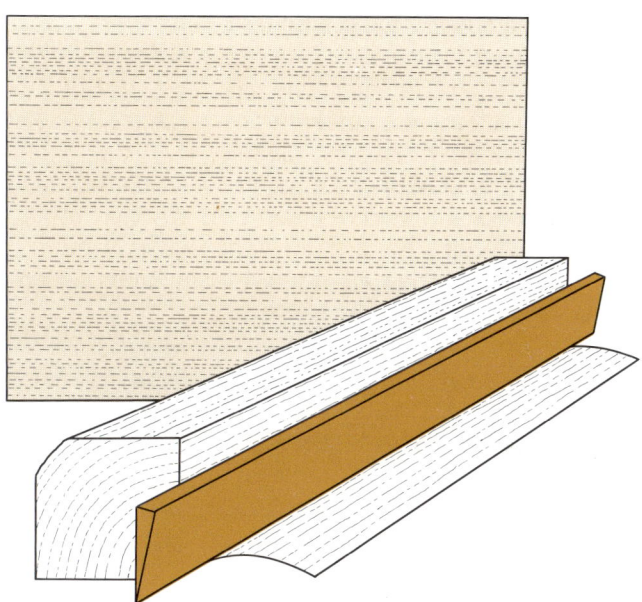

2 Messerfurnier des Viertelstammes im rechten Winkel zum Faserverlauf. Hierbei werden die langen Linien einiger Holzmaserungen besonders hervorgehoben.

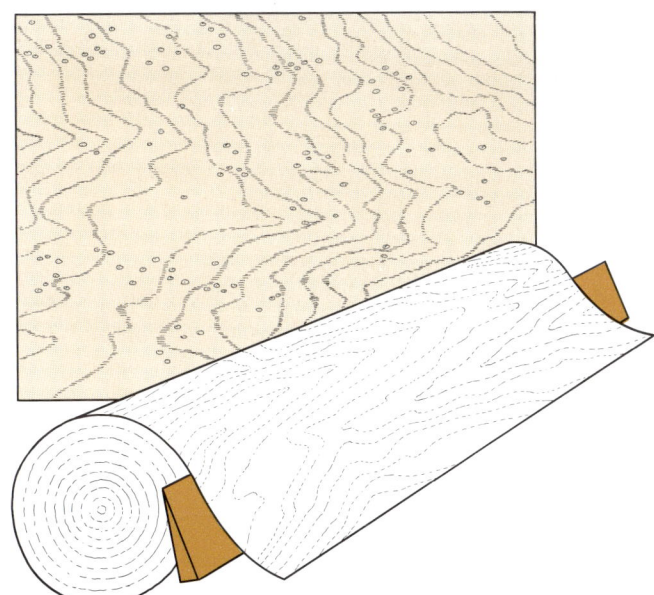

3 Schälfurnier eines ganzen Stammes. Mit dieser Methode wird z. B. »Vogelaugen-Furnier« gewonnen.

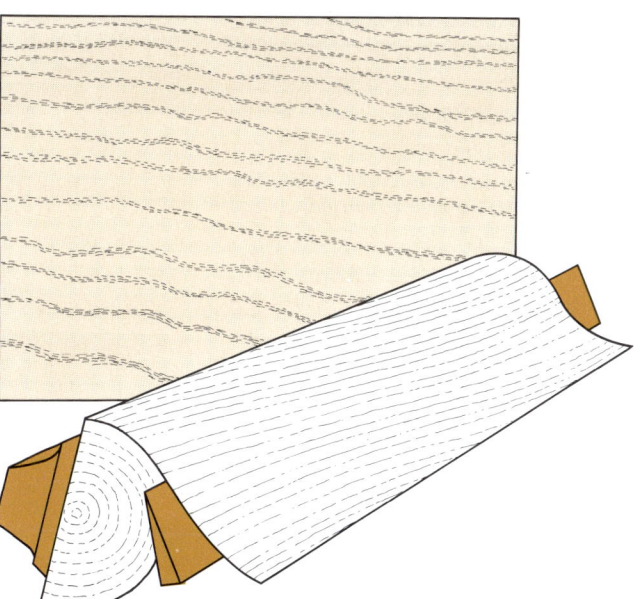

4 Schälfurnier eines halbierten Stammes. Hierbei kommt die Großporigkeit mancher Hölzer hervor.

wirft Blasen oder reißt. Selbst quer zur Faser verleimtes Furnier, oder beidseitig furniertes Massivholz kann dem Arbeiten des Blindholzes auf Dauer nicht standhalten, und der Riß im Blindholz überträgt sich auch auf das Furnier.

Heute wird in der Möbelindustrie mit Sperrholz, Hartfaserplatten und dergleichen gearbeitet. Man hat damit für Furnier und Intarsie ein Blindholz gefunden, das kaum noch arbeitet.

Wie unterscheidet der Laie zwischen massivem und furniertem Holz?

Bei einseitig furnierten Flächen unterscheidet sich die Maserung der Oberseite deutlich von der der Unterseite. Sind Ober- und Unterseite furniert, ist an den Kanten eine Ansatzstelle zu erkennen.

Bei Schubladen oder innenliegenden Kanten ist die Leimfuge und die Stärke des Furniers zu erkennen.

Bei der Aufarbeitung furnierter Möbel ist darauf zu achten, daß furnierte Flächen – je nach ihrem Zustand – eine schonendere Behandlung verlangen als Massivholz. Furnierte Möbel sind aufgrund ihrer dünnen Edelholzauflage empfindlicher im Gebrauch und daher sorgfältiger zu pflegen. Wassertropfen, heiße Gegenstände verursachen schnell Blasen, Risse oder abgeblätterte Stellen.

Umfangreiche Furnierschäden sind schwierige Fälle für den Laien und auch für den Fachmann oft mit aufwendiger Arbeitszeit verbunden. Man achte daher sorgfältig auf beginnende Schäden, die im Anfangsstadium durchaus noch selbst zu restaurieren sind.

Die Vorderseite der oberen Schublade ist furniert (Esche), die untere ist massiv (Nußbaum).

Ablösen von Furnier

Miniaturkommode (Ende 18. Jahrhundert). Nußbaum auf Weichholz furniert, mit Einlege-arbeit (Intarsie) aus Ahorn, Eibe und Wurzelnußbaum auf den Schubladen.

Ähnlich wie beim Auseinandernehmen massiver Holzteile soll bei Furnierarbeiten wirklich nur dort Furnier gelöst werden, wo ein Vorgänger schlecht und auffällig ausgebessert hat, oder wo das Blindholz saniert werden muß. Es besteht immer wieder die Gefahr, daß bei allzu gründlichem Ablösen Teile des Furniers wegbrechen und nicht mehr in gleicher Qualität ersetzt werden können.

Das Ablösen von Furnier wird trocken oder feucht vorgenommen. Das angefeuchtete Furnier wird elastischer und kann nicht so leicht ausbrechen. Mit einem abgerundeten Spachtel oder Messerchen wird das Furnier leicht abgehoben. Wo der Leim noch stärker haftet, wird das Furnier mit einem Eisen erwärmt, um den Leim gänzlich zu lösen. Man legt dabei Papier zwischen Eisen und Furnier, um das Holz nicht zu versengen. Auch ein feuchtes Tuch zwischen Furnier und erwärmtem Eisen kann den alten Leim zum Lösen bringen.

Haftet der Leim noch stark, kann man versuchen, ihn mit reinem Alkohol, der mittels einer Injektionsspritze unter das Furnier gegeben wird, zu lösen.

Als Blindholz wurde meist Eichenholz oder Weichholz verwendet. Furnier läßt sich von Eichenholz leichter wieder ablösen als von weichem Holz, an dem es stärker haftet. Beim Lösen bleiben oft lange Blind-Holzfasern am Furnier haften, die vor dem Wiederverleimen gut entfernt werden müssen.

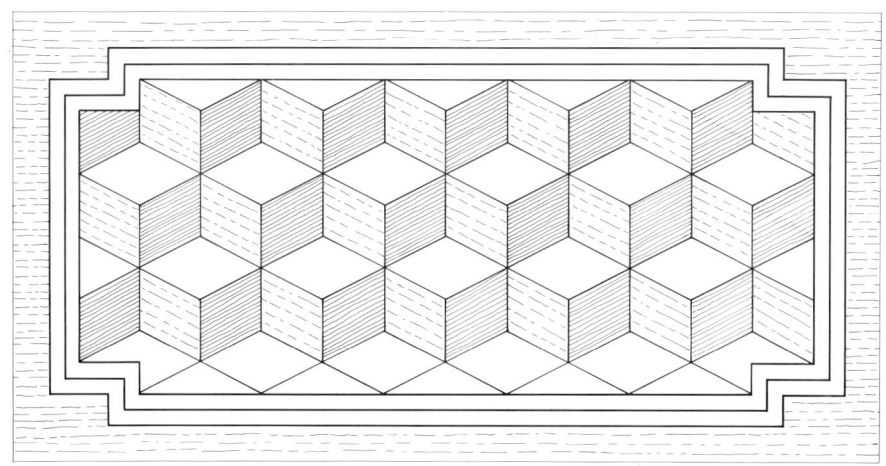

Eine beliebte Form der Marketerie sind geometrische Muster, hier das »Würfelmotiv«.

Furnier schneiden oder sägen

Die Furniereinlegearbeiten (Intarsien, Marketerie) werden mit dem Furniermesser, der Furniersäge oder der Laubsäge zugeschnitten oder ausgesägt. Handelt es sich um neue, also dünne Furniere, kann man auch mit der Schere ausschneiden.

Gradlinige Furnierteile sind verhältnismäßig einfach mit dem Furniermesser zuzuschneiden.

Das Zubereiten von geschwungenen Formen, z. B. bei Intarsienbildern, kann je nach Furnierstärke mit dem Messer oder der Schere vorgenommen werden. Bei geraden wie bei geschwungenen Formen, die annähernd parallel zur Holzfaser laufen, ist immer darauf zu achten, daß man beim Schneiden nicht in der Holzfaser »verläuft«. Dies gilt besonders für grobporige Furniere.

Beim Zuschneiden mit dem Messer arbeitet man auf einer harten Holzunterlage (am besten Buchenholz).

Das Furniermesser wird – wie ein Bleistift – zwischen Daumen und Zeigefinger gehalten. Zur sicheren Führung des Messers beim Zuschneiden gerader Linien liegen Hand und Unterarm fest auf, d. h. das Messer wird nur mit dem Daumen und dem Zeigefinger geführt. Man kann beim Schneiden von geraden Stücken frei arbeiten oder das Messer an einer Stahlschiene, die fest aufliegen muß, entlangziehen. Immer aber ist zu beachten, daß das Furnier nicht in einem einzigen Schnitt durchtrennt wird, sondern mehrmals mit leichtem Druck entlang der gleichen Linie angeschnitten wird, bis die Holzfasern gänzlich durchtrennt sind. Das Messer muß mit senkrechtem Schnitt das Furnier durchtrennen. Es darf daher nicht seitlich geneigt geführt werden, da dadurch beim Einpassen offene Fugen entstehen können.

Beim Zuschneiden mit dem Messer von geschwungenen Formen (Figuren, Blumen) hält man dieses fast senkrecht und schneidet nur mit der Spitze der Klinge.

Mehrere gleiche Furnierelemente erhält man, indem entsprechend viele Furniere übereinandergelegt werden und diese in einem Arbeitsgang – je nach Form – mit dem Messer oder der Laubsäge ausgeschnitten oder gesägt werden.

Aufleimen von Furnier

Das Aufleimen von Furnierteilchen, z. B. Intarsien, oder größeren Furnierstreifen, geschieht stets unter Druck. Beide Flächen – Blindholz (oder »Fond«) und Furnier – werden dünn mit Leim bestrichen.

Um möglichst starken und gleichmäßigen Druck beim Anpressen auszuüben, wird zwischen Furnier und Zwinge eine Zulage aus Holz (Preßklotz) gelegt, die mindestens so groß wie das aufzuleimende Furnierteil sein soll. Zwischen Furnier und Zulage muß stets ein Papier gelegt werden, damit durch austretenden Leim die Holzzulage nicht am Furnier festklebt. Das aufzuleimende Furnier – und dies ist besonders bei größeren Flächen wichtig – muß eben sein, um flächig auf dem Blindholz aufgebracht werden zu können. Ein trockenes und stark geworfenes Furnierteil sollte vor dem Aufleimen (oder Wiederverleimen) leicht genäßt und erst auf ein Papier geleimt werden, Oberseite Furnier auf das Papier. Unter Druck von beiden Seiten mit entsprechend großen Zulagen wird zuerst dieses Fur-

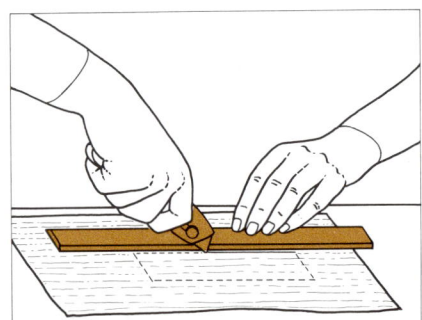

1 Beim Furnierzuschnitt parallel zur Faser zieht man das Furniermesser an einer Stahlschiene entlang.

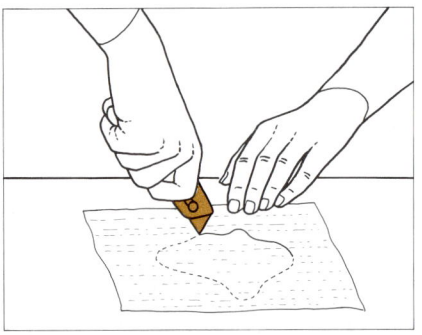

2 Beim Schneiden von geschwungenen Formen muß darauf geachtet werden, daß das Messer nicht in der geradlinigen Holzfaser »verläuft«.

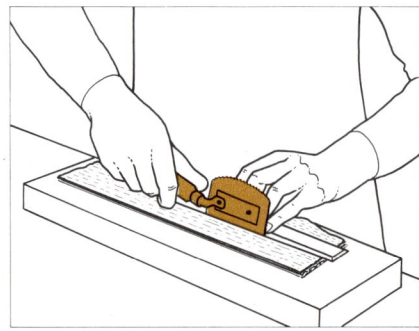

3 Furnierstreifen werden an der Stahlschiene mit der Furniersäge oder dem Furniermesser zurechtgeschnitten.

nierteil wieder geglättet, bevor es dann auf seinen endgültigen Platz aufgeleimt wird.

Im allgemeinen werden Furnierarbeiten mit Weißleim (Ponal), noch besser mit selbst zubereitetem Tischlerleim ausgeführt.

Wird das Verleimen kleiner Teilchen mit einem sofort bindenden Leim vorgenommen (z. B. Pattex), so kann der notwendige Druck beim Anpressen des eingeleimten Furniers mit dem Daumen oder dem Furnierhammer erfolgen. Der Furnierhammer wird kräftig über das Furnier gerieben, der Leim wird dabei gleichmäßig verteilt. Eventuell noch austretende Leimreste werden sofort entfernt.

Beim Verleimen von Furnier auf geschweiften Formen muß mit längerer Abbindezeit des Leimes gerechnet werden, und der momentane Druck ist nicht ausreichend. Da Schraubzwingen und gerades Unterlageholz abrutschen, muß man sich einen Preßklotz zubereiten, der einseitig gerade ist und auf der anderen Seite der Negativform des zu verleimenden Teils entspricht. (s. Kapitel »Unter Druck abbinden lassen«).

Das Aufleimen von großen Furnierblättern auf Blindholz sollte vom Schreiner vorgenommen werden, der mit einer Furnierpresse arbeitet.

Blasen im Furnier

»Kürschner« nennt man blasenförmige Erhebungen innerhalb einer furnierten Fläche. Sie zeigen an, daß das Furnier sich von seinem Untergrund gelöst hat und neu verleimt werden muß. Man sollte sehr sorgsam auf derartige Erscheinungen achten, denn aus den Blasen kann schnell ein Riß im Furnier entstehen, der dann wesentlich schwieriger zu reparieren ist.

Der Fachmann erkennt diese verdächtigen Stellen, indem er leicht mit dem

Durch Feuchtigkeit haben sich Blasen und Risse im Furnier gebildet.

Zeigefinger über die furnierte Fläche streicht. Hört er ein »hohles« Geräusch, zeigt es ihm eine Stelle an, wo der Leim Furnier mit Blindholz nicht mehr verbindet.

Beseitigung der Blasen

Das gewölbte Furnier ist noch nicht gerissen oder gar ausgebrochen, es hat sich lediglich vom Blindholz gelöst und muß also wieder mittels Leim mit seinem Untergrund verbunden werden:

Furnierte Flächen wurden vor und etwa bis zur letzten Jahrhundertwende mit Knochenleim verarbeitet, der, im Gegensatz zum heutigen Kaltleim, warm aufgetragen wurde (s. Kapitel »Holz leimen«).

Erwärmt man die erhobene, ursprünglich mit Knochenleim verleimte Furnierstelle, kann der immer noch auf dem Blindholz befindliche Leim erneut abbinden. Manchmal genügt schon ein längeres, kreisförmiges Schleifen mit feinem Sandpapier auf der betroffenen Stelle – durch die Reibung entsteht bekanntlich Wärme – um den alten Leim wieder zu erwärmen. Unter Druck kann er dann erneut abbinden.

Auch kann ein auf niedrige Temperatur gestelltes Bügeleisen die betreffende Stelle erwärmen. Der Restaurator benutzt dazu ein sogenanntes Furniereisen, das nach der Art der alten Bügeleisen vorher auf dem Ofen erwärmt wird. Zwischen Furnier und

Eisen legt man zum Schutz ein Blatt Papier.

Sollte der alte Leim seine Bindekraft verloren haben, muß neuer Leim an dieser Stelle zwischen Blindholz und Furnier gebracht werden. Mit einer leimgefüllten Injektionsspritze sticht man in die erhobene Furnierstelle und gibt wenig Leim ein. Mit leichtem Daumendruck wird der Leim unter dem Furnier verrieben, bis die Wölbung sich wieder eingelegt hat. Eventuell austretender Leim wird entfernt. Danach muß die Stelle unter Druck abbinden, wobei das Furnier mit einem Stück Papier geschützt wird.

Bei einer bereits polierten Oberfläche muß man mit Beschädigung der Politur rechnen und diese anschließend ausbessern, manchmal sogar die ganze Fläche aufpolieren.

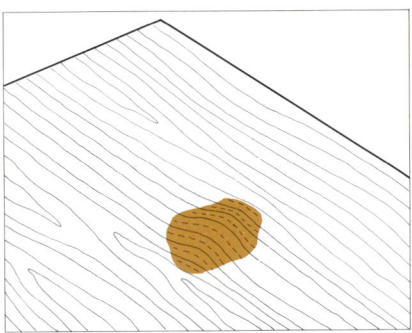

1 Blasenförmige Erhebungen innerhalb einer furnierten Fläche nennt man »Kürschner«.

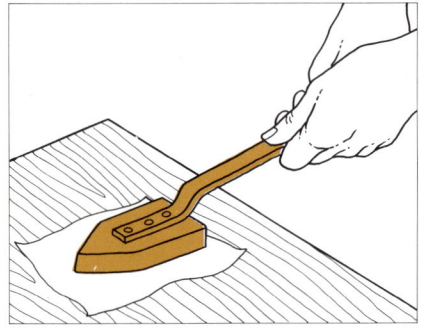

2 Oft genügt es, wenn man die betreffende Stelle erwärmt (Furniereisen, Bügeleisen), und der alte Knochenleim kann erneut abbinden.

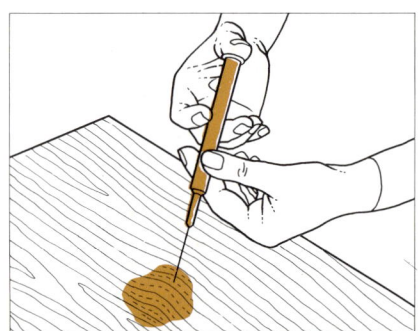

1 Bindet der alte Leim nicht mehr ab, gibt man mit einer Injektionsspritze etwas Leim ein.

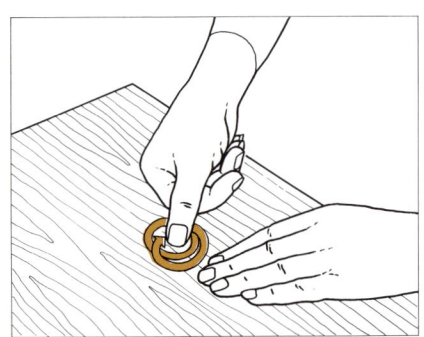

2 Mit leichtem Daumendruck wird der Leim kreisförmig unter dem Furnier verrieben.

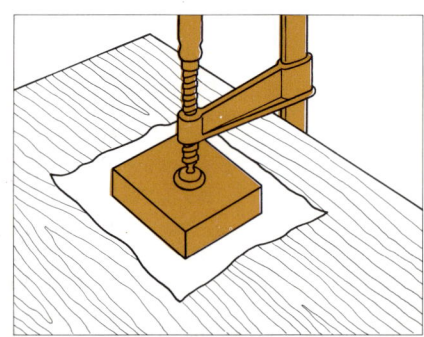

3 Unter Druck bindet die Stelle ab; dabei wird zwischen Furnier und Unterlage ein Stück Papier gelegt.

Biedermeier-Sekretär um 1820, Birke-Furnier, kleine Schubladen Esche-Furni (s. Seite 108-109 »Ausgebrochene Schlüssellocheinfassungen«).

Vorratsschrank um 1800, bäuerlicher Stil, massiv Eiche, mit Zahnschnittkanten unter der Deckplatte.

Fehlstellen im Furnier mit Schellack ausbessern

Bei kleinen Löchern oder Fugen in einer furnierten Oberfläche kann auch mit Schellack ausgebessert werden. Besonders dann, wenn es sich um eine noch unbehandelte Fläche handelt, die anschließend poliert werden soll. Man kann dazu die fertigen Schellackstangen verwenden, besser noch lose Schellackplättchen, die es auch in verschiedenen Farbtönen gibt (s. Kapitel »Polieren«). Mit dem Lötkolben wird Schellack erhitzt und in den betreffenden Stellen verrieben. Da der Lötkolben dabei direkt mit dem Holz in Berührung kommt, muß darauf geachtet werden, daß das Holz nicht versengt wird. (s. Kapitel »Holzwurmschäden beseitigen«).

Risse im Furnier

Risse können die Folge von nicht rechtzeitig verleimten Blasen im Furnier sein.

Manchmal hat sich das Furnier an einer Ansatzstelle gelöst, oder durch unregelmäßigen Schwund ist es im Verlauf einer ausgeprägten Maserungsstelle (z. B. Wurzelfurnier) eingerissen.

Ein lang über das Furnier laufender Riß läßt dagegen meistens auf einen Schaden im Blindholz schließen. Erst das Platzen des Unterholzes – oft eine Leimfuge – hat den Riß im Furnier nach sich gezogen. Starke Feuchtigkeits- und Temperaturschwankungen können die Ursache sein.

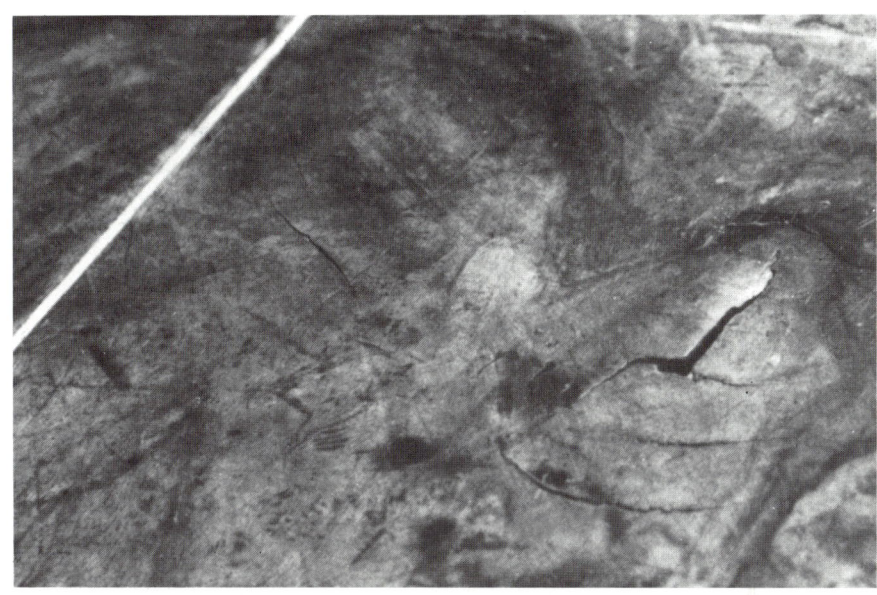

1 In einer ausgeprägten Wurzelholzmaserung (Nußbaum) ist das Furnier aufgerissen.

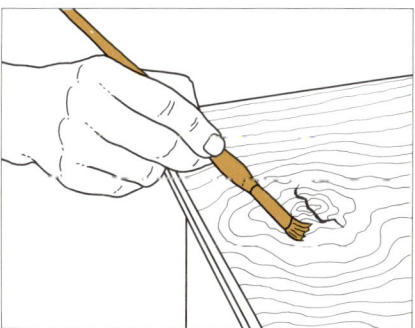

2 Mit einem Pinsel wird der Riß befeuchtet. Das Furnier wird danach elastischer und läßt sich besser bearbeiten.

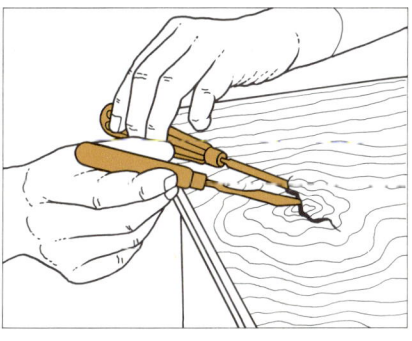

3 Mit einem Messerchen wird das Furnier angehoben, das Blindholz gesäubert und etwas Leim eingegeben.

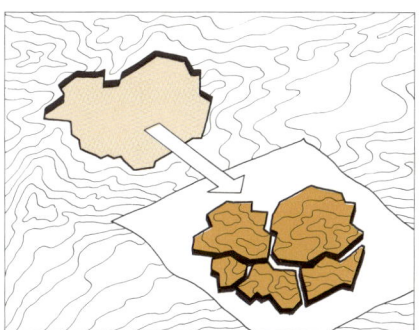

4 Trotz aller Vorsicht kann das Furnier dabei gänzlich ausreißen.

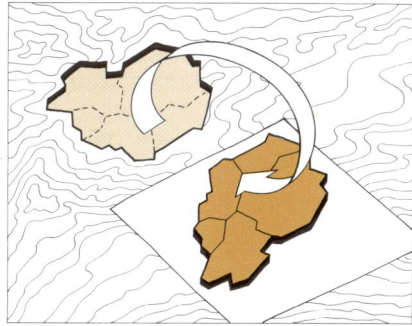

5 Man leimt die Teilchen ihrer ursprünglichen Form gemäß auf ein Papier (Oberseite nach unten), säubert das Blindholz und leimt (Papier nach oben) das Furnier wieder ein. Dann wird das Papier entfernt.

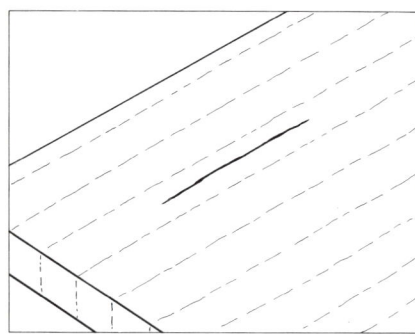

1 Ein feiner Riß im Furnier darf nicht übersehen werden.

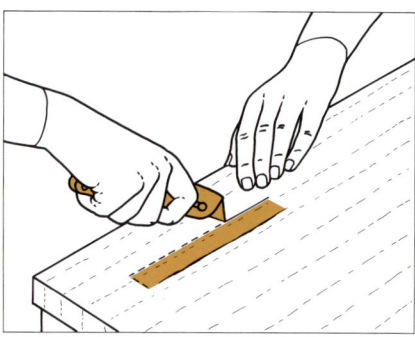

2 Ein Parallelschnitt erleichtert das Säubern unter der Bruchstelle.

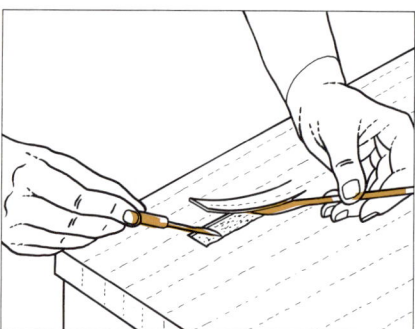

3 Man hebt das Furnier leicht an, säubert das Blindholz und verleimt das Furnier unter Druck.

Alle betreffenden Sanierungsarbeiten setzen besonders Geduld, Sorgfältigkeit und entsprechendes Ersatzfurnier voraus. Es muß hierbei der Wert des Möbels, eigenes Können und der Umfang der Sanierungsarbeiten besonders realistisch eingeschätzt werden.

Wie schon erwähnt, muß außerdem bei polierter Furnieroberfläche mit Beschädigung der Politur gerechnet werden, d. h. es muß anschließend sorgfältig aufpoliert, vielleicht sogar neu poliert werden.

Furnierrisse neu verleimen

Das Furnier ist aufgerissen, das Blindholz ist aber noch intakt:

Meist hat sich unter dem gelösten Furnier Schmutz angesammelt, der vor dem Neuverleimen entfernt werden muß. Das gelöste Furnier wird dazu leicht angehoben, und mit einem Messerchen säubert man das Blindholz und die Unterseite des Furniers. Handelt es sich um stark geschrumpftes und geplatztes Furnier der alten Stärke von 3–5 mm, so kann beim Anheben die Stelle gänzlich ausbrechen. Man kann das Furnier vorher etwas anfeuchten, um es etwas elastischer zu machen, oder man löst das betroffene Furnier völlig ab. Bei mehreren Teilchen überträgt man das

Ausmaß der Bruchstelle auf ein Papier und legt sinngemäß die losen Furnierstückchen auf dieses Muster, um bei späterem Einleimen unnötiges Puzzeln zu vermeiden.

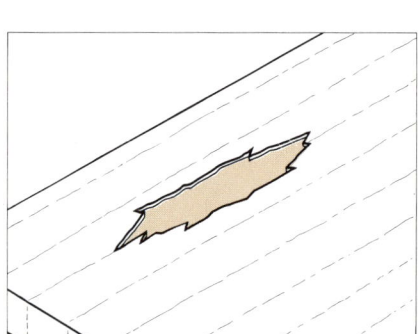

1 Ein unregelmäßig ausgebrochenes Furnier soll ausgebessert werden.

Auch kann man die losen Teilchen in der entsprechenden Formation – Oberseite nach unten – auf Fugenleimpapier kleben und so anschließend, Papier nach oben, neu einleimen.

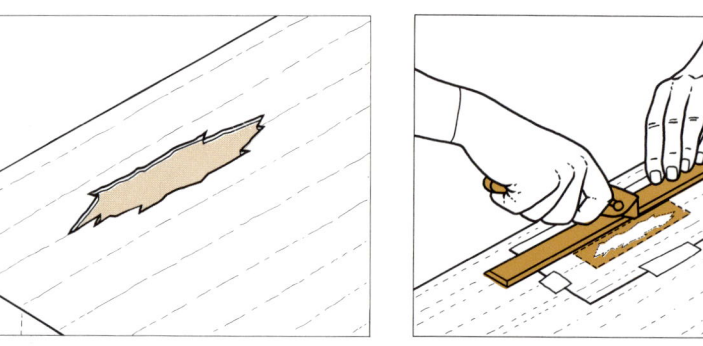

2 Zum leichteren Ausbessern wird die Bruchstelle begradigt, und zwar im gleichen Schnitt wie das Ersatzfurnier.

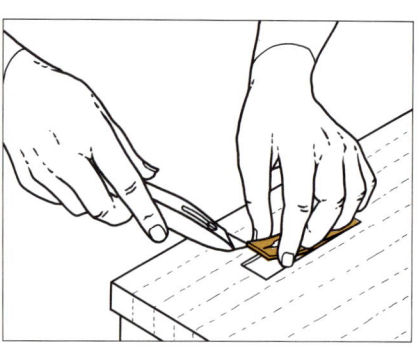

3 Das ausgerissene Furnierstück wird abgelöst und das Blindholz gesäubert.

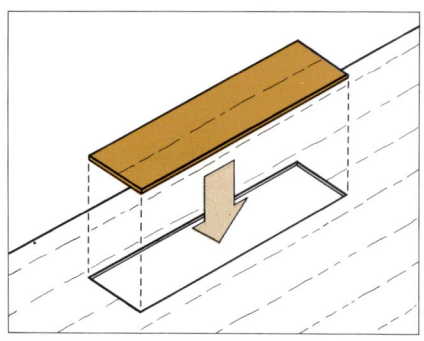

4 Das Ersatzfurnier wird eingeleimt und bindet unter Druck ab.

Ist das freigelegte Blindholz gut gesäubert, werden die Furnierteilchen wieder eingeleimt. Unter Druck läßt man über Nacht abbinden. Zwischen Furnier und Preßklotz wird Papier gelegt, um ein Festkleben der Unterlage am Furnier durch austretenden Leim zu vermeiden. Auch kann der Preßklotz an seiner Unterseite mit Wachs eingerieben werden.

Hat man es mit einem geraden, glatten Riß bei schwächerer Furnierstärke (ca. 1–1,5 mm) zu tun, kann zur besseren Säuberung und Verleimung mit dem Furniermesser ein Parallelschnitt zu der eingerissenen Linie ausgeführt werden. Dieser Schnitt soll gerade noch im Bereich des gelösten Furniers liegen und in etwa dem Maserungsverlauf angepaßt werden. Riß und

parallel dazu ausgeführter Schnitt werden an einer Seite mit einem Querschnitt verbunden. Mit einem Messerchen kann das Furnierstück nun leicht angehoben und das Blindholz darunter gesäubert und dünn mit Leim bestrichen werden. Nach kurzem Ablüften des Leimes wird das Furnierteil wieder aufgelegt und mit dem Daumen leicht anmassiert. Noch austretender Leim wird sofort entfernt. Unter Druck – Zwischenlage Papier – bindet die Leimstelle über Nacht ab.

Nach Abtrocknen der Leimstelle wird mit feinstem Sandpapier nachgeschliffen. Bei ausgeprägter Maserung kann in kreisförmigen Bewegungen geschliffen werden.

Stellt man abschließend fest, daß

trotz sorgfältiger Verleimung noch kleinste Bruchstellen offenliegen, können diese mit Schellack ausgefüllt werden (s. Kapitel »Fehlstellen im Furnier mit Schellack ausbessern«).

Ausgebrochene Stellen im Furnier

Die Fortsetzung eines Furnierrisses kann schnell ein offener Bruch sein. Ist das ausgebrochene Furnier noch vorhanden, kann es – nachdem das Blindholz sorgfältig gesäubert wurde – wieder neu eingeleimt werden.

In den meisten Fällen aber fehlt das ausgebrochene Furnier und ein Ersatzstück muß zugeschnitten werden.

Die Auswahl des Ersatzfurniers kann, was Sorte, Farbe und Stärke angeht, ziemlich schwierig sein, denn gut abgelagertes, starkes Furnier ist kaum noch erhältlich. Bei der Holzsorte sollte man sich sehr genau an das Original halten. Manche Restauratoren nehmen zu diesem Zweck an weniger sichtbaren Stellen Furnier des gleichen Möbels ab, um an der eigentlichen deutlich sichtbaren Stelle möglichst unauffällig ausbessern zu können.

Wenn Sorte und Farbton des Ersatzfurniers stimmen, die Stärke aber weit unter der des Originalfurniers liegt, so kann durch Unterleimen eines zweiten Furnierteils die fehlende Höhe ausgeglichen werden. Auch kann durch Holzkitt, der ebenmäßig auf das Blindholz aufgetragen wird, das erforderliche Niveau erreicht werden. Es gibt Restauratoren, die sich – soweit es sich um kleinere Flickstellen

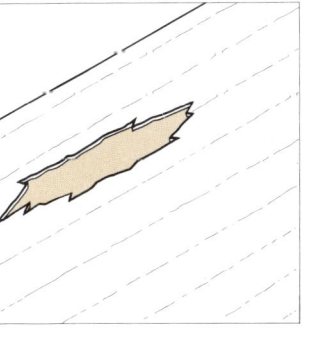

1 Ein unregelmäßig ausgebrochenes Furnier soll in der gleichen Form ausgebessert werden.

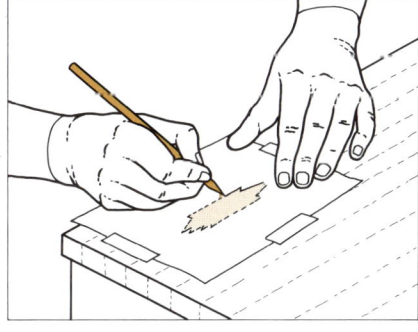

2 Der genaue Abriß wird auf das Papier übertragen.

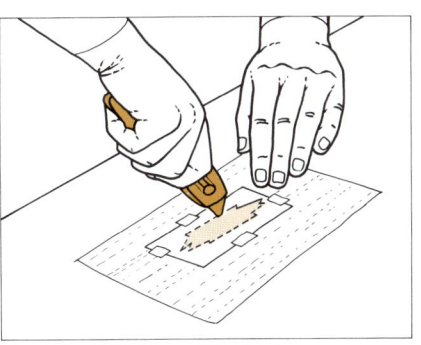

3 Mit dem Furniermesser werden Papier und Furnier gleichzeitig außerhalb des Abrisses zugeschnitten.

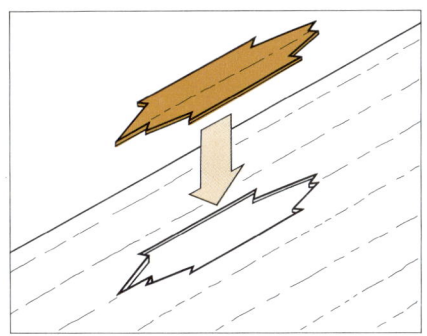

4 Das Ersatzfurnier wird eingeleimt und bindet unter Druck ab.

handelt – Furnierstreifen in 3–4 mm Stärke aus Massivholz selber zusägen. Sollte man ein passendes Ersatzfurnier gefunden haben, dieses aber stärker als das Originalfurnier sein, wird vor dem Verleimen unterseitig die überflüssige Stärke abgeschliffen, um ihm oberseitig nichts von seiner Patina zu nehmen. Zum Schleifen klebt man es mit seiner Vorderseite auf ein starkes Papier.

Zubereitung des Ersatzfurniers

Wie beim Ausbessern eines unregelmäßig ausgebrochenen Loches im Massivholz, so wird auch die ausgerissene Stelle im Furnier zuerst etwas begradigt und dem Maserungsverlauf angepaßt. Man muß dazu also noch etwas mehr Furnier ausschneiden als eigentlich ausgebrochen ist, aber es geht hier darum, sich möglichst unauffällig der Maserung anzupassen.

Es kann sogar vorkommen, daß man bei Intarsien ein ganzes Figurenteil

abnimmt und neu einbessert, anstatt innerhalb desselben auffällig auszuflicken. Auch ist es manchmal einfacher, den Bruch von Rand zu Rand zu vergrößern und ein dementsprechendes Furnierteil einzuarbeiten.

Man muß also von Fall zu Fall entscheiden, um sich möglichst harmonisch dem Original anzupassen.

Mit einem Messerchen oder Dorn reißt man die gewünschte Begradigung oder Vergrößerung der Furnierbruchstelle an und hebt oder löst sie stückchenweise aus. Dies kann mit einem Messerchen, Beitel, Spachtelchen geschehen. Natürlich soll dabei so vorsichtig wie möglich vorgegangen werden, um nicht Furnier außerhalb der vorgezeichneten Linie auszubrechen. Falls dies doch geschieht, kann man dieses Teilchen wieder einleimen, oder die Bruchstelle um dieses Stück begradigen.

Hat man alles Furnier innerhalb der Markierung abgenommen, wird das

nun freiliegende Blindholz von alten Leimresten und Schmutz gesäubert. Eine genaue Paßform des Ersatzfurniers kann auf verschiedene Weise übertragen werden:

- Die Ränder der offenen Bruchstelle werden mit einem Kohlestift geschwärzt, dann wird ein weißes Papier aufgelegt (mit Tesafilm befestigt) und der Abdruck übertragen, indem man mit dem Finger den Umriß entlangfährt.
- Man legt ein Kohlepapier – Kopierseite nach oben – auf die Vertiefung, darüber ein weißes Papier und erhält reibend eine Pause auf dem weißen Papier.

In beiden Fällen klebt man dieses Muster auf das Ersatzfurnier, schneidet es mit dem Furniermesser oder der Schere <u>außerhalb</u> des Anrisses aus und leimt es bei genauer Paßform auf das Blindholz. Das noch auf der Oberseite klebende Papier wird entfernt und feingeschliffen.

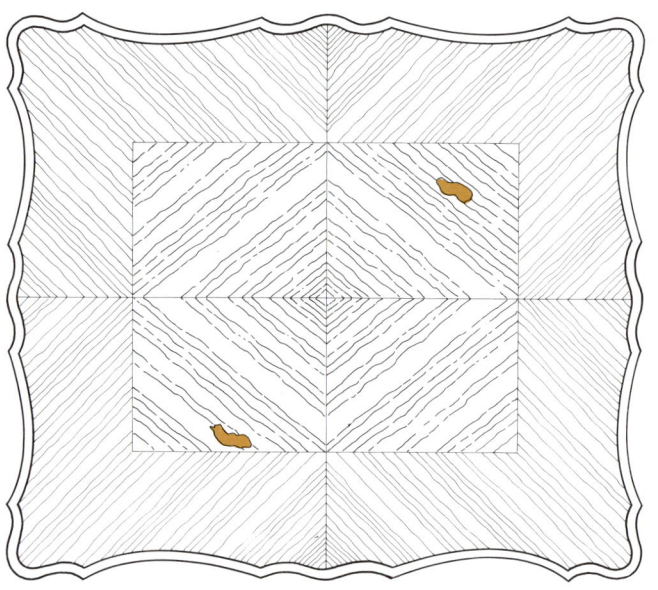

1 Unregelmäßig ausgebrochenes Furnier soll möglichst unauffällig ausgebessert werden.

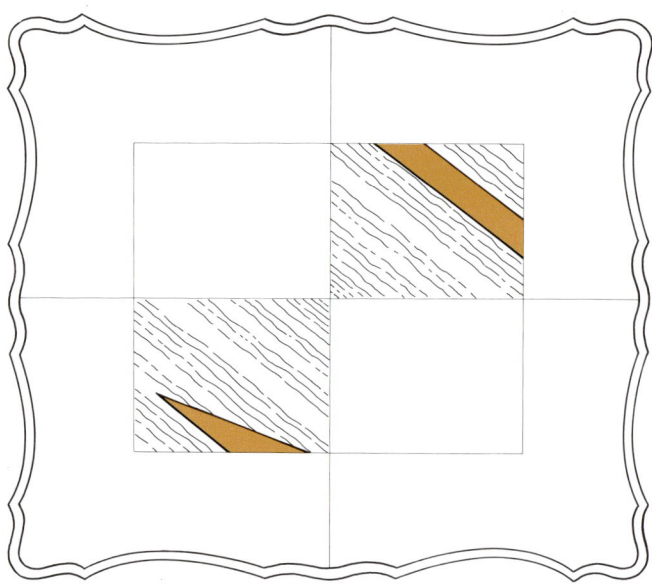

2 Die ausgebrochene Stelle wird etwas vergrößert, d. h. begradigt, wobei man sich dem Maserungsverlauf anpaßt.

Wird die auszubessernde Stelle in eine einfache Form (z. B. Rechteck, Quadrat) begradigt, kann man die Begradigung des neuen Furniers und den Zuschnitt der Bruchstelle in einem Arbeitsgang vornehmen. Man legt das neue Furnier – Maserungsverlauf beachten! – über die schadhafte Stelle und schneidet an einem Lineal entlang mit dem Furniermesser außerhalb der Beschädigung das neue und das alte Furnier gleichzeitig aus. Damit sich das obenaufliegende Furnier nicht verschiebt, wird es mit Tesafilm oder Furnierstiften befestigt.

Das alte, beschädigte Furnier wird nun innerhalb der Schnittlinie säuberlich gelöst und das Blindholz gesäubert. Bei exakter Paßform wird das Ersatzfurnier eingeleimt und bindet unter Druck – Papier zwischen Preßklotz und Furnier legen – ab.

Sind größere Partien eines Intarsienbildes beschädigt oder ausgebrochen, so wird dieses Bild wieder vervollständigt.

Die fehlenden Teilchen können entweder nach einem noch vorhandenen, intakten Pendant des Furnierbildes übertragen werden, oder man ergänzt – dem Ausmaß der Bruchstelle entsprechend – eigenständig.

Die fehlenden Formen werden auf Furnier übertragen und ausgeschnitten. Bei der Zusammenstellung einer Figur aus mehreren Teilchen werden diese vor dem Einleimen an ihren endgültigen Platz mittels Fugenleimpapier zusammengefügt.

Fugenleimpapier ist 15–20 mm breiter, einseitig gummierter, dünner Papierklebestreifen, der die Furnierteilchen an den Schnittkanten zusammenhält. Hat man also die gewünschten Teilchen ausgeschnitten, klebt man sie bündig zusammenhängend auf das Fugenleimpapier und leimt diese Figur – Klebestreifen nach oben

– in die ausgebrochene Stelle ein. Man kann die einzusetzenden Teilchen aber auch – Oberseite nach unten – mit wasserlöslichem Leim auf ein dünnes Stück Papier oder Leinen bringen. In jedem Falle aber wird zum Schluß das Papier oder Leinen entfernt und feingeschliffen.

Sollten trotz sorgfältiger Auswahl des Ersatzfurniers deutliche Farbunterschiede zum Originalfurnier bestehen, können Retuschen vorgenommen werden. Mit einem feinen Pinsel und Beize oder Retuschierfarben kann man vor dem Polieren Tönung und Maserung aufmalen.

1 Ausgerissene Stellen im Furnier . . .

2 . . . sollen möglichst mit der gleichen Holzsorte ausgebessert werden (hier Eiche-Furnier).

1 An exponierten Stellen platzt Furnier leicht ab.

2 Furnierstärken über 1 mm (handelsüblich heute ca. 0,3 mm) kann man sich aus altem Holz auf der Kreissäge zuarbeiten.

3 Um das ausgebrochene Furnier (2–3 mm stark) ergänzen zu können, wurde altes Holz in entsprechender Stärke aufgesägt.

1 Bei diesem Biedermeier-Stuhl ist an vielen Stellen das Furnier ausgebrochen (s. auch Farbtafel S. 136 oben links).

2 Doch lohnt sich bei einem alten Stück ...

3 ... eine sorgfältige Restaurierung.

4 An der stark beschädigten Rückenlehne (s. nebenstehende Abb. Mitte) wurde das Furnier teilweise in breiten Streifen von Kante zu Kante ausgebessert. Dies wirkt unauffälliger, als viele kleine Löcher einzeln auszufüllen.

Oberflächenbehandlung

Die Bedeutung einer sorgfältig ausgeführten Oberflächenbehandlung darf neben den mehr oder weniger aufwendigen konstruktiven Sanierungsarbeiten keinesfalls unterschätzt werden. Erst die harmonisch auf Holz und Charakter des alten Möbels abgestimmte Bearbeitung der Oberfläche verleiht ihm Schönheit und Wert.

Es sind nicht nur ästhetische Erwägungen, die die Bearbeitung einer Oberfläche erfordern. Das Holz wird gleichzeitig vor Schmutz, Feuchtigkeit, Beschädigung und Insekten geschützt.

Je nach Art und Struktur des Holzes wird gewachst, geölt, poliert, mattiert oder lackiert.

Die älteste Art der Oberflächenbehandlung ist das Wachsen und Ölen. Das Firnissen, also das Polieren mit Schellack, kam erst im 18. Jahrhundert zur Blütezeit der intarsierten Oberfläche auf.

Nach welchen Kriterien wird nun eine Oberflächenbehandlung ausgewählt? Man unterscheidet dabei vor allem zwischen Weich- und Hartholz, d. h. Nadel- und Laubholz. Bei Hartholz teilt man wiederum in groß- und feinporige Sorten ein. Bei Weichhölzern ist die gängigste Behandlungsmethode der Oberfläche das Wachsen und Ölen. Alle mittel- bis feinporigen Laubhölzer (z. B. Nuß, Kirsche, Mahagoni) werden in der Regel mattiert oder poliert.

Eiche, ein besonders hartes Laubholz, wird wegen seiner Großporigkeit meist gewachst. Eine Politur würde nicht gleichmäßig auf der Oberfläche stehen bleiben und rasch wieder in den Poren versinken.

Natürlich kann man alle Holzsorten lackieren, doch wäre es schade, wertvolles Holz mit ausgeprägter Maserung unter einer deckenden Lackschicht verschwinden zu lassen.

Wässern und Feinschliff

Gleichgültig ob ein Möbelstück geölt, gewachst, poliert oder lackiert werden soll, müssen die in den vorherigen Kapiteln beschriebenen Säuberungsarbeiten durchgeführt werden.

Es muß hier nochmals auf die Wichtigkeit des Schleifens, bzw. des Feinschliffs hingewiesen werden. Eine mit Ausdauer feingeschliffene Oberfläche kann nach dem letzten Arbeitsgang bereits den matten Schimmer einer schwach polierten Oberfläche haben, und Wachs, Politur oder Lackauftrag kommen hierauf erst richtig zur Geltung.

In der Regel wird mit Schleifpapier Körnung 120 vorgeschliffen und gesäubert (s. Kapitel »Alte Farbe entfernen«). Zum Feinschliff wird die Holzoberfläche mit feuchtem Schwamm leicht gewässert. Nach kurzer Trockenzeit ist diese Feuchtigkeit verdunstet und man wird feststellen, daß sich das Holz aufgerauht hat, d. h. die Holzfasern sind durch das Wässern aufgequollen und haben sich aufgerichtet. Durch erneutes Schleifen mit der nächst feineren Körnung werden die Holzfasern abgeschliffen. Der Vorgang Wässern und Schleifen kann mehrfach wiederholt werden, bis man bei der feinsten Körnung angelangt ist (120/180/240/320/400/600). Beim Schleifen wird kein allzu starker Druck ausgeübt. Die aufgerichteten Holzfasern sollen leicht abgeschliffen und nicht wieder plattgedrückt werden. Durch das Wässern erreicht man ungefähr die Wirkung, die ein später aufgetragener Lack oder Politur hätte, der bei schlecht ausgeschliffenem Holz eine rauhe Oberfläche hinterlassen würde. Unter »Wässern« versteht man lediglich ein leichtes Befeuchten des Holzes. Es kann dies gegen Schluß auch wegfallen, und man schleift trocken bis zur feinsten Körnung.

Wässern erleichtert nicht nur den Feinschliff, sondern hat zudem den Vorteil, daß eventuell vorhandene Druckstellen im Holz wieder aufquellen. Besonders wenn anschließend gebeizt werden soll, ist Wässern von Vorteil, da die Beize nun gleichmäßig vom Holz aufgenommen wird, und die Oberfläche nach dem Beizen kaum noch aufrauht.

Beizen

Bei der Oberflächenbehandlung alter Hölzer – also Holz, das bereits 70–100 Jahre alt ist – spielt das Beizen eigentlich eine etwas nebensächlichere Rolle. Im allgemeinen hat das Holz im Laufe der Jahre eine so charakteristische Patina erhalten, d. h. der Naturton hat sich durch äußere Einflüsse wie Licht,

Feuchtigkeit und Staub so vertieft, daß man eigentlich bedacht sein sollte, diesen patinierten Naturton nicht durch Beizen zu verfremden. Trotzdem wird es in einigen Fällen durchaus nützlich sein, Einzelheiten über Beizarten und Beiztechnik zu kennen.

Hirnholz (quer zur Faser geschnittenes Holz) nimmt besonders viel Beizflüssigkeit auf und sollte daher vor dem Beizen mit klarem Wasser genäßt werden. Splintholz (hellere, außenliegende Schicht im Stamm) kann intensiver mit Beize behandelt werden, wenn der Farbton dem des Kernholzes (innenliegender dunkler Kern im Stamm) angepaßt werden soll.

Um den gewünschten Farbton zu ermitteln, muß vorher stets probegebeizt werden. Man trägt etwas Beize an einer unsichtbaren Stelle, die dem Holz der zu behandelnden Fläche entspricht, auf und prüft nach angemessener Trockenzeit und leichtem Schleifen den endgültigen Farbton. Handelt es sich um das Beizen einer furnierten Fläche, muß natürlich auch auf Furnier probegebeizt werden. Fällt der Beizton etwas zu dunkel aus, wird dem Pulver oder der bereits vorbereiteten Beizlösung etwas mehr Verdünnung als vorgeschrieben beigemischt. Bei zu hellem Ergebnis verringert man die entsprechende Verdünnung oder gibt mehr Pulver zu.

Bevor gebeizt wird, sollte man bedenken, daß späteres Polieren oder Lackieren den Naturton des Holzes sowieso etwas vertieft und auf einen leichten Beizton verzichtet werden kann. Befeuchtet man das rohe Holz etwas, erkennt man etwa die Tönung, die sich nach dem Polieren, Mattieren usw. ergeben wird.

Bei der Intarsienarbeit spielte früher das Einfärben einzelner Furnierteilchen eine große Rolle. Chemische Farben waren noch unbekannt, und man färbte z. B. mit Extrakten aus Teeblättern, Zichorie, Kasseler Erde, grünen Nußschalen, Kalkwasser, Sauerkrautbrühe, Senf-, Rettich-, Engerlingsaft, Galläpfeln. Man machte sich den Ammoniakgehalt im Pferdemist zunutze und räucherte Eiche damit dunkel, oder brannte Holz in heißem Sand.

Heutzutage braucht der Hobbyschreiner diese alchemistischen Künste nicht mehr zu beherrschen. Aus dem reichhaltigen Angebot an chemischen Beizen kommen für ihn vorwiegend folgende in Betracht:
- Wasserbeizen
- Spiritusbeizen
- Wachsbeizen.

Wasserbeizen

Sie werden in metallfreien Gefäßen in kochendheißem Wasser aufgelöst. Kommt die Beize mit Metall in Verbindung, kann sie den Farbton verändern. Setzt man der Wasserbeize etwas Salmiak zu, wird die Farbwirkung intensiviert, die Farbe kann aber leicht auch etwas grauer werden.

Die nach Vorschrift aufgelöste, erkaltete Wasserbeize wird mit dem Schwamm oder einem metallfreien Pinsel auf das gut gereinigte und feingeschliffene eventuell leicht angefeuchtete Holz satt aufgetragen. Der Auftrag erfolgt erst mit, dann quer zur Faserrichtung. Nach kurzer Trockenzeit wird überschüssige Flüssigkeit mit dem Lappen oder dem Schwamm abgenommen. Beize über Nacht trocknen lassen und danach leicht anschleifen (Schleifpapier 320 oder feiner).

Aufrechtstehende Flächen werden stets von unten nach oben gebeizt.

Spiritusbeizen

Sie werden in Spiritus (im Wasserbad) aufgelöst und anschließend durch ein

Mit Terpentinöl und Bienenwachs kann man sich eine Wachsmischung selbst herstellen.

feines Leinentuch gut gefiltert.
Man verwendet diese Beizlösung zum Anfärben von farblosen Polituren oder Bienenwachslösungen.

Wachsbeizen

Gebrauchsfertig zu kaufende, flüssige Wasserbeizlösungen mit Zusatz von Bienenwachs (Anwendung wie Wasserbeizen).
Sie geben der Oberfläche eine leicht glänzende Wachsschutzschicht. Es kann anschließend aber auch farblos lackiert werden.

Ölen

Das Ölen ist eine Behandlung, die bei Weichhölzern und Schnitzereien Anwendung findet.
Ölen bietet dem Holz wenig Oberflächenschutz.

> **Wichtig:** Da der in Leinöl getrankte Lappen leicht entzündlich ist, sollte er bei Arbeitspausen in einem verschlossenen Glas aufbewahrt und nach Gebrauch sofort vernichtet werden.

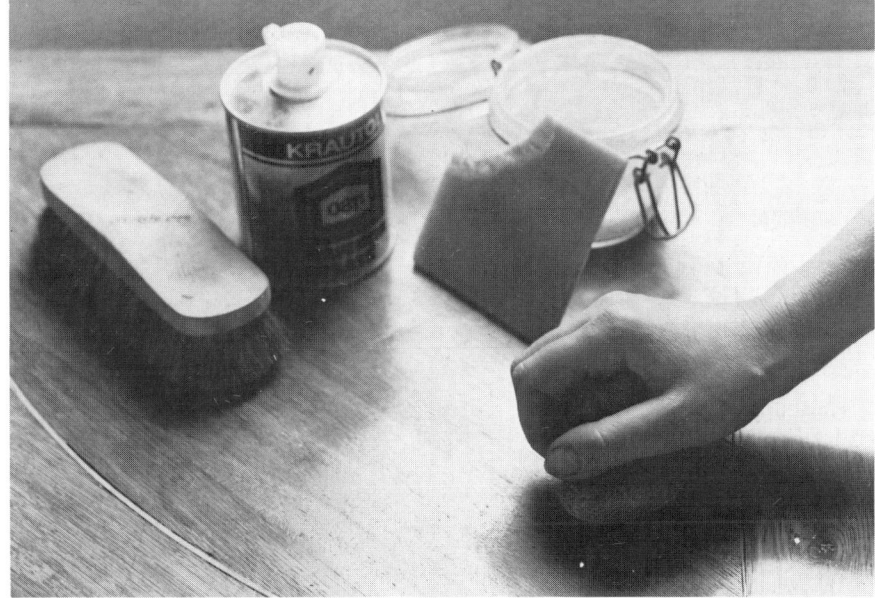

Mit einem weichen Ballen wird das Wachs in dünnen Schichten kräftig in das Holz eingerieben.

Es ist davon abzuraten, bei häufig benutzten Gegenständen (z. B. Eßtisch) diese Art der Oberflächenbehandlung anzuwenden. Dagegen ist für den bäuerlichen Schrank oder die Truhe – soweit nicht bemalt wird – Ölen genau die richtige Art der Behandlung.
Leinöl (in Drogerien erhältlich) wird abgekocht und in noch heißem Zustand, etweder pur oder mit reinem Terpentin vermischt, mit einem weichen Lappen auf die gut gesäuberte und geschliffene Oberfläche aufgetragen. Der Auftrag erfolgt mehrfach und in dünnen Schichten.
Nach dem letzten Auftrag läßt man das Öl gut trocknen bzw. einziehen und schleift dann mit feinstem Sandpapier oder Stahlwolle 000 nach.
Um eine leichte Tönung bzw. Vertiefung des Naturtons zu erreichen, kann dem Öl etwas Lasurfarbe zugesetzt werden.

Geölte Flächen können anschließend zusätzlich noch gewachst werden.
Ölen findet auch Anwendung beim Polieren. Zur Belebung der Maserung kann, bevor mit Schellack poliert wird, die Oberfläche mit Schleiföl »angefeuert« werden.

Wachsen

Wachsen – die wohl älteste Art der Oberflächenbehandlung – findet bei Weichhölzern, besonders aber bei Eiche Anwendung. Auch Obsthölzer und Nußbaum können gewachst werden. Obwohl es häufig eine Frage des Geschmacks ist, ob man sich für Wachsen oder Polieren entscheidet, sollte man doch bedenken, daß eine gewachste Oberfläche anfälliger gegen Wasser, Hitze, Insekten ist, als das polierte Holz. Allerdings kann man im Laufe der Zeit durch sparsamen, aber regelmäßigen Auftrag von Bienenwachs eine sehr schöne, mattglänzende Oberfläche erlangen. Eine gewachste Oberfläche kann auch noch poliert werden – nicht aber umgekehrt.
Man kann direkt auf die rohe, gut geschliffene Oberfläche wachsen, man kann diese aber auch zuvor grundieren. Dieses Grundieren bzw. Porenfüllen kann mit einem Schnellschliffgrund (Einlaßgrund), oder auch – wie beim Polieren – mit Bimsmehl durchgeführt werden.
Das Wachsen erfolgt mit einer Bienenwachslösung. Bohnerwachs ist nicht zu empfehlen.
Antikwachs oder Bienenwachslösung kann man fertig im Handel kaufen. Besser noch stellt man sich seine eigene Mischung her:
Reines Bienenwachs wird in Terpentinöl aufgelöst, bis man eine dickflüssige Masse erhält. Diese wird mit

einem weichen Ballen kräftig in das Holz eingerieben. Nach dem Trocknen wird das Holz mit einer Roßhaarbürste gut nachgebürstet. Dieser Vorgang des Wachsens und Bürstens kann sich in Abständen von Tagen oder Wochen wiederholen, bis man einen satten Glanz erzielt. Es ist dabei nur sparsam Wachs zu verwenden – die Oberfläche darf sich nicht klebrig anfühlen.

Vor jedem neuen Wachsen muß die Oberfläche entstaubt werden.

Bienenwachs kann mit spirituslöslichen Beizen angefärbt werden.

Wachsen von Stühlen, besonders Sitzflächen, ist nicht empfehlenswert, da beim Sitzen die Kleidung beschmutzt werden kann.

Mattieren

Die mattierte Oberfläche zeichnet sich durch einen fast offenporigen, seidenmatten Glanz aus. Mattierungen oder Mattinen gibt es in farblos, blond oder in verschiedenen Holzfarben auf Zellulose- oder Schellackbasis. Mattiert werden in der Regel alle Hölzer, die man auch polieren kann – also alle Laubhölzer, außer der Eiche wegen ihrer Grobporigkeit. Die Mattierung gewährt wenig Oberflächenschutz. Man trägt sie mit einem Pinsel, besser noch mit einem Stoffballen auf. Der Auftrag erfolgt stets auf einen grundierten und feingeschliffenen Untergrund. Die Tiefe des Seidenglanzeffektes hängt von der Anzahl der aufgetragenen Mattineschichten ab.

Mattieren zerfällt in zwei Arbeitsgänge: Grundieren und Mattieren.

Grundieren:

Auf die feingeschliffene und gut gesäuberte Oberfläche wird ein Grundierungslack (Schnellschliffgrund) aufgetragen. Je nach Struktur und Maserung bietet der Handel eine Vielzahl dieser Grundlacke an, die sich alle nach kurzer Zeit besonders gut schleifen lassen und einen gut gefüllten, feinporigen Untergrund für die anschließende Mattierung schaffen.

Im allgemeinen wird die Grundierung zügig mit einem weichen Pinsel satt Strich neben Strich gesetzt. Grundierlacke trocknen sehr rasch und werden daher nicht mehr – wie die meisten deckenden Lacke – kreuz und quer »vertrieben«.

Die Grundierung kann mit dem Pinsel aber auch mit dem Ballen aufgetragen werden (s. Kapitel »Polieren« »Zubereitung des Polierballens«). Da Grundlacke keine Gleitöle enthalten, ist der Auftrag mit dem Ballen zwar etwas schwieriger, hat aber den Vorteil, daß durch den Druck des Ballens die Oberfläche dem Holzverlauf entsprechend mehr oder weniger Grundierung annimmt und somit eine gleichmäßigere Oberfläche ergibt. Bei Ballenauftrag wird die Grundierung etwa 10–20 % verdünnt.

Nach vorgeschriebener Trockenzeit wird die Grundierung fein geschliffen und sauber entstaubt. Kanten und Erhebungen werden etwas vorsichtiger geschliffen, damit beim Schleifen die Grundierung nicht wieder entfernt wird. Die Mattierung sinkt sonst später an diesen Stellen in die offenen Poren ab und matte Stellen stören das Oberflächenbild.

Mattieren:

Mit einem Ballen aus Trikot wird die Mattierflüssigkeit mit leichtem Druck in Strukturrichtung Strich neben Strich aufgetragen. Sparsamer, aber

1 **Mattieren:** Auf die feingeschliffene Oberfläche wird ein Grundierungslack (Schnellschleifgrund) satt Strich neben Strich aufgetragen.

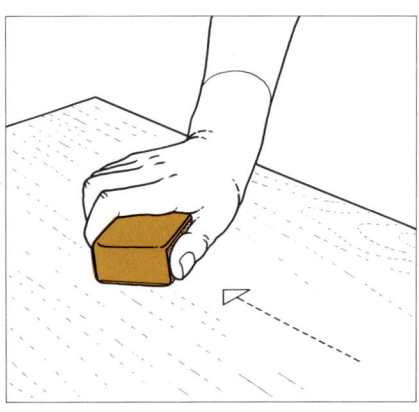

2 Nach entsprechender Trockenzeit wird die Grundierung fein geschliffen (Körnung 500–600) und entstaubt.

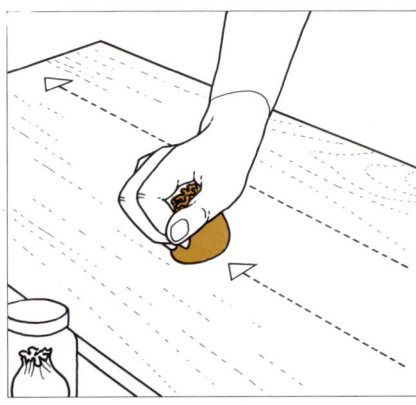

3 Mit einem Ballen wird die Mattine in Faserrichtung Strich neben Strich aufgetragen.

dafür häufiger Auftrag bringt den gewünschten seidenmatten Glanz. Mattierungen trocknen sehr schnell an. Man muß daher zügig arbeiten und darf mit dem Ballen in der Strichbewegung nicht anhalten.

Nach mehrmaligem Auftrag Fläche über Nacht trocknen lassen und am nächsten Tag Vorgang wiederholen. Bei längeren Wartezeiten verwahrt man den Ballen in einem gut verschließbaren Glas. Man verhindert damit ein hartes Antrocknen der Ballenfläche, und der gut eingearbeitete

Ballen kann auch am nächsten Tag noch benutzt werden. Abschließend wird der Ballen mit einer der Mattine entsprechenden Verdünnung auf der Oberfläche ausmattiert.

Je nach Anspruch kann man mit der Mattierung nach einigen wenigen Ballenaufträgen abschließen oder solange weiter auftragen, bis die Poren fast geschlossen sind. Es wird immer in Strichbewegungen aufgetragen und nicht wie beim Polieren in kreisenden Bewegungen.

Lackieren

Es gibt Fälle, bei denen sich allzu gründliche Vorarbeiten kaum lohnen, und wo sich bereits nach dem Ablaugen oder Abbeizen zeigt, daß das Holz von minderwertiger Qualität ist. Man sollte dann lieber einen deckenden, sorgfältig ausgeführten Lackanstrich ausführen.

Etwaige Schäden im Holz werden mit Holzkitt ausgefüllt. Danach schleift man die Oberfläche gut mit Sandpapier. Sodann wird mit einem Grundlack grundiert. Um eine gleichmäßige, glatte Oberfläche zu erzielen, wird – nach Trocknung der Grundierung – gespachtelt. Mit einem Japanspachtel wird der Spachtelkitt erst quer, dann in Faserrichtung über die Fläche verteilt, so daß etwas tiefer liegende Partien in der Maserung mit Kitt ausgefüllt werden und eine gleichmäßige Oberfläche entsteht.

Nach 24 Stunden Trockenzeit wird die gespachtelte Oberfläche fein geschliffen und der Schleifstaub sorgfältig entfernt. Danach kann mit dem Decklack gestrichen werden. Man rechnet 2–3 Lackaufträge, wobei jede Schicht gleichmäßig und dünn ausgeführt werden soll. Nach dem ersten bzw. zweiten Auftrag kann mit feinem Sandpapier zwischengeschliffen werden.

Die Trockenzeiten müssen gut eingehalten werden.

Polieren

Das Polieren mit Schellack – die Hohe Schule der Oberflächenbehandlung – ist eine alte Kunst, die sich im Aussterben befindet.

Seit Erfindung der Dispersionslacke auf Kunstharz- oder Nitrobasis wird Holz in der Möbelindustrie weitge-

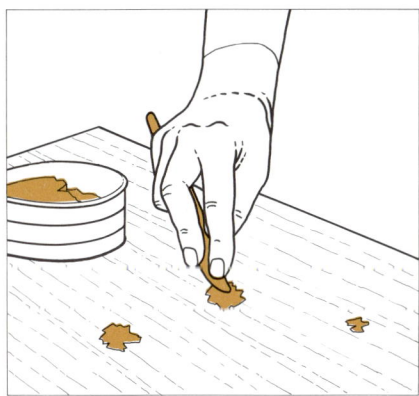

1 Lackieren: Etwaige Schäden im Holz werden vor dem Lackieren mit Holzkitt oder Spachtel ausgebessert und geschliffen.

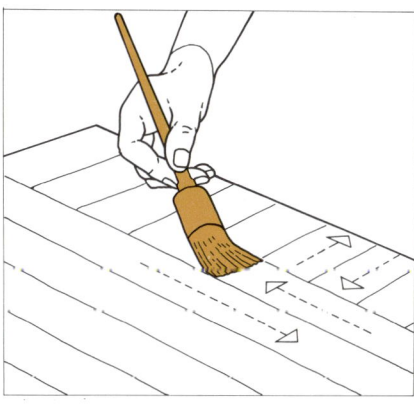

2 Die Oberfläche wird mit einem Vorstreichlack grundiert.

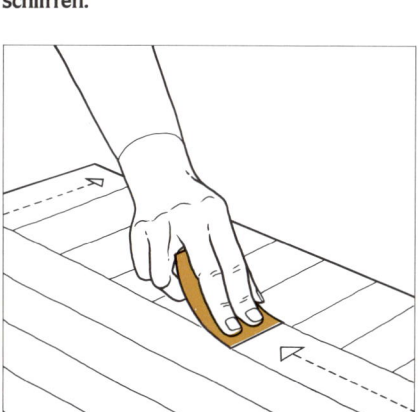

3 Nach ca. 24 Std. Trocknen, schleifen und spachteln. Mit einem Japanspachtel wird die Spachtelmasse erst quer, dann in Faserrichtung aufgebracht.

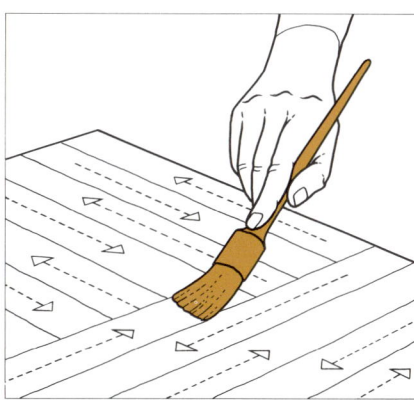

4 Nach 24 Std. fein schleifen (Körnung 400). Der Decklack wird in zwei bis drei dünnen Schichten (entsprechende Trockenzeiten!) aufgetragen, d. h. quer und längs zur Maserung »vertrieben«.

hend gespritzt, getaucht oder im Gießverfahren oberflächenbehandelt. Eine Politur von Hand wäre viel zu zeitaufwendig und daher zu teuer. Bei der schlechten Qualität der Furniere (oder gar bei Furnieren aus Kunststoff) würde das Ergebnis zudem unbefriedigend ausfallen.

Mit stark zunehmender Beliebtheit und Wertschätzung alter Möbel sieht sich so mancher Liebhaber wie auch professionelle Restaurator überfordert, wenn es darum geht, eine Schellackpolitur aufzutragen. Denn was nützt schon eine fachmännische Restaurierung, wenn die ausdrucksvolle Maserung und Farbe des alten Holzes unter einer alles deckenden plastikartigen Lackschicht verschwindet. Erst beim Polieren tritt Lebendigkeit und Schönheit des Holzes zutage. Der Glanz einer handpolierten Holzoberfläche kann auch heute noch der Stolz eines jeden Restaurators sein. Polituren auf Schellackbasis kamen erst im 17./18. Jahrhundert zur Blütezeit der Intarsienkunst auf. Davor wurde meist mit Wachs und Leinöl gearbeitet. Man entdeckte in Indien, daß aus den Absonderungen eines Baumschädlings – der Schellacklaus – Lack von höchster Qualität gewonnen werden konnte. Die Schellackplättchen wurden in Weingeist aufgelöst und ergaben einen dünnflüssigen Lack, die Schellackpolitur. Unter sparsamster Zuhilfenahme von Leinöl und gleichzeitiger Verarbeitung von porenfüllenden Pulvern wurde diese Politur mit dem Ballen in sehr vielen, dünnen Schichten auf die Holzoberfläche aufgetragen. Viele Geheimnisse wurden seither um die alten Polierregeln gemacht, und die Rezepte der verschiedenen Poliermischungen von den Poliermeistern streng gehütet. Doch eines ist wichtig und allen Polierarbeiten gemeinsam: Man braucht dabei viel Geduld, Ausdauer und ein bißchen Geschicklichkeit.

Neben der Schellackpolitur gibt es inzwischen auch eine moderne Version der Handpolitur: ein kombiniertes Lack- und Polierverfahren auf Zellulosebasis. Man kann dabei sowohl mit der Spritzpistole als auch mit dem Pinsel auftragen. Abschließend werden einige Ballen Deckpolitur mit der Hand aufpoliert (s. Kapitel »Lackpolieren«).

Bei sehr guter Verarbeitung ist es für den Laien kaum möglich, den Unterschied zur reinen Schellackpolitur zu erkennen. Der Fachmann dagegen unterscheidet sehr gut zwischen dem weichen, natürlichen und tiefgrundigen Glanz einer Schellackpolitur und der harten, manchmal fast grünlich schimmernden Oberfläche der Zellulosepolitur.

Die Schellackpolitur scheint sich im Laufe der Zeit eng mit dem Holz zu verbinden, wohingegen die Lackpolitur eher wie eine holzfremde Schicht auf der Holzoberfläche liegt. Mit Lackpolitur behandeltes Holz ist widerstandsfähiger gegen Wasser und Alkohol als die schellackpolierte Oberfläche.

Zum Polieren geeignet sind mittel- bis feinporige Laubhölzer, z. B. Ahorn, Kirsche, Nuß, Mahagoni, Palisander usw.

Nicht geeignet ist die Eiche, die wegen ihrer Grobporigkeit die Politur schnell absinken lassen würde, sowie alle weichen Nadelhölzer, die besser gewachst, geölt oder lackiert werden.

Beleuchtung und Temperatur im Arbeitsraum:

Es sei hier nochmals auf die Notwendigkeit guter Beleuchtung der Arbeitsfläche hingewiesen. Besonders beim Polieren ist die kritische Beurteilung der Oberfläche nur bei geeigneter Beleuchtung möglich. Je nach Größe des Werkstückes sollte das Polieren in Tischhöhe ausgeführt werden und direkt von oben beleuchtet sein. Zur Beurteilung der Politur blickt man schräg über die Holzoberfläche, um alle nur sichtbaren Mängel zu erfassen. Polierarbeiten werden nur im staubfreien Raum vorgenommen. Die Temperatur soll bei 18–20 Grad liegen. Auch die Polituren selbst sollen bei dieser Temperatur gelagert werden. Bei zu hoher oder zu niedriger

Schellackplättchen, in Alkohol aufgelöst, ergeben die Schellackpolitur.

Raumtemperatur verflüchtigt sich der Alkohol zu schnell oder zu langsam und die Politur zieht nicht gut an.

Zubereitung des Polierballens

Das wichtigste Werkzeug beim Polieren ist der Polierballen. Schon allein um seine Zubereitung soll sich allerlei mystisches Gehabe ranken. Auf jeden Fall muß er mit Sorgfalt und aus gutem Material geformt werden. Das Innere des Polierballens besteht aus Baumwollwatte, die zu einem festen Kern – »mausförmig« heißt es in der Poliersprache – zusammengedrückt wird. Darüber zieht man einen Wolllappen (reine Wolle, nicht Synthetik). Über den Wollappen zieht man ein »tausendmal gewaschenes« Leinen. (Weniger oft ist auch noch gut genug, nur nicht neu und frisch gestärkt soll es sein.) Der Kern des Ballens kann auch aus aufgetrennter reiner Wolle – früher nahm man rohe Schafwolle – bestehen, über den das Leinen gezogen wird.

Zu Anfang des Polierens wird mit grobem Leinen poliert, die weiteren Arbeitsgänge mit mittelfeinem bis feinen Leinen vorgenommen. Der Leinenüberzug innerhalb eines Arbeitsganges soll ab und zu ausgewechselt werden.

Handhabung des Polierballens

Der Ballen wird beim Polieren – glatte Fläche nach außen – fest in die Hand genommen, Daumen links des Ballens, und kreis- oder achterförmig über die Oberfläche poliert. Der frisch mit Politur getränkte Ballen wird anfangs mit leichtem Druck über die Oberfläche geführt; danach erhöht man den Druck auf den Ballen, um auch den tiefeingezogenen Rest der Politur zu verarbeiten. Jeder Ballen muß »auspoliert«, d. h. trockenpoliert werden.

Zu Anfang des Polierens, also beim Einlassen, wird die Politur Strich neben Strich gesetzt. Bei allen weiteren Arbeitsgängen wird der Ballen in kreisenden oder achterförmigen Bewegungen, die aus dem Handgelenk kommen, geführt. Es muß beim Polieren schnell gearbeitet werden. Ein Absetzen des Ballens auf der Holzoberfläche hinterläßt sofort Spuren. Zügiges Arbeiten und die Handwärme lassen den Alkohol im Polierballen verdunsten und den Schellack gut ansetzen.

Während man auf großen Flächen den Ballen hintereinander immer wieder von links nach rechts zügig auspolieren kann, muß beim Polieren von kleinen Holzflächen darauf geachtet werden, daß man sich die eben aufgetragene Schicht bei der nächsten Bewegung nicht wieder »aufreißt«. Man sollte daher kleine Pausen einlegen oder mehrere kleine Teile gleichzeitig mit einem Ballen bearbeiten.

Der Vorteil beim Ballenauftrag liegt in der »holzgerechten« Abgabe des Lackes, d. h. durch Druck des Ballens nehmen manche Stellen (Hirnholz, Strukturwirbel) mehr Flüssigkeit auf als harte Langholzstellen. Zudem arbeitet man sparsam, mit geringstem Materialaufwand und das Holz wird beim Auftrag nicht angerauht.

Für das Polieren von Zierleisten, Schnitzereien oder gedrechselten Teilen ist der normale Polierballen meist zu groß. Man kann sich einen kleinen Ballen anfertigen und die betreffenden Teile mit reichlich Politur ein- bis zweimal »ausziehen«, d. h. in streichenden Bewegungen, wie mit dem Pinsel.

Auch können solche Partien dem sogenannten »Petersburger Lack« bearbeitet werden. Es ist auf Schellackbasis und verläuft sehr gut. Man kann ihn sowohl mit dem Ballen als auch mit dem Pinsel auftragen.

Zwischen den verschiedenen Arbeitsgängen verschließt man den Polierballen in einem Glas. Man verhindert damit sein Austrocknen und kann ihn immer wieder benutzen. Je besser ein Polierballen eingearbeitet ist, desto gleichmäßiger gibt er die Politur an das Holz ab.

Wird die Polierarbeit unterbrochen, muß vor Wiederbeginn die Oberfläche unbedingt mit einem weichen Tuch entstaubt werden.

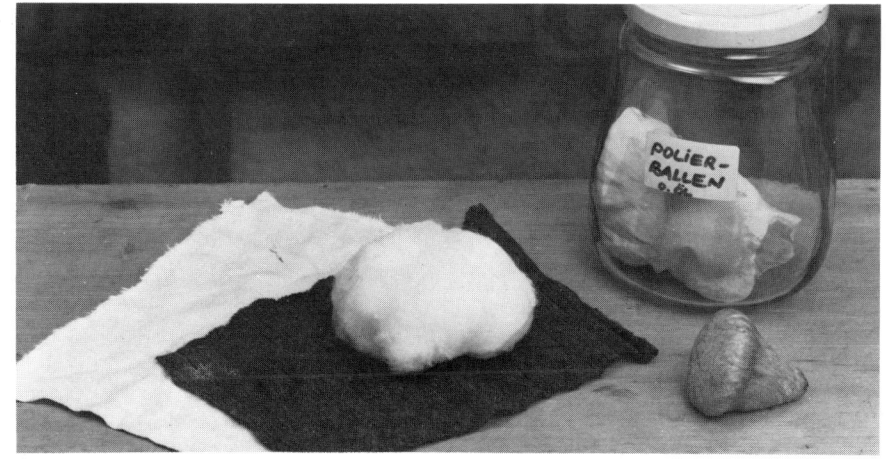

Aus Baumwollwatte, einem Woll- und einem Leinenlappen stellt man einen Polierballen her.

Handpolieren

Erforderliche Arbeitsmittel zum Handpolieren

- Polierballen: bestehend aus Baumwollwatte, Wollappen, Leinentuch
- Schleiföl
- Bimsmehl
- Alkohol (Äthyl 99 %) } oder fertige
- Schellackplättchen } Schellackpolitur
- Polieröl
- Abziehpolitur
- Stahlwolle 000
- verschließbare Gläser

Das Handpolieren zerfällt in verschiedene Arbeitsgänge:

- Anfeuern
- Einlassen
- Porenfüllen
- Grundpolieren
- Deckpolieren
- Auspolieren

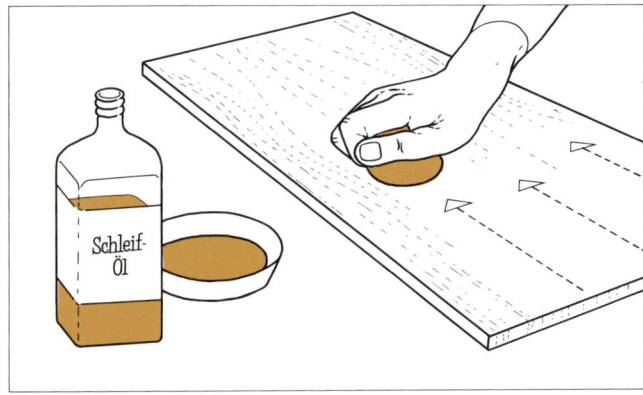

1 <u>Handpolieren:</u> Die feinst geschliffene Oberfläche kann zur Belebung der Maserung mit <u>Schleiföl</u> »angefeuert« werden.

2 Vor dem Porenfüllen wird das Holz mehrmals mit einer stark verdünnten Politur grundiert.

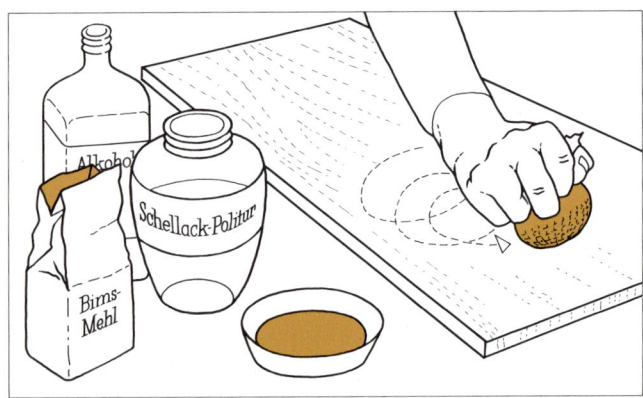

3 Zum <u>Porenfüllen</u> mischt man sich aus verdünnter Politur und Bimsmehl eine dickliche Paste, die mit einem frischen Ballen kreisförmig eingerieben wird.

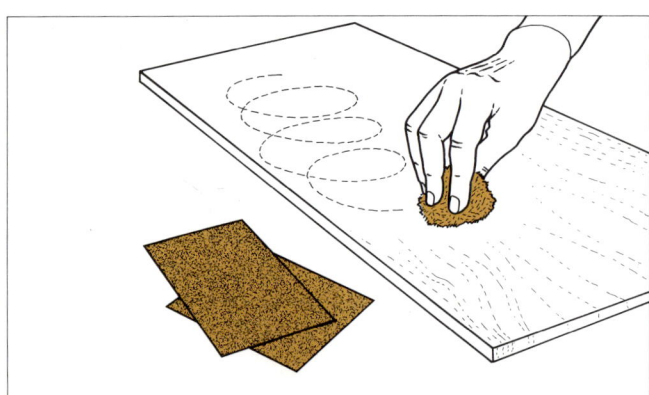

4 Während der verschiedenen Arbeitsphasen wird mit Stahlwolle (000) oder feinstem Sandpapier (600) immer wieder zwischengeschliffen.

Beim Handpolieren wird mit Schellack gearbeitet. Man kann die im Handel erhältlichen Polituren verwenden, man kann sich aber auch selbst eine Mischung herstellen (s. Kapitel »Rezepturen«, »Schellackpolitur«).

Beim Polieren wird immer nur mit reinem Alkohol (Äthylalkohol 99 % gearbeitet. Brennspiritus ist nur bedingt geeignet.

Es muß nochmals betont werden, daß mit Erfolg nur auf eine sorgfältig und feinst geschliffene Oberfläche poliert werden kann. »Gut geschliffen ist halb poliert...«

Anfeuern

Zur Belebung der Maserung kann mit Schleiföl »angefeuert« werden. Meist wird das Holz dabei etwas dunkler und kräftiger im Ausdruck. Schleiföl ist farblos und angefärbt erhältlich.

Man gibt etwas Schleiföl auf einen sauberen, weichen Lappen und verreibt diesen kräftig und gleichmäßig in die Holzporen. Mit einer Weiterbe-

handlung wartet man mindestens 12 Stunden. Vor dem nächsten Arbeitsgang kann mit Stahlwolle 000 oder feinstem Sandpapier nochmals geschliffen werden.

Einlassen

Vor dem Porenfüllen wird das Holz mit einer »schwachen«, d. h. mit Alkohol stark verdünnten Schellackpolitur grundiert. Der mit dieser Politur getränkte Ballen wird in die Maserungsrichtung Strich neben Strich aufgetra-

5 Beim <u>Grundpolieren</u> hat der Ballen einen groben Leinenüberzug. Man führt ihn erst Strich neben Strich und geht dann in Kreise und Achterbewegungen über.

6 Beim <u>Deckpolieren</u> hat der Ballen einen feinen Leinenüberzug. Damit er besser über die Oberfläche gleitet, wird mit etwas Polieröl poliert.

7 Beim <u>Auspolieren</u> werden die noch vorhandenen Ölspuren entfernt. Man poliert mit stark verdünnter Politur und etwas Abziehpolitur.

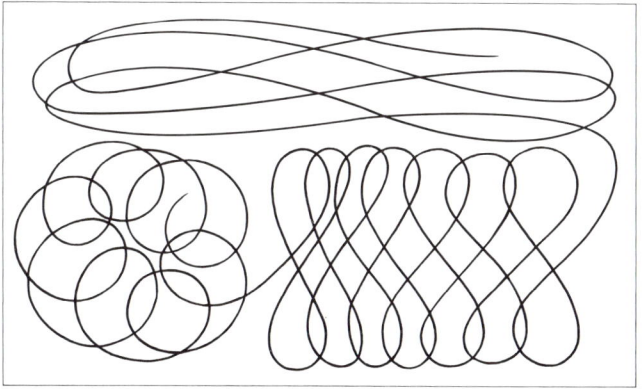

8 Die typischen Polierbewegungen.

gen. Dieser Vorgang wird mehrmals – eventuell mit kurzen Trockenpausen – wiederholt. Nach angemessener Trockenzeit wird mit Sandpapier 600 fein geschliffen.

Porenfüllen

Das Porenfüllen dient dazu, für die nachfolgende Politur eine porengeschlossene und daher nicht absinkende glatte Fläche zu schaffen. Wenn man nicht füllt, saugen die Holzporen die Politur auf, und auf der polierten Fläche erscheinen später unregelmäßig stumpfe Stellen.

Zum Porenfüllen verwendet man Bimsmehl. Gröberes Bimsmehl wird im Anfang zum Porenfüllen genommen. Feinstes Bimsmehl (Seidenbims) hat eine leicht schleifende Wirkung und kann während des ganzen Poliervorgangs benützt werden.

Aus Bimsmehl und stark verdünnter Schellackpolitur mischt man sich in einem Schälchen eine dickliche Paste und verreibt diese mit einem frischen Ballen kreisförmig in das Holz. Es kann dabei immer wieder etwas Alkohol in den Ballen gegeben werden. Dieser Bimsmehlbrei muß in die Poren verrieben werden und darf nicht als gräulicher Belag auf der Oberfläche kleben bleiben. Man arbeitet so lange, bis man den Eindruck hat, daß die Poren gut gefüllt sind. Unregelmäßige, bereits glänzende Flächen lassen erkennen, daß dort der Schellack zu stark angesetzt hat, ohne die darunterliegenden Poren zu füllen. An diesen Stellen wird mit etwas mehr Alkohol gearbeitet.

Nach 24 Stunden kann man mit Stahlwolle schleifen und – wenn erforderlich – eine neue Porenfüllung vornehmen.

Sollten noch kleine Risse oder Fehlstellen auf der Holzoberfläche erkennbar sein, können diese nach dem Porenfüllen noch ausgebessert werden. Man verwendet dazu Bienenwachs (eventuell entsprechend angefärbt) oder Schellack. Danach läßt man das Holz 1–2 Tage trocknen und schleift nochmals fein.

Wann ist eine Oberfläche porengefüllt?

Für einen Anfänger wird es nicht ganz einfach sein, zu erkennen, wann Poren noch »offenstehend« oder schon »geschlossen« sind. Bei den meisten Holzarten treten die Poren deutlich als kleine offene Punkte oder Striche in der Maserung hervor. Eben jene Markierungen sollen nicht mehr als offene Stellen in der Oberfläche zu erkennen sein. Sie erscheinen nach abgeschlossener Porenfüllung nur noch als kleine, matte, weißliche Flecken.

Zur Beurteilung der Holzoberfläche betrachtet man diese schräg gegen das Licht. Einwandfreie Beleuchtung ist natürlich Voraussetzung für kritische Beurteilung.

Grundpolieren

Mit frischem Leinenüberzug (grob – mittelfein) über dem bereits eingearbeiteten Einlaßballen wird grundpoliert. Der Ballen wird gleichzeitig mit Schellackpolitur und Alkohol getränkt. Durch kräftigen Druck auf den Ballen verteilt sich Politur und Alkohol im Ballen und er wird durch und durch feucht. Besonders beim Grundpolieren geht man großzügig mit Alkohol um, damit die bereits aufgetragene Politur nicht wieder zerrissen wird. Der Alkohol verflüchtigt sich beim Auftragen und haften bleibt Schicht für Schicht ein feiner Schellackfilm. Man führt den Ballen erst Strich neben Strich über die Oberfläche und geht dann über in Kreise und Achterbewegungen.

Der Ballen wird zügig und mit leichtem Druck auspoliert, d. h. trockenpoliert. Schon nach dem ersten Auftrag fängt die Oberfläche zu glänzen an. Nach mehrmaligem Auftragen läßt sich der Ballen nicht mehr gut über die Oberfläche ziehen und er klebt leicht. Man legt jetzt eine Trockenpause ein – am besten über Nacht – und verschließt den Ballen in einem Glas.

Weitere Grundpolieraufträge können folgen. Kurze Trockenzeiten sind immer wieder einzuschieben. Der Leinenüberzug soll von Zeit zu Zeit gewechselt werden.

Sollten sich Fehlstellen in der bereits aufgetragenen Politur zeigen, kann mit feinem Schleifpapier, Stahlwolle oder Bimsmehl zwischengeschliffen werden. Das Bimsmehl wird zwischen Ballen und Leinenüberzug gegeben. Schleifstaub muß immer gründlich entfernt werden, um keine grauen »Nester« zu erhalten.

Deckpolieren

Beim Deckpolieren – Ballenüberzug feines Leinen – wird konzentrierter mit Schellackpolitur gearbeitet. Der Ballen wird nicht mehr so stark mit Alkohol verdünnt. Damit der Ballen bei den weiteren Aufträgen besser über die Oberfläche gleitet, wird jetzt unter sparsamster Verwendung von Polieröl poliert. Man gibt wenige Tröpfchen entweder direkt auf das Holz oder auf den bereits mit Politur getränkten Ballen. Der Ballen läßt sich jetzt besonders leicht über das Holz führen und wird jedesmal gut auspoliert.

Die Ballendecke erhärtet schneller als zuvor, und das Leinen wird von Zeit zu Zeit ausgewechselt.

Nach einigen Polierschichten streut man etwas Bimsmehl zwischen Ballen und Leinen. Das Bimsmehl schleift etwas und der Ballen »zieht« besser.

Spieltisch um 1870, Intarsien aus Nußbaum, Ahorn und verschiedenen Obstbaumhölzer

Biedermeier-Stuhl um 1820, mit Polstersitzfläche, Kirsche-Furnier; links vor dem Restaurieren, rechts danach (s. Seite 113 »Ablösen von Furnier« uff.).

Miniaturkommode, ausgehendes 18. Jahrhundert, Nußbaum-, Vogelaugen-Ahorn-, Eiben-Furnier (s. Seite 121-123 »Ausgebrochene Stellen im Furnier«).

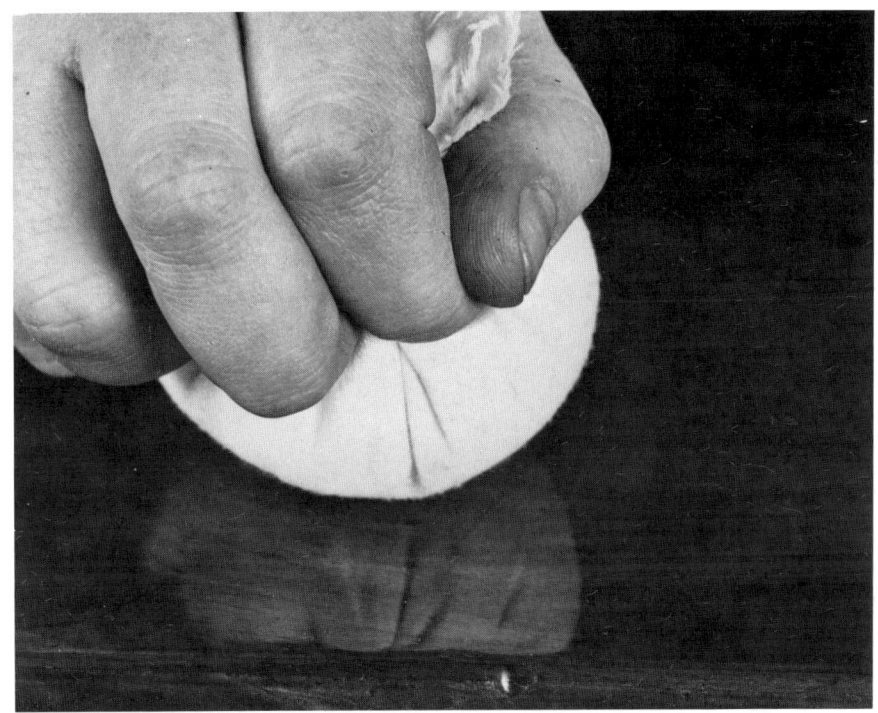

Der Ballen wird fest in die Hand genommen, und es wird in schnellen Bewegungen kreis- oder achterförmig über die Oberfläche poliert.

Ein sogenanntes »Knirschen« bedeutet, daß der Ballen besonders gut ansetzt. Sobald man Polieröl verwendet, wird man bemerken, daß der Ballen »Wolken« hinterläßt. Wolken entstehen beim Verdunsten des Alkohols in der Ölspur. Wenn diese Wolken hinter dem Ballen hauchartig erscheinen und wieder verschwinden, so wird richtig poliert.

Sie fehlen, wenn der Ballen zu stark mit Politur und Alkohol getränkt, zuviel Öl verwendet wurde, oder der Druck auf den Ballen nicht richtig ist. Das Leinen darf keine Glanzstellen bekommen. Andernfalls ist der Ballen zu trocken oder zuviel Öl auf der Holzoberfläche. In solchen Fällen wird Alkohol und wenig Bimsmehl dazugegeben.

Auch jetzt werden immer noch Trockenpausen zwischen den einzelnen Aufträgen eingelegt. Bei kleinen Fehlstellen kann immer noch zwischengeschliffen werden. Der Schleifstaub muß gründlichst entfernt werden.

Deckpoliert wird so lange, bis die Oberfläche porengeschlossen im Hochglanz steht. Man gibt nun kaum noch Öl oder Schellack auf den Ballen, dafür aber Alkohol, um das noch vorhandene Öl an die Oberfläche zu ziehen und zu trocknen. Danach muß die Deckpolitur etwa drei Tage ruhen.

Auspolieren

Zum Auspolieren bereitet man sich einen frischen Ballen zu, der mit feinem Leinen überzogen wird. Diesen neuen Ballen nicht mehr mit Bimsmehl oder Porenfüller in Verbindung bringen.

Es sollen in diesem letzten Arbeitsgang die noch vorhandenen Ölspuren gänzlich entfernt und die Politur erhärtet werden. Öl dient zwar während des Polierens zur besseren Verteilung der Politur, muß aber abschließend wieder entfernt werden, da die Oberfläche sonst nach einiger Zeit stumpf und fleckig würde.

Anfänglich ist das Auspolieren nur die Fortsetzung des Deckpolierens mit stark verdünnter Politur und wenig Öl. Im weiteren Verlauf wird der Ballen aber nur noch mit Alkohol befeuchtet, allerdings sehr sparsam, um die Deckpolitur nicht wieder aufzureißen. Das Leinen wird häufig gewechselt, damit das darin aufgesaugte Öl nicht erneut auf der Oberfläche verrieben wird.

Es kann auch mit einer sogenannten Abziehpolitur das Öl auspoliert werden (s. Kapitel »Lackpolieren«).

Eine mit Schellack polierte Fläche muß einige Tage ruhen, bis die Politur völlig erhärtet ist.

Mattpolieren

Eine hochglanzpolierte Fläche kann – wenn allzu starker Glanz nicht erwünscht ist – mattpoliert werden. Man verreibt dazu mit feiner Bürste oder weichem Lappen etwas Bimsmehl auf der Oberfläche. Statt Bimsmehl kann Holzkohlepulver, Tripelpulver, Wiener Kalk benutzt werden.

Lackpolieren

Erforderliche Arbeitsmittel zum Lackpolieren

(Die hier aufgeführten Produkte sind
im Fachhandel erhältlich und werden von
der Fa. Zweihorn hergestellt.)

- Fischhaarpinsel
- Polierballen: bestehend aus Baumwollwatte,
  Wollappen, Leinentuch, Fensterleder
- Porenfüllpulver mit Verdünnung
- Polier- und Schwabbellack mit Verdünnung

- Schleifflüssigkeit
- Verteilerpolitur
- Deckpolitur mit
  Verdünnung
- Bimsmehl
- Polieröl
- Abziehpolitur
- Hochglanzpolitur
- verschließbare Gläser
- Stahlwolle 000

Das Lackpolieren zerfällt in folgende Arbeitsgänge:

- Porenfüllen
- Grundpolieren
- Schleifen mit Schleifflüssigkeit
- Glätten der Oberfläche mit Verteilerpolitur
- Deckpolieren
- Auspolieren

1 Lackpolieren: Die fein geschliffene Oberfläche wird mit einem
Porenfüller zugearbeitet.

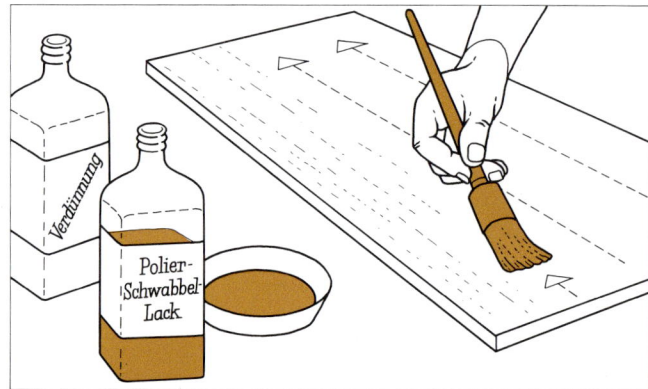

2 Mit einem Fischhaarpinsel wird der Grundlack (»Polier- und
Schwabbellack«) in drei bis vier Schichten aufgetragen.

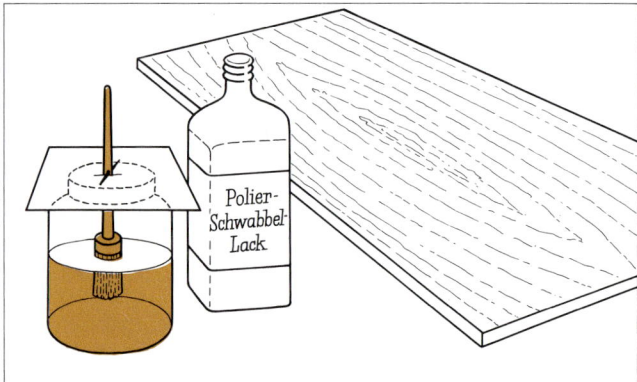

3 Während der Trockenpausen wird der Pinsel hängend im Glas
mit Verdünnung aufbewahrt.

4 Nach dem letzten Auftrag soll die Oberfläche mindestens
24 Std. trocknen. Danach werden kleine Unebenheiten mit
Schleifflüssigkeit plan geschliffen.

Etwas weniger Übung und Erfahrung als das klassische Handpolieren erfordert eine Kombination aus Lackieren und Polieren mit Kunstharzlack und -politur. Eine Technik, die mit geringerem Zeitaufwand eine der handpolierten ähnliche kristallklare Oberfläche bringt und für den Hobbypolierer das etwas einfachere Verfahren darstellt. Die lackpolierte Oberfläche gewährt bei einwandfreier Verarbeitung den besseren Oberflächenschutz. Allerdings kann dieser Lack bei starker Beanspruchung mit der Zeit rissig und damit für Schmutz und besonders Feuchtigkeit durchlässig werden.

Porenfüllen

Wie beim Handpolieren wird auch beim Lackpolieren porengefüllt, um eine glatte, nicht absinkende Fläche zu schaffen. Gleichzeitig belebt der für dieses Verfahren angewendete Porenfüller die Holzmaserung. Bei sehr feinporigem Holz (z. B. Kirsche, Birnbaum) kann das Porenfüllen entfallen, da die Füllkraft des Polier- und Schwabbellackes ausreicht, um kleine maserungsbedingte Unebenheiten im Holz auszugleichen.

Porenfüller werden in den gängigsten Holztönen angeboten. Man sollte immer einen etwas dunkleren Ton, als die zu bearbeitende Fläche hat, wählen. Die zu füllende Holzoberfläche soll waagerecht liegen, damit der Porenfüller nicht abläuft.

Auf die feinst geschliffene und gut gesäuberte Fläche wird der nach Vorschrift zu einem dünnflüssigen Brei angerührte Porenfüller mit einem groben Leinen quer zur Holzfaser eingerieben. Nach kurzer Trockenzeit wird das Holz mit einem sauberen Leinentuch erst quer, dann mit der Maserung gesäubert. Zurückbleibende Reste können später graue Schleier (»Nester«) ergeben. Fläche über Nacht trocknen lassen.

5 Um noch offene Poren zu füllen, wird mit einem Ballen <u>Verteilerpolitur</u> aufgetragen.

6 Auf die glatte, nicht mehr absinkende Oberfläche wird mit einem Ballen (Überzug feines Leinen) die <u>Deckpolitur</u> aufpoliert.

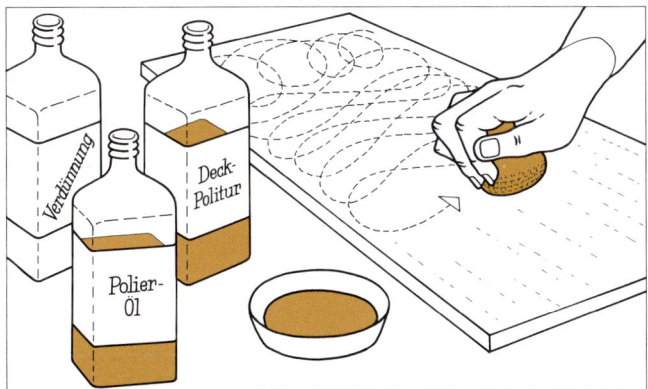

7 Nach mehreren Ballenaufträgen Deckpolitur fängt der Ballen schnell an zu kleben. Man gibt jetzt wenige Tropfen <u>Polieröl</u> dazu.

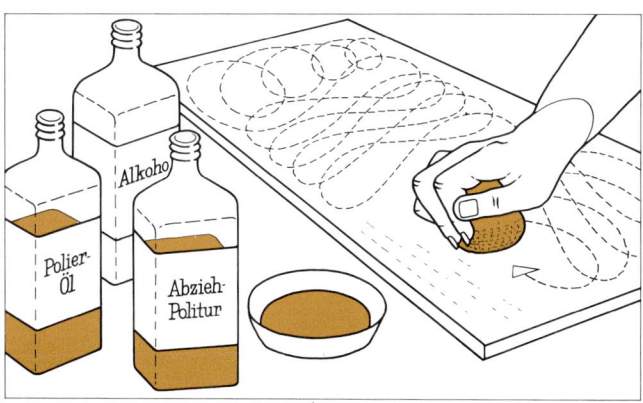

8 Mit der <u>Abziehpolitur</u> werden letzte Ölreste auspoliert.

Im allgemeinen genügt eine Porenfüllung.

Grundpolieren

Der Grundlack wird mit dem Pinsel aufgetragen.

Polier- und Schwabbellack trocknet sehr schnell an. Er wird mit dem sogenannten »Fischhaarpinsel« aufgetragen. Durch seine besonders weichen Haare ermöglicht er einen nahtlosen Lackauftrag.

Ein neuer Fischhaarpinsel muß vor Gebrauch mit lauwarmem Seifenwasser gereinigt werden. Nach dem Trocknen zieht man lose Haare aus. Die Pinselhaare müssen bei jedem Eintauchen völlig in den Lack getaucht werden, dann streift man den Pinsel gut ab, damit die Luftbläschen zwischen den Haaren entweichen. Erst nach dem zweiten Eintauchen des Pinsels kann mit dem Lackieren begonnen werden.

Der etwa 10 % verdünnte Polierlack (Schwabbellack) wird satt Strich neben Strich aufgelegt. Kleine Luftbläschen werden gleich mit dem Pinsel aufgerissen. Je nach Holzstruktur werden 3–4 Schichten aufgetragen. Zwischen jedem Lackauftrag soll eine Trockenzeit von mindestens 4 Stunden, besser aber über Nacht, liegen. Besonders bei dem 2., 3. und eventuell 4. Auftrag muß unbedingt satt und zügig aufgetragen werden, da dieser Lack durch sein schnelles Antrocknen nicht mehr »vertrieben« werden kann. Pinselspuren und Fehlstellen werden oft erst beim späteren Polieren deutlich sichtbar und sind auch durch gründliches Schleifen nur schwer wieder zu beseitigen. Aufgrund seiner hochprozentigen Verdünnung ist dies ein Lack, der – besonders bei großen Flächen – gespritzt werden sollte. Die Raumtemperatur liegt am besten bei 18–20 Grad. Während der jeweiligen Trockenzeit sollen selbstverständlich keine Schleifarbeiten im gleichen Raum ausgeführt werden.

Schleifflüssigkeit

Nach 24 Stunden Trockenzeit werden kleine Unebenheiten an der Lackoberfläche plan geschliffen. Man verreibt dazu mit einem Lappen etwas Schleifflüssigkeit auf der Holzoberfläche, und schleift mit Sandpapier (Körnung 240–320) nach. Kanten und Erhebungen werden nicht mit dem Schleifklotz sondern vorsichtig von Hand geschliffen, da sonst der aufgetragene Lackuntergrund soweit wieder abgenommen wird, daß die nachfolgende Politur in den offenen Poren versinkt. Durch das Schleifen mit Schleifflüssigkeit wird die hochglänzende Lackoberfläche mattiert. Außerdem wird ein besonders feiner Schliff erzielt. Nach einer Trockenzeit von min-

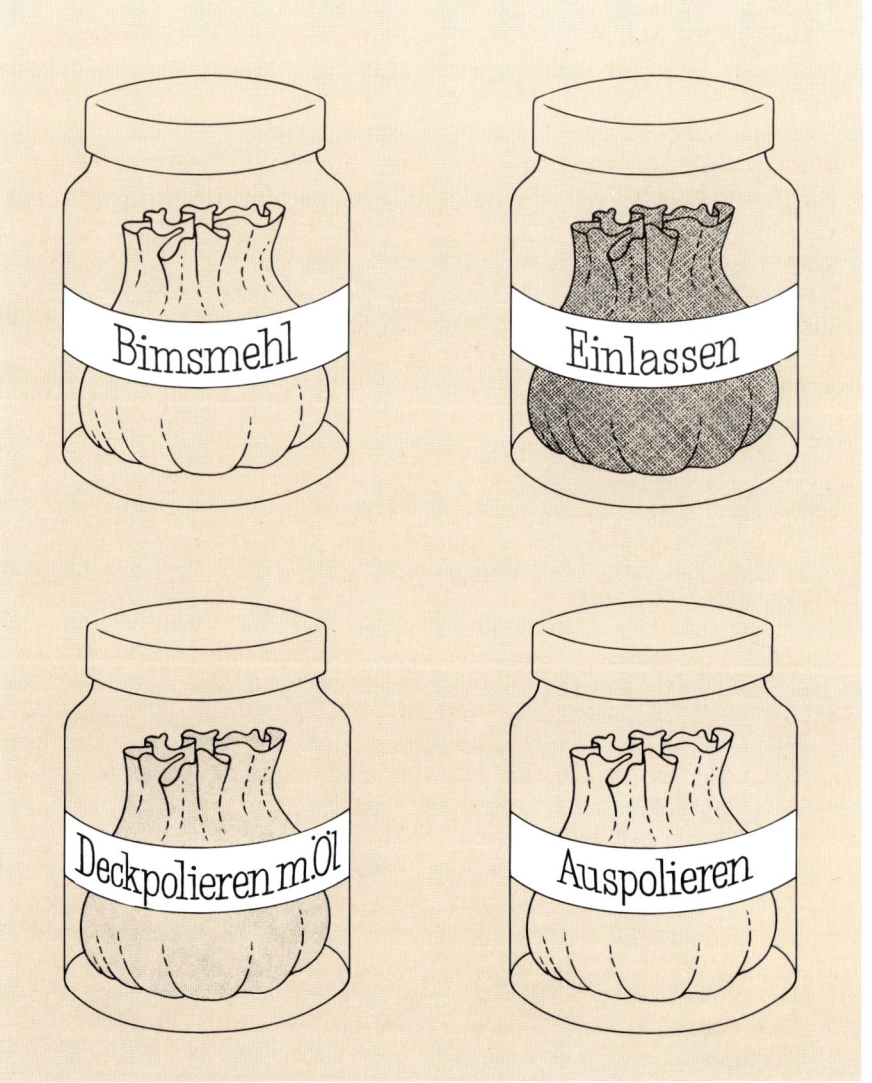

Nach dem Polieren werden die Ballen in den entsprechenden Gläsern aufbewahrt, um ein Austrocknen zu vermeiden.

destens 3 Stunden wird der durch das Schleifen entstandene graue Schleifstaub sorgfältig mit einem sauberen Tuch entfernt. Mit der Weiterbehandlung wird noch einige Stunden gewartet, bis die Oberfläche gänzlich getrocknet ist.

Verteilerpolitur

Mit einem Ballen, dessen Überzug nicht aus Leinen, sondern aus weichem Fensterleder besteht, wird Verteilerpolitur mit kräftigen, kreisenden Bewegungen auf der Oberfläche verteilt, um eventuell entstandene Schleifkratzer und noch offenstehende Poren zu beseitigen. Der Auftrag kann mehrfach in kurzen Abständen wiederholt werden. Zur Beurteilung der Holzoberfläche betrachtet man diese schräg gegen das Licht. Einwandfreie Beleuchtung ist dafür Voraussetzung.

Sofort nach dem letzten Ballen Verteilerpolitur setzt man einen Ballen Deckpolitur (also Politur 1·3 verdünnt, Ballenüberzug Leinen) auf, um eine gute Verbindung mit der nachfolgenden, eigentlichen Deckpolitur zu schaffen. Danach läßt man die Fläche über Nacht trocknen.

Deckpolieren

Nachdem man sich eine glatte, nicht absinkende Grundpolitur geschaffen hat, wird die Deckpolitur aufgebaut. Mit einem frischen Ballen, Überzug feines Leinen, verreibt man in kreisenden Bewegungen geringste Mengen vorschriftsmäßig verdünnter Deckpolitur (ca. 1:3). Man füllt sich etwas von der verdünnten Politur in eine flache Schale, taucht den Ballen leicht ein, um ihn dann auf der Holzoberfläche jeweils gut auszupolieren. Nach etwa 3–4 Ballenaufträgen, d. h. wenn der Ballen leicht an der Oberfläche zu kleben anfängt, sollte eine Trockenzeit von einigen Stunden – besser über

Nacht – eingelegt werden. Der Polierballen wird während dieser Zeit in einem Glas verschlossen. Auch die polierfähig verdünnte Politur wird während dieser Zeit gut verschlossen. Falls diese aber zu dickflüssig geworden sein sollte, kann sie jederzeit mit dem entsprechenden Lösungsmittel wieder verdünnt werden.

Die Anzahl der Ballenaufträge mit Deckpolitur richtet sich ganz nach der Holzstruktur und dem gewünschten Glanzeffekt.

Sollten sich während des Deckpolierens Streifen, rauhe Stellen oder Staub eingearbeitet haben, kann jederzeit mit Bimsmehl zwischengeschliffen werden. Man bereitet sich einen frischen Ballen zu, gibt zwischen Wolle und Leinen etwas Bimsmehl und schleift damit in gleichmäßigen, kreisenden Bewegungen. Anschließend muß der feine, weiße Bimsmehlstaub wieder entfernt werden, bevor weitere Politur aufgetragen wird.

Nachdem man solange wie möglich ohne Zuhilfenahme von Polieröl Deckpolitur aufgetragen hat, wird der Ballen immer schneller zu kleben anfangen, und man verwendet jetzt einige Tropfen Polieröl. Man gibt entweder einige Tropfen direkt auf die Holzfläche oder auf den Ballen und verteilt Öl und Deckpolitur gleichzeitig. Ein satter Glanz überzieht die Oberfläche und die folgenden Ballen lassen sich spielend leicht verteilen. Jeder Ballen muß trocken, d. h. auspoliert werden. Die Ballendecke erhärtet schneller als zuvor. Es sollen auch hier – wie beim Handpolieren – nur geringste Mengen Öl verwendet werden. Nach einigen Ballen läßt man die Fläche wieder über Nacht trocknen.

Auspolieren

Zum Auspolieren bereitet man sich einen frischen Wollballen zu, der mit

feinem Leinen überzogen wird. Dieser frische Ballen kommt nicht mehr mit Bimsmehl oder Porenfüller in Berührung.

Es werden in diesem letzten Arbeitsgang die noch vorhandenen Ölspuren gänzlich entfernt und die Politur erhärtet. Wie beim Handpolieren dient auch beim Lackpolieren das Öl zur besseren Verteilung der Politur, muß aber abschließend wieder entfernt werden, da die Oberfläche sonst nach einiger Zeit stumpf und fleckig würde.

Der frische Ballen wird mit Abziehpolitur und wenigen Tropfen Öl in großen Zügen über die Fläche verteilt. Abschließend wird dem Ballen noch etwas Alkohol oder Deckpoliturverdünner zugegeben und trockenpoliert, bis die Fläche klar ist. Letzte Ölreste werden mit einem Hochglanzpolish entfernt. Man gibt einige Tropfen direkt auf die Fläche und verreibt es mit einem Wattebausch. Mit einem sauberen Trikotlappen, den man einige Male wechseln muß, wird die Fläche wieder gesäubert, bis sie sauber und im Hochglanz steht.

Dieses Hochglanzpolish greift die Politur nicht an und kann auch zum Säubern und Auffrischen alter polierter Oberflächen benützt werden.

Wie beim Handpolieren kann eine zu hochglänzende Fläche mit Bimsmehl, Holzkohlepulver, Tripelpulver, Wiener Kalk wieder etwas mattgebürstet werden.

Aufpolieren

Poliertes Holz soll von Zeit zu Zeit aufgearbeitet werden.

Temperaturschwankungen und normale Abnutzung hinterlassen im Laufe der Jahre auf der Politur feine Risse, durch die Staub und Feuchtig-

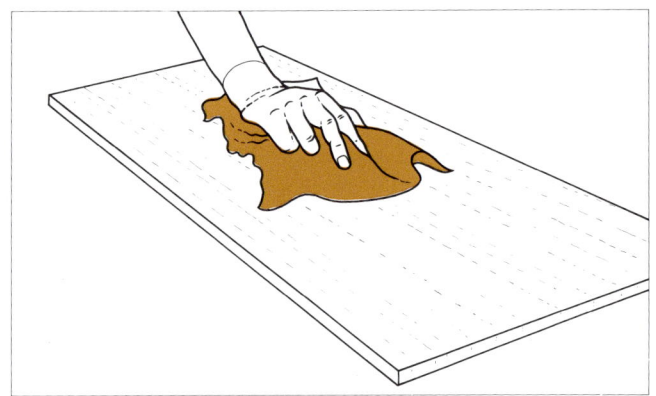

1 <u>Aufpolieren:</u> Mit einem feuchten Lederlappen wird die Holzoberfläche gesäubert und mit einem weichen Lappen trockengerieben.

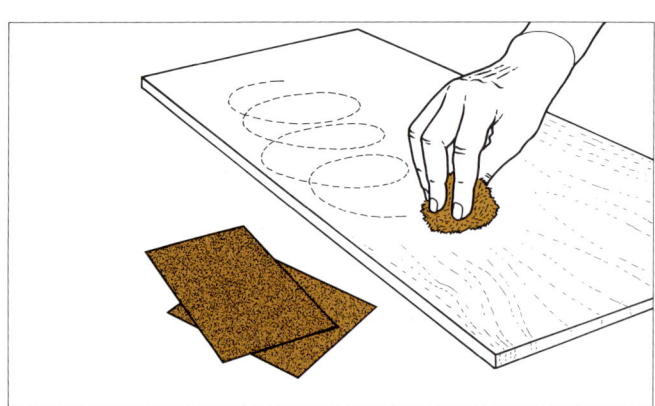

2 Mit einem feinen Sandpapier oder Stahlwolle (000) wird das Holz angeschliffen und mit Polierspiritus oder Alkohol abgerieben.

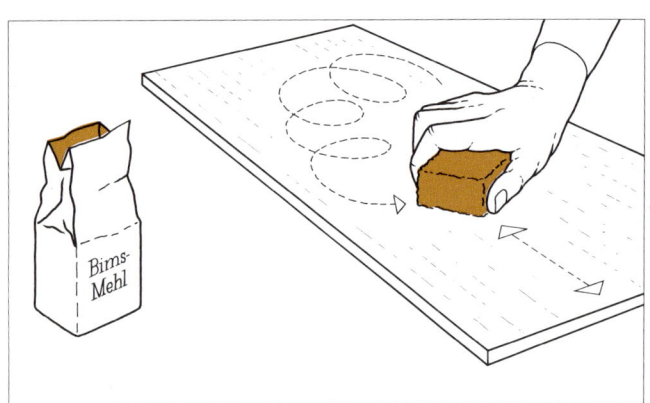

3 Mit Bimsmehl und einem Schleifkork wird in kreisenden Bewegungen feinstgeschliffen.

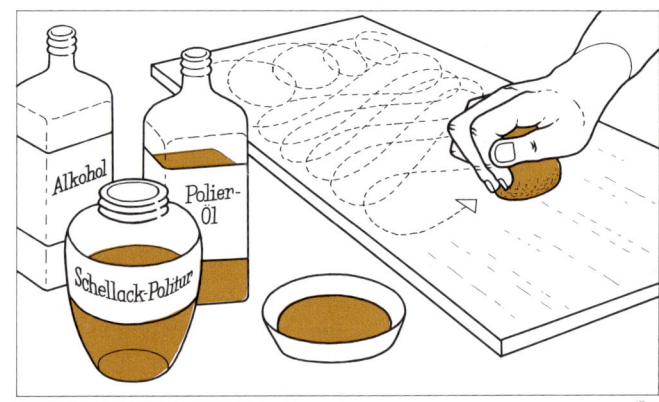

4 Die gut gesäuberte Oberfläche wird dann mit Schellack deckpoliert.

keit in das Holz dringen und der Oberfläche von ihrem Glanz nehmen.

Beim Aufpolieren wird die vorhandene Politur fein angeschliffen und einige Ballen frischer Politur werden aufgetragen.

Die Entscheidung, ob wieder aufpoliert werden kann oder die alte Politur gänzlich abgenommen werden muß, hängt natürlich vom Zustand der Oberfläche ab. Ist die Politur blättrig, rissig, und läßt sogar stellenweise das rohe Holz erkennen, so wird die alte Politur abgezogen und es muß <u>neu</u> poliert werden (s. Kapitel »Polieren«).

Handelt es sich dagegen um eine Oberfläche, die durch Möbelpolitur oder Wachsflecken stumpf, grau und etwas schmierig erscheint, während Beschädigungen in der Oberfläche nicht zu erkennen sind, so kann Aufpolieren neuen Glanz bringen.

Nicht alle Polituren und Mattinen sind miteinander verträglich, und es muß mit einem zu der alten Politur passenden Mittel aufpoliert werden.

Bei alten Möbeln wird mit Schellack aufpoliert – vorausgesetzt es handelt sich noch um die Originalpolitur.

Die Holzoberfläche wird gründlich gereinigt. Mit einem feuchten, gut

ausgewrungenen Lederlappen (weiches Fensterleder) reibt man die Oberfläche sauber und trocknet mit einem weichen Tuch nach. Dann wird das Holz mit feinem Sandpapier (340 oder feiner) oder Stahlwolle 000 angeschliffen und mit etwas reinem Alkohol abgerieben. Mit Bimsmehl und einem Korken wird in kreisenden Bewegungen feinstgeschliffen. Schleifstaub gut entfernen. Mit Schellack kann sodann deckpoliert werden (s. Kapitel »Deckpolieren«).

Polstern

Das Polstern ist ein vielfältiges und schwieriges Gebiet und sicher nicht im Rahmen dieses Buches erschöpfend zu behandeln.

Um aber die Fertigstellung des Stuhles (s. Kapitel »Wackelnde Stuhlbeine«) zu Ende zu verfolgen, nachstehend eine Anleitung, wie man die ursprüngliche Brett-Sitzfläche durch Gurtbespannung mit Schaumstoffauflage etwas bequemer herrichten kann.

Erforderliche Arbeitsmittel für eine Schaumstoffpolsterung auf Gurtbespannung

- Gurtband   • Schaumstoff
- Tapezierstifte   • Leinen (Nessel)
- Gurtspanner   • Moltontuch   in Sitzgröße
- Hammer   • Bezugsstoff
- Schere   • Litze
- Tacker   • Pattex

Das Brett als Sitzfläche gibt einem Stuhl mehr Stabilität als eine Gurtbespannung. Es wurde aber in unserem Beispiel bereits beschrieben, daß neben der Zargen-Bein-Sanierung mit innenliegenden Winkelstücken eine zusätzliche konstruktive Verstärkung angebracht wurde.

Bevor das Gurtband angenagelt wird, kann man die Innenkanten der Zarge mit einer Raspel etwas anrunden (brechen), da scharfe Holzkanten die Gurte bei ständiger Belastung durchscheuern können.

Bei einem Stuhlsitz benötigt man normalerweise drei senkrecht und vier waagerecht verlaufende Gurte (7 cm breit). Der erste Gurt wird von der Mitte der hinteren Zarge auf die Mitte der vorderen Zarge angebracht. Die weiteren Gurte passen sich dem nach vorne breiter werdenden Rahmen in gleichmäßigen Abständen an. Es wird also zuerst von hinten nach vorne gespannt. Der Gurt wird mit einfachem Umschlag festgenagelt und mit dem Gurtspanner mittig nach vorne gespannt. So stramm wie möglich – ohne allerdings die Zarge dabei zu sehr zu belasten – nagelt man den Gurt fest. Dann wird der Gurt, 2fache Breite der Zargendicke überstehend, abgeschnitten.

Zwei Biedermeier-Nußbaumstühle (bäuerlicher Stil). Die beschädigte Brett-Sitzfläche wurde durch eine etwas bequemere Polsterung mit Gurtbespannung ersetzt.

Danach werden die weiteren Gurte von hinten nach vorne gespannt und mit drei Tapezierstiften festgenagelt. Man vernagelt die Gurtenden versetzt, damit die Stifte nicht alle in der gleichen Holzfaserrichtung liegen und die Zarge spalten könnten.

Die waagerechten Gurte werden in gleichmäßigen Abständen abwechselnd über und unter den senkrechten durchgezogen, dann das andere Ende unter Zuhilfenahme des Gurtspanners festgenagelt und in entsprechend überstehender Länge abgeschnitten. Abschließend werden alle überstehenden Gurtenden an der Vorder- und Seitenzarge nach innen eingeschlagen und mit dem Tacker befestigt.

Über der Gurtbespannung wird bündig abschließend Leinen oder Nessel mit dem Tacker befestigt.

Darüber kommt eine Schaumstoffschicht.

In Fachgeschäften kann man sich Schaumstoffplatten in verschiedenen Dicken nach Maß zuschneiden lassen. Bei unserem Beispiel wurde eine 5,5 cm dicke, rundum etwa 2 cm überstehende Platte zugeschnitten, die Kanten nach innen abgeschrägt. Um eine zur Stuhllehne etwas abfallende und im vorderen Sitzbereich etwas überhöhte Sitzfläche zu erhalten, wird ein zweites Schaumstoffteil unter die vordere Hälfte der Schaumstoffplatte mit Pattex oder dergleichen geklebt. Damit die Rundung möglichst gleichmäßig von vorne nach hinten verläuft, können zwischen die beiden Schaumstoffteile zusätzlich noch Schaumstoff-Flocken gegeben werden.

Die so zubereitete Schaumstoffplatte wird – verstärktes Sitzteil nach unten – rundum punktweise auf der Zarge bzw. dem darüber gespannten Leinen befestigt, indem man die obere Kante der abgeschrägten Schaumstoffplatte auf die Zarge leimt.

1 Der erste Gurt wird von der Mitte der hinteren Zarge auf die Mitte der vorderen Zarge aufgebracht.

2 Der Gurt wird an der hinteren Zarge mit einfachem Umschlag festgenagelt, mit dem Gurtspanner mittig nach vorne gespannt und festgenagelt.

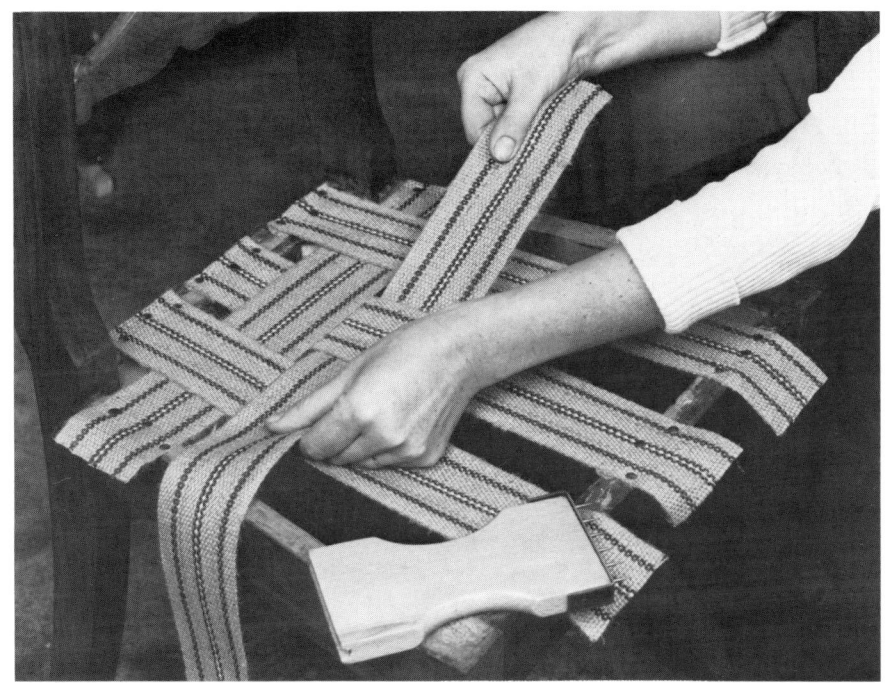

3 Die waagerechten Gurte werden in gleichmäßigen Abständen über und unter die senkrechten geführt. Das kurze Ende wird mit einfachem Umschlag festgenagelt beim anderen Ende nimmt man den Gurtspanner zu Hilfe.

Über den Schaumstoff wird eine Lage weiches Moltontuch gespannt, mindestens 15–20 cm rundum überhängend, um beim Spannen kräftig anfassen zu können. Der Moltonüberzug wird zuerst straff über Eck angeheftet, sodann von den Kantenmitten gleichmäßig straff und fadengerade nach rechts und links knappkantig mit dem Tacker auf die Stirnseite der Zarge geheftet. Durch das stramm übergezogene Moltontuch erscheinen die Kanten der Schaumstoffauflage gut abgerundet und flacher als die Mitte der Sitzfläche. Überhängendes Moltontuch wird knappkantig abgeschnitten.

Abschließend wird der eigentliche Polsterstoff so über die Sitzfläche gespannt, daß er fadengerade – bei Mustern auf die Mitte achten – festgeheftet werden kann; überhängenden Stoff knappkantig schneiden.

Über den Heftklammern wird mit Pattex rundum eine Litze festgeleimt.

4 Die Gurtenden werden versetzt angenagelt, um ein Reißen der Zarge zu verhindern. Dann werden alle überhängenden Enden nach innen umgeschlagen und mit dem Tacker befestigt.

5 Die fertige Gurtbespannung ist eine solide Basis für eine Schaumstoffpolsterung.

Rezepturen

Abbeizer:	Art der Oberflächenbehandlung/Holz
Salmiakgeist (30%ig) + Spiritus im Verhältnis 1:1	Schellackpolitur, Schellackmattierung auf allen entsprechenden Hölzern
Spiritus + Aceton im Verhältnis 80:20	Schellackpolitur, Schellackmattierung auf allen entsprechenden Hölzern
Wasserglas + Salmiak (30%ig) im Verhältnis 1:1	Schellackpolitur, Schellackmattierung auf allen entsprechenden Hölzern
Ätznatron 50 g Ätznatron, 1 Liter heißes Wasser	Lackfarben, Ölfarben besonders bei Weichholz angebracht nicht für helle, feinporige Laubhölzer geeignet, da Verfärbung auftreten kann (z.B. Kirsche, Birke, Ahorn, Birne). Es muß gut mit klarem Wasser nachgewaschen werden, evtl. mit Zusatz von Essig
Kaustisches Soda 50 g Soda, 10 g Schmierseife, 1 Liter heißes Wasser	Lackfarben, Ölfarben besonders bei Weichholz angebracht nicht für helle, feinporige Laubhölzer geeignet, da Verfärbung auftreten kann (z.B. Kirsche, Birke, Ahorn, Birne).

Bei fertig gekauften Abbeizern sowie bei selbst hergestellten Lösungsmitteln unbedingt an einer weniger sichtbaren Stelle auf dem Holz probeabbeizen, um die Reaktion des Holzes festzustellen.
Sollten Verfärbungen auftreten, können diese mit Essigwasser, stark verdünnter Salz- oder Schwefelsäure wieder aufgehellt werden. Auch dabei ist die Reaktion des Holzes an einer Probestelle zu prüfen.
Vor dem Abbeizen sollen Metall-Beschläge aller Art entfernt werden.

Leinöl zum Ölen für Weichholz:	Zubereitung:
1 Teil Leinöl 1 Teil Terpentinöl	Leinöl abkochen, mit dem Terpentinöl vermischen und in noch heißem Zustand mit weichem Lappen auf der gut gesäuberten Holzoberfläche verreiben.

Bienenwachs:	Zubereitung:

besonders für Eichenholz geeignet
  15 g Bienenwachs
  10 g Carnaubawachs
100 g Terpentinöl
	Im Wasserbad in einer Dose oder Glas Wachs schmelzen lassen und unter Rühren Terpentinöl zugeben, bis ein dickflüssiger Brei entsteht. Nach Erkalten wird die weiche Paste mit Wollappen in dünnen Schichten auf dem Holz verrieben.

Bienenwachs:	Zubereitung:
z. B. für Eichenholz 120 g Bienenwachs 80 g Kolophonium	Im Wasserbad in einer Dose oder einem Glas Bienenwachs schmelzen lassen und im Mörser zerstoßenes Kolophonium langsam untermengen. Paste nach dem Erkalten in dünnen Schichten auftragen und mit Roßhaarbürste abbürsten.

Schellackpolitur:	Zubereitung:

1000 g Alkohol (99%ig)
  20 g Mastix flüssig
  25 g Kolophonium
110 g Schellackplättchen
	Alle Zutaten dem Alkohol beimischen und über Nacht auflösen lassen

1000 g Alkohol (99%ig)
  5 g Sandarak
  15 g Mastix flüssig
150 g Schellackplättchen	

1000 g Alkohol (99%ig) 90 g Manilakopal 120 g Schellackplättchen	

Möbelpflegende Politur für mattiertes und poliertes Holz:	Zubereitung:
1 Teil Essig 1 Teil reiner Alkohol 1 Teil Terpentinöl 1 Teil Leinöl	Die ersten drei Teile gut miteinander vermischen und danach Leinöl einrühren. Mit einem weichen Lappen oder Ballen verreibt man diese Politur in kreisenden Bewegungen sparsam auf der Holzoberfläche. Nach Gebrauch gut verschließen.

Chemische Materialien bei der Holzoberflächenbehandlung (bes. Flecken)

Aceton:

farblose, flüchtige Ketonflüssigkeit. Starkes Lösungsmittel für Farbe, Lack, Wachs, Politur. Wirkt sehr schnell. Die Wirkung kann durch Beimischen von Terpentinersatz verzögert werden. Kerosin stoppt seine Wirkung.

Aethanol:

s. Alkohol.

Ätznatron:

(chemisch: Natriumhydrat).
Scharfätzende, giftige Lauge.
Als 5%ige Lösung in Wasser zum Entfernen organischer Flecken, Teerflekken, alter Farben geeignet.
Ätznatron dem Wasser beifügen – nie umgekehrt. Beim Mischen entsteht starke Hitze. Verbrennungen werden mit Essig oder Zitrone behandelt.

Alkohol:

Es gibt verschiedene Sorten von Alkohol: Aethanol – vollkommen rein, sehr teuer
Methanol – vergällter Alkohol (Brennspiritus)
Isopropyl – billiger Ersatzalkohol – kann auch zum Polieren benützt werden.
Alkohol löst Fette, Öle, Farben, Firnisse (Schellack).

Ammoniak:

gasförmige Verbindung von Stickstoff und Wasserstoff. In 10%iger Verdünnung mit Wasser als Salmiak bekannt.
Zum Reinigen von Hölzern. In Verbindung mit Wasserstoffperoxyd starke Bleichwirkung. Wasserlöslichen Beizen beigemischt ergibt eine intensivere Farbentwicklung.
Eiche (gerbsäurehaltig) in Ammoniak wird schwarz.

Borax:

(chemisch: Natriumtetraborat).
Milde Lauge zum Entfernen von Säureflecken.

Brennspiritus:

(Methanol).
Lösungsmittel für Wachs und Schellack.

Carnaubawachs:

sehr harte Wachssorte.
Wird der Bienenwachslösung beigemischt.

Champagnerkreide:

pulverisierter Speckstein.
Feines Schleifmittel. Kann während des Polierens wie Bimsmehl angewendet werden.

Essig:

leichtes Fleckenentfernungsmittel.

Eau de Javelle:

(chemisch: Natriumhypochlorid).
Stark bleichende Wirkung.

Kaliumbichromat:

In Form von Kristallen wird es als Lösung in Wasser zum Beizen verwendet.
Der gewünschte Ton ist durch einen entsprechenden Verdünnungsgrad zu erreichen.

Kampferöl:

5% Kampfer gelöst in Olivenöl.
Zum Entfernen von Tinte, Alkohol auf Holz.

Kleesalz:

löst Rostflecken, Tintenflecken.
50 g Kleesalz in 1 l heißem Wasser lösen.

Kolophonium:

kann beim Herstellen von Schellackpolitur beigemischt werden.

Magnesium:

löst Fett und Schmieröl.
Dünnen Brei aus gebranntem Magne-

148

Nützliche Adressen für den Möbelrestaurator

sium und Aceton (oder Benzin) auf Flecken streichen und trocknen lassen.

Oxalsäure:

schwach giftige Säure.
Weiße Kristalle werden in Wasser aufgelöst (20–30 g auf 1 Liter) zum Entfernen von Flecken wie Tinte, Rost. Muß gründlich nachgespült werden.

Pariser Rot:

aus Eisenoxyd gewonnenes rotes Schleifpulver. Kann wie Bimsmehl zum Polieren benutzt werden.

Salzsäure:

bleichende Wirkung.
1:10 in Wasser verdünnen.

Terpentin:

aus dem Harz der Fichte gewonnenes Öl. Gutes Lösungsmittel für Farbe, Firnis, Wachs (s. Bienenwachs-Zubereitung).

Wasserstoffperoxyd:

klare, farblose Flüssigkeit mit bleichender Wirkung, besonders in Verbindung mit Salmiak.
Vorsicht bei Eiche – sie kann vergilben.

Zitronensäure:

Als 10%ige Lösung in Wasser zum Bleichen von leichten Flecken.

Schlösser, Holzfüße nach alten Originalen, Restaurierfarben, Firnisse:
Klee Lux
Gingterkamp 14
4050 Mönchengladbach

Kunstbeschläge
M. Fritsche
Königsberger Straße 42
4513 Belm

Stilbeschläge
Rositta Otto
Johann-Sebastian-Bach-Str. 1
7518 Bretten-Diedelsheim

Möbelschlösser-Sonderanfertigungen
F. Lidl
Ballengasse 21
8100 Garmisch-Partenkirchen

Alte Furniere (2–3 mm)
H. Balser jun.
Igelbachstraße 16
7562 Gernsbach

Furniere
Holzwerke
Karl Danzer KG
Postfach 1452
7410 Reutlingen

Ablaugemittel
Syntax GmbH
Mundinger Straße 17
7830 Emmendingen 1

Kleines Fachwörterverzeichnis
zur Stilkunde

Akanthusblatt: Blattform griechischer Säulenkapitelle. Stilelement des Barock.

Alabaster: kalk- oder gipsartiges Gestein (Alabastion: altägyptische Stadt).

»A la greque« Borte: s. Mäander.

Arabeske: Stilisierte Blattranke. Ornament der Renaissance.

Baldachin: Mittelalterliche Bezeichnung für Seidenstoff aus Bagdad. Bekrönung von Altären und Thronsitzen

Baluster: Gedrehte. geschnitzte Säule. Balustrade.

Bandelwerk: Flach, kurvig geführte Bänder. sich überschneidend und häufig zum Gitter verbindend (frühes 18. Jahrhundert).

Eierstab: (Sogenanntes Ionisches Kymatinon). Zierleiste aus senkrechtstehenden, eiförmigen plastischen Gebilden, an beiden Seiten meist mit einer Perlschnur abgeschlossen (Renaissance).

Emblem: Bildliche Darstellung mit Symbolgehalt.

Faltwerk: Schnitzerei in Holz (meist Eiche), die wie ein plastischer Faltenwurf wirkt. Ornament der Gotik.

Flachschnitt: Schnitzerei. bei der sich das Ornament relativ gering im Relief vom Grund abhebt.

Flechtwerk: Symbolhaltige Schlangendarstellungen aus der Antike. Ornament verschiedener Stilepochen.

Harpyien: Ungeheuer der griechischen Sage.

Herme: Symbolisierte Darstellungsform des Menschen (nach dem griech. Gott Hermes). Ornament der Renaissance.

Intarsie: Einlegearbeit in Furnier aus verschiedenen Furnierteilchen.

Kanephore: Vornehme Jungfrau, geweihtes Gerät auf dem Kopf tragend.

Kannelierung: Verzierung auf Säulen oder Pfeilern: Senkrechte Rillen. die durch schmale Stege oder Grate getrennt sind.

Kapitell: Oberer, häufig ornamentierter Teil von Säulen. Pfeilern. Pilastern.

Karnies: S-förmiges Profil.

Kerbschnitt: Verzierung mit meist geometrischem Muster. Die Flächen der einzelnen Schnitte verlaufen schräg.

Knorpelwerk: s. Rocaille.

konisch: Kegelförmig, spitz zulaufend.

Kopie: Nachbildung eines Kunstwerkes durch die Hand eines anderen (im Unterschied zur Replik). Vervielfältigung in zahlreichen Exemplaren: Reproduktion.

Kredenz: Anrichte, halbhoher Schrank zur Aufbewahrung von Geschirr.

Lyra: Harfe, Leier.

Mäander: Rechtwinklig gebrochenes Ornament, Band in fortlaufender Richtung.

Marqueterie: (auch »Marketerie«) Bildförmig zusammengesetzte Furnierteile und holzfremde Materialien auf Blindholz.

Maßwerk: (von »gemessen«) Ornament der Gotik aus Kreisen und Bogen.

Medaillon: Rundrelief, schmückendes Ornament.

Nike: Griechische Siegesgöttin

Ohrmuschelwerk: Kurvig bewegtes. molluskenartiges Gebilde mit schwülstigen Schwüngen. (Barock und Rokoko.)

Ornament: Schmuckmotiv.

Perlstab: Rundstab, durch Perlformen gegliedert

Petit-point: Franz.: kleiner Punkt. Gobelinartige Stickerei des Rokoko.

Pilaster: Wandpfeiler mit Fuß und Kapitell.

Rocaille: s. Ohrmuschelwerk. Muschelartiges Ornament des Rokoko.

Rollwerk: Ornamente rollen sich an Enden oder Rändern auf (1540/1550 Schule von Fontainebleau).

Rosette: Kreisrundes Ornament, meist achtblättrige Blüte.

Sphinx: Figur aus Löwenleib mit Menschen- oder Widderkopf.

Schildpatt: Horn vom Panzer einer Schildkröte. Bei Intarsienarbeiten (besonders der Boulle-Möbel) beliebt.

Schuppenband: Übereinanderlappendes, fischschuppenartiges Zierband. Ornament der Renaissance.

Stollen: Senkrechte Edelhölzer bei Truhen und Schränken.

Tarsia Certosina: Einlegearbeit in Holz aus verschiedenen Materialien.

Verkröpfung: In gebrochenen Linien geführtes Element.

Volute: An einem Ende schneckenförmig, spiralig sich einrollendes Dekorationselement.

Zahnschnitt: würfelförmige Profilleiste.

Zinnenband: siehe Mäander.

Register

Abbeizarbeiten 47
Abbeizen 66 uff., 129
Abbeizer 68 uff., 146
Abdruckstelle 87
Ablaugen 66 uff.
Ablösen 113
Ablüften 121
Abnutzung 94, 141
Abriß 87
Abtrocknen 74
Abwaschen 71
Abziehpolitur 132 uff.
Abziehstein 54
Acajou (Mahagoni) 45
Aceton 70, 146, 148
Achterbewegungen 134
Ahorn 40, 42, 70, 108, 130
Alkohol 64, 113, 130, 134, 144 uff.
Alleskleber 54
Altertum 7
Ammoniak 148
Anfeuern 132
Anleitung 143
Anriß 57
Ansatzfläche 104
Ansatzstelle 119
Ansatzstücke 105
Ansetzen 102
Anstellwinkel 61
Antikwachs 127
Antrocknen 129
Arabeskenmuster 110
Arbeitsmaterialien 34
Arkansasstein 52
Aethanol 148
Äthyl 99% 133
Ätznatron 70, 146 uff.
Aufarbeitung 64
Aufkleben 95
Aufleimen 114
Aufplattung 94
Aufpolieren 142
Auftrag 126 uff.
„Augen"-Furnier 40
Ausbessern 76 uff.
Auseinandernehmen 64
Auspolieren 137 uff.
Ausreißen 108
Ausspanen 80
Aussparung 107
Ausstemmen 58
Ausstopfen 73
Austrocknen 92
Auswaschen 71

Baldachinbett 11, 21
Bank (Banc) 10
Bandschleife 68
Bankknecht 54
Barock 22 uff.
Bast 38
Baumstamm 38
Baumwollwatte 131, 138

Bearbeitungszeit 64
Befall 73
Belastung 92
Beize 74, 85, 90, 123 uff.
Benemann, Jean Guillaume 25
Bergère (franz.) 25
Bett 11
Bezugsstoff 143
Biedermeier 28 uff.
Bienenwachs 127 uff., 147
Bindemittel 74
Bimsmehl 134 uff.
Birke 29, 42, 70, 108
Birne 29, 31, 42, 70, 139
Bleichmittel 70
Blende 108
Blindholz 41, 78 uff., 110 uff.
Bohrmehl 72
Bohrung 104
Boulle, André Charles 23
Borax 148
Brennspiritus 148
Brocken, Belgischer 52
Bronzebeschläge 24
Bruchstelle 80, 120
Buche 42, 88
Buchenholz 74, 76, 102
Bügeleisen 36, 64, 76, 116
Bureau (franz.) 22
Bürgertum 28

Caramba (Rostlöser) 65
Carnaubawachs 147 uff.
Chaiselongue (franz.) 25
Champangerkreide 148
Chemikalien 34
Chippendale, Thomas 25
Cressent, Charles 23

Danhauser, Josef 29
Deckfarbenanstrich 68
Deckpolieren 134 uff.
Demi-Lune (franz.) 29
Dispersionslacke 129
Doppelkommoden 23
Drehstein 54

Eau de Javelle 148
Ebenholz (Eibe) 45
Eckverbindungen 92 uff.
Edelholzauflage 112
Effner, Joseph 25
Eibe (auch Ebenholz) 29, 45
Eiche 19 uff., 31, 42, 88, 127 uff.
Eichenholz 113, 147
Eigenschaften, hygroskopische 39
Einfassung 108
Einlaßgrund 127
Einpaßstücke 105
Einpassen 108
Emblem 23
Entrostung 64

Entwerfer 14
Epoxyd-Harz 90
Erdfarben 90
Ergänzen 34, 77
Erneuern 102
Ersatzfurnier 120 uff.
Ersatzholz 76, 91, 105
Ersatzstück 87, 102 uff., 121
Esche 44
Essig 147

Faltstuhl (Faldistorium) 7, 8
Fauteuil 23
Faserrichtung 59, 84, 126
Fehlstellen 73, 134, 137, 140
Feinsäge 60
Fensterleder 138, 142
Fertigabbeizer 70
Fertigprodukte 36
Feuchtigkeit 102
Fichte 46
Firnissen 125
Fischhaarpinsel 138
Flickholz 87
Flickwerk 106
Flötner, Peter 21
Flüssigholz 74
Fond 110, 114
Formation 120
Fraßgänge 73
Frührenaissance 20
Fuchsschwanz 60
Fugenleimpapier 123
Füllmittel 74, 83
Füllstücke 88
Furnierblätter 110
Furniereinlegearbeiten 114
Furniereisen 36, 64, 116
Furnierhammer 115
Furniermesser 121
Furniersäge 60, 114
Furnierstreifen 84
Furnierteile 114

Gehrungssäge 59 uff.
Geißfuß 25
Gießverfahren 130
Glanzeffekt 141
Glaspapier 67
Glutinleim 74
Goldregen 40
Gotik 16, 18 uff.
Gründerzeit („Historismus") 29
Grundierlacke 128
Gummiarabicum 75
Gurtband 143
Gurtbespannung 96, 143

Handsäge 60
Hartholz 40, 42 uff., 88, 125
Heftklammern 145
Hepplewhite, George 25
Hirnholz 39, 126, 131
Historismus (Gründerzeit) 29

Hobbywerkstatt 60
Hochglanzpolitur 138
Hochrenaissance 20
Holl, B. 29
Holzblende 108
Holzergänzungen 34
Holzfarben 128
Holzfaserrichtung 67, 105, 144
Holzkitt 74, 84, 102, 121, 129
Holzkohlepulver 137, 141
Holzmehl 74
Holzpaste 74
Holzreste 76
Holzseife 70 uf.
Holzsorten 37, 41, 76, 125
Holzstruktur 141
Holzverbindungen 18, 63
Holzzulage 114
Hygrometer 71, 94

Improvisation 34
Industrialisierung 31
Injektionsspritze 73, 113, 116

Japanspachtel 129
Jugendstil 30 uff.

Kaliumbichromat 148
Kalk, Wiener 137, 141
Kaltleim (Weißleim) 36, 116
Kammzapfen 101
Kampferöl 148
Kanephore 27
Kautschuk 90
Keil 96
Keilwinkel 60
Kernholz 38
Kiefer 46
Kippleisten 94
Kirsche 29, 44, 70, 125, 130, 139
Klassizismus 26 uff.
Kleesalz 148
„Knirschen" 137
Knochenleim 90, 116
Kohlepapier 87, 122
Kolophonium 147 uff.
Kommode (Commodus) 10
Konzeption 14
Kordelpatent 54, 56, 96
Korkklotz 68
Körnung 67, 140
Kredenz 13
Kreide 95
Kreise 134
Kunstharzbasis 129
Kunstharzlack 139
Kunstharzleim 36, 54
Kunstholz 74
„Kürschner" 115 uf.

Lack, Petersburger 131

Lackentferner 70
Laienstil 18
Langholzstellen 131
Längsschnitt 39
Lärche 46
Lasurfarbe 127
Laubsäge 60, 91, 114
Laufleisten 92
Lederlappen 142
Lehnsessel 8
Leim 35, 36, 54, 64, 115
Leimfuge 80
Leinen 131, 141 uff.
Leinöl 127, 130, 146 uff.
Linde 44
Linoleum 68
Löcherpilz 72
Lochsäge (Stichsäge) 60
Lochumriß 87
Lötkolben 119
Lötlampe 36
Louis XV.-Stil 24
Louis XVI.-Stil 25
Louis-Philippe-Stil 28

Magnesium 148
Mahagoni 25, 29, 31, 45,
 108, 125, 130
Manierismus 20
Manilakopal 147
Markierung 122
Markstrahlen 38
Maserhölzer 68
Maserung 39, 78
Maserungsverlauf 87, 121
Maßnahmen 78
Mastix 147
Materialien, chemische 147
Materialkenntnis 34
Mattierungen 75, 128
Mattinen 68, 128, 142
Messerfurnier 110
Messerwetzstahl 54
Mineralfarben 90
Mississippistein 52
Möbelformen 7
Möbeltypen 8, 22
Moltontuch 143, 145
Morris, William 30, 31

Naturton 125, 126
Negativ-Form 90
Nessel 143
„Nester" 133, 139
Neuverleimen 64
Nitrobasis 129
Nostalgiewelle 34
Nuß 44, 70, 125, 130
Nußbaum 21, 31, 40, 108,
Nußbaum-Wurzelfurnier 40

Oeben, Jean François 25
Olivenholz 40
Ölpapier 68, 87
Originalverleimung 64
Oxalsäure 70, 148

Palisander 45, 130
Pappel 29

Parallelschnitt 121
Paßform 123
Patina 34, 67, 125
Pattex 115, 143, 144, 145
Pergamentpapier 87
Perlmutt 110
Pflaume 44
Pfeilerkommoden 29
Pochkäfer 72
Polierlack (Schwabbellack) 138
Poliermischungen 130
Polieröl 134, 138 uff.
Polish, French 36
Polituren 34, 75
Polsterstoff 145
Polsterung 101
Ponal (Weißleim) 36, 73, 115
Poudreuse (franz.) 25
Preßklotz 54, 56, 114, 121
Preßriemen 54, 56, 96
Proportionen 104

Querholz 95
Querholzriß 57
Querschnitt 39, 121

Radialschnitt 110
Reißnadel, Wiener 57
Renaissance 20 uff., 33
Retuschen 123
Retuschieren 34, 87
Retuschierfarben 123, 90, 91
Retuschierstifte 85
Riesener, Jean Henri 25
Rinde 38
Ringelink, Heinrich 21
Rocaille 23, 150
Roentgen, Abraham 23, 27
Roentgen, David 27
Rokoko 12, 24 uff.
Romanik 17
Roßhaarbürste 128
Rostlöser (Caramba) 65
Rot, Pariser 148
Rundstab 61
Rüster (Ulme) 40, 44

Sägeschnitte 78
Salmiak 70 uff., 146
Salzsäure 148
Sammler 33
Sandarak 147
Sandpapier 67 f., 71, 76, 80,
 87, 94 uff., 116, 121, 127,
 129, 134, 140, 142
Sanieren 32, 64
Satinholz 25
Säuberungsarbeiten 47
Schwalbenschwanzform 88
Schwefelsäure 70, 148
Schwerdfeger, Johann
 Ferdinand 25
Seidenpapierkitt 74
Seifenwasser 140
Seitenbankhaken 54
Sekretär 29
Senkrechtwuchs 38
Sheraton, Thomas 25
Sheraton-Stil 28

Siliciumkarbid 52
Sitzmöbel 26
Skizze 64
Sofa 10
Spachtelkitt 129
Spätgotik 18
Spätrenaissance 20
Sperrholzstreifen 78
Spielraum 92
Spiritus 54, 70, 126, 146
Splintholz 38, 72, 102, 126
Stahlschiene 114
Stahlwolle 76, 127, 133 uff.,
 142
Staniolpapier 90
Stecheisen 54, 58
Stemmeisen 58
Stichsäge (Lochsäge) 60
Streichleiste 94
Strukturen 37
Strukturrichtung 128
Strukturwirbel 131
Stuhl 8, 13
Syrlin d. Ältere, Jörg 19
Schälfurnier 110 uf.
Schaumstoffpolster 143
Schellack 76, 90, 129, 142
Schellacklaus 130
Schellackplättchen 119, 147
Schellackpolitur 36, 130,
 132 uf.
Schellackstangen 119
Schemel (Scamil) 8
Scheuerstellen 95
Schichten 37
Schildpatt 110
Schlämmkreide 75
Schleifflüssigkeit 138, 140
Schleifklotz 67, 140
Schleifkorken 67 uf., 142
Schleifkratzer 141
Schleifmehl 73
Schleiföl 76, 127, 133
Schleifpapier 125 uf., 133
Schleifscheibe 53
Schleifstaub 74, 129, 142
Schleifstein 53
Schlüssellochblende 108
Schlüssellochöffnung 108
Schmierseife 70
Schnittlinie 103
Schnittstelle 103
Schnittwinkel 61
Schrank (Schranc) 12
Schranktypen 23
Schränken 59
Schreibschrank 29
Schreinertechniken 20
Schreinerwerkstatt 47
Schwabbellack (Polierlack)
 138, 140

Tacker 143, 144
Tangentialschnitt 110
Tapezierstifte 143, 144
Tarsia certosina 20, 110
Temperaturschwankungen 94,
 102, 119
Terpentin 74, 76, 127, 148

Tesafilm 123
Thermometer 94
Thonet, Michael 31
Thronstuhl 8
Tisch (Discus) 9
Tischlerleim 36, 54, 64
Tönung 123
Triplepulver 137, 141
Trikotlappen 141
Trockenpause 134 uf.
Trockenzeit 71
Truhe (Truha) 10, 13
Truhenschrank (Armarium) 8

Ulme (Rüster) 44
Universalabbeizer 70
Unterholz 119
Unterkonstruktion 41
Unterleimen 121

Velde, van der, Henry 30, 31
Verbindungen 64
Verbindungsstellen 96
Verkeilen 56
Verkittung 73
Verleimen 83
Vernichtungsmaßnahmen 73
Vernichtungsmittel 72
Versenkereisen 65
Verstärkung 80
Vibrationsschleifer 68
Vitrinenschrank 29
Vorarbeiten 64

Wachskitt 75
Walnuß 25, 29
Wanschaff, K.-G. 29
Warmleim 36, 64
Wasserschutzschicht 127
Weichholzmöbel 34 –
Weingeist 130
Weißleim (Ponal) 36, 54, 115
Weisweiler, Adam 25
Werkzeuge 47 uff.
Wetzschale, Thüringer 52
Wiederverleimen 114
Winkelschiene 103
Winkelstück 88 uf., 96 uf.,
 101
Wohnkomfort 14
„Wolken" 137
Wollappen 131, 132, 138
Wurzelholzmaserung 119
Wurmfraß 98, 103

Xylamon 103

Zellulosepolitur 130
Zerlegen 34
Zimmermannsgewerbe 14
Zitronensäure 148
Zopfstil 26
Zulage 114
Zunft 13
Zuschärfwinkel 54
Zuschneiden 114
Zylinder-Schreibtisch 25

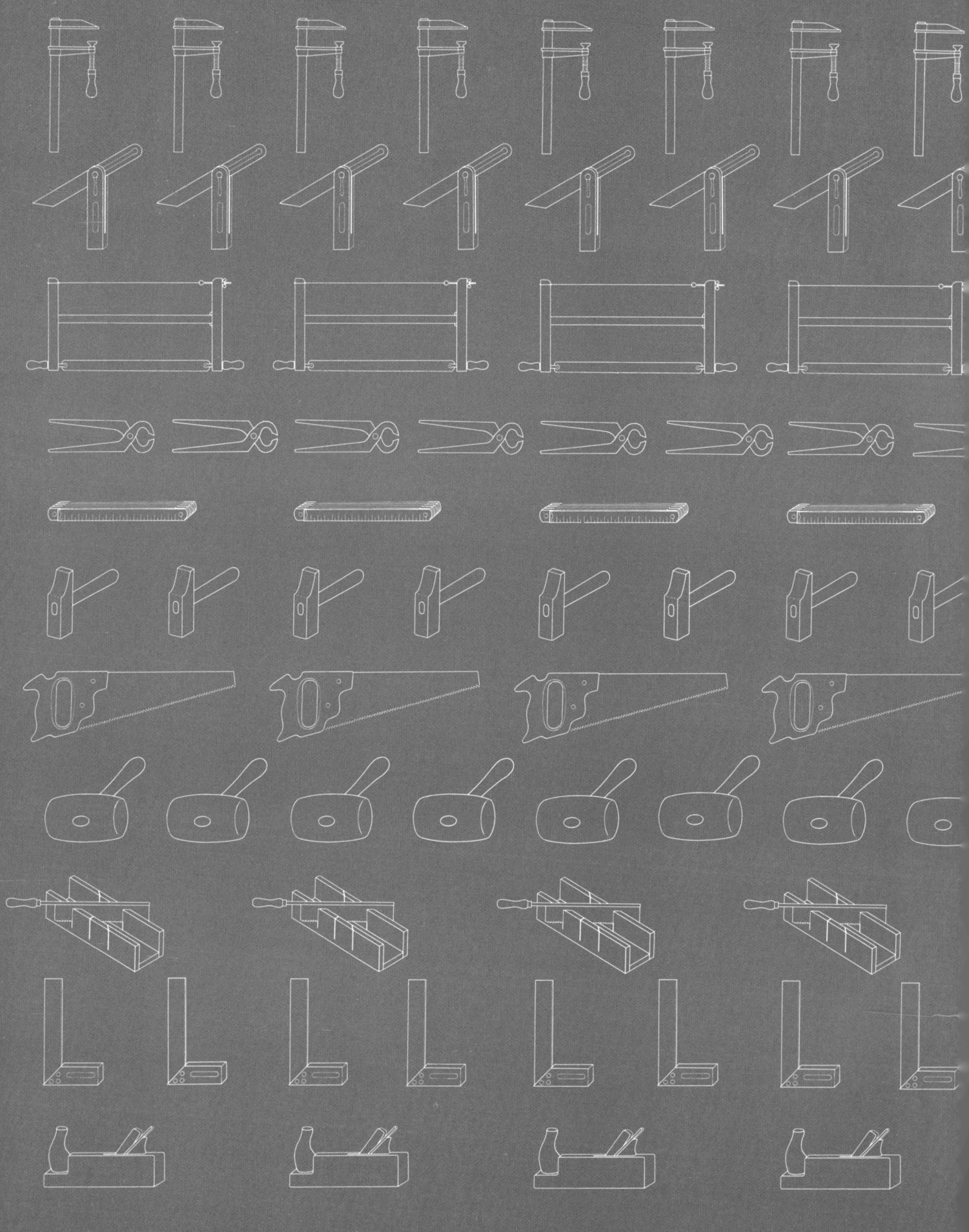